CSSCI来源集刊

学术支持单位

中国新闻史学会传媒经济与管理专业委员会
南京大学新闻传播学院
北京师范大学新闻传播学院

传媒经济与管理研究

游戏作为一种未来传播主流范式的研究专辑

MEDIA ECONOMICS AND MANAGEMENT RESEARCH

丁和根 喻国明 崔保国 主编

U0653148

第11辑

南京大学出版社

目录 CONTENTS

【传媒企业研究】

【产业发展与治理研究】

「游戏作为一种未来传播」
主流范式的研究专辑

专辑主持人:喻国明

主持人语:尼葛洛庞帝曾用"数字化生存"描述人类在信息时代的存在方式,并断言"技术不再只和技术有关,它决定着我们的生存"。学者们进一步提出"媒介化生存"的概念,强调媒介技术在人类生活中的"渗透",以至于"没有媒介技术的生存已无可能"。深度媒介化社会,媒介赋能方式与游戏品性日趋类同,学界开始重思游戏作为媒介的价值,强调数字文明时代的"游戏精神"及人类"游戏化生存"可能,甚至将尼葛洛庞帝的名言改写为"游戏不再只和娱乐有关,它将决定我们的生存"。

诚然,"游戏化生存"是对数字文明时代人类存在方式的大胆预言;但审慎来看,在传播资源饱和乃至盈余、用户掌握媒介消费主动权的时代,聚焦人性需求和乐趣体验的"游戏"已成无法回避的话题,游戏作为媒介也将展示出不同于传统"信息理论"的媒介逻辑及更具"游戏精神"的社会再组织力量。

那么,数字文明时代游戏作为媒介具有何种特性? 该特性又将塑造何种社会结构? 欲回答该问题,则需回到"媒介""游戏"及"元宇宙"三个核心概念,从媒介与社会的关系中理解"媒介",进而阐释"游戏";并从数字文明时代的未来——元宇宙——的视角,来探究为何游戏是一种全功能、全要素媒介,并且它是一种具有升维意义的未来主流媒介。本主题正是通过对人类文明进程的梳理,把握媒介内涵及媒介的社会影响机制;在此基础上聚焦数字文明时代,阐释新时代坐标下"游戏"与"媒介"在功能结构上的交织与迭代;最后再从具体路径入手剖析游戏媒介对数字社会的"再组织"过程,以明晰游戏对人类社会及文明的意义。

元宇宙发展的"奇点时刻"：
电子游戏与现实世界的关系演进
——发展的三进阶：延伸、交汇与融合

喻国明　秦子禅

摘　要　随着数字技术对于人感官的重组与知觉世界的再造，产生了"虚拟"与"现实"的二元框架，虚拟常被排除在现实之外，电子游戏更是如此，这一边界的划分从历史角度来看是过程性的，人们对现实与虚拟的边界认定也在不断更新。在元宇宙视域下，游戏的作用与地位开始发生转向，被认为是元宇宙的雏形。扎克伯格认为，元宇宙不是一个地方，而是一个"奇点时刻"。本文从游戏视角出发，寻找这一"奇点时刻"发生的前提、条件与必然规律，并认为所谓的虚拟空间在不断扩张中，其容量将极大超越现实空间，游戏的发展是从最初作为"玩具"，到中期与现实相互建构，再到将现实纳入游戏的框架之中的远景发展时期，形成了现实嵌入游戏的样态，元宇宙的"奇点时刻"来临。

关键词　虚拟世界　现实世界　电子游戏　元宇宙　奇点时刻

作者简介　喻国明，男，北京师范大学新闻传播学院教授，学术委员会主任博士，博士生导师，中国新闻史学会传媒经济与管理专业委员会理事长。研究方向：认知神经传播学、传媒经济学、舆论学。电子邮箱：yuguoming@126.com。秦子禅，男，北京师范大学新闻传播学院硕士研究生。

一、虚拟世界与现实世界并非平行的存在

（一）虚拟世界：从一种隐喻到被完全剥离

人通过五类感官达成对世界的感知，其中视觉是最为复杂且高度发展的重要感觉[1]。光是视觉感知的基础，是连接人与环境的视觉中介。以太阳光为主的自然光和以电力光为主的人造光构成了人的主要视觉体验[2]，电作为自组织和自创生的元媒介，是理解人、机器媒介与现代社会的交汇点[3]。电气革命使人造之光照亮了黑暗，人利用电力光不断突破时空的限制，成为"景观积累"[4]的起点。虚拟世界带来的视觉经验由电力光构成，电力光作用于物理实在达成对人意识的影响，此时的虚拟体验保持着对现实世界的高度嵌入，因此对"虚拟世界"的研究与探讨并未建制化地呈现于彼时。步入数字时代后，虚拟使人真正拥有了两个平台：一个是现实的自然平台，一个是虚拟的数字平台[5]。当电子屏幕成为最普及的媒介时，以光为介质的媒介内容不再依托于现实的自然平台，而是由电子光点组成的数字影像，由数字平台作用于人的视觉感官，虚拟世界被人们从现实中剥离出来，成为现实世界的"平行空间"。

需要注意的是，当"虚拟"与"现实"被归纳为二元范畴时，是进行了一种对立的预设，虚拟被自动排除在现实之外。随着技术实践与理论探索的不断推进，"虚拟"与"现实"二元对立的桎梏开始被打破，人们开始看到数字技术所缔造的虚拟空间并非对现实社会结构的脱嵌。卡斯特认为，网络社会是一种更广泛意义上的社会结构，新信息技术范式为社会组织的网络形式渗透扩张遍及整个社会结构提供了物质基础[6]。如同农耕文明、工业文明，数字文明是人类文明发展的全新阶段[7]，人类文明发展的历史向度与技术的发展密不可分，因此，对虚拟与真

实之间边界的划定是过程中的行为，并非以区分两个世界为目的，重要的是为摸索时代的发展规律给出参考尺度：虚拟世界与现实世界不是平行存在的，在延伸中终将汇为一点。

（二）电子游戏作为媒介，是"拟态环境"的全面升维

游戏始终伴随着人类文明，荷兰学者赫伊津哈认为，游戏在相当晚近的时代才作为一般概念出现[8]。游戏是受规则制约，拥有不确定结局，具有竞争性，虚而非伪的人类活动[9]。在古早的人类文明中，游戏更多是一种价值体现，通过设定规则、设置目标来达成某种现实目的，如征战、竞赛、仪式等，这类活动实现了对日常生活的暂离——角斗士在竞技场中厮杀，不会受到道德及法律的谴责与惩罚；在狂欢仪式中，人的身份符号、地位区隔和交往方式的理性倡导出现暂时性休克。到了信息时代，游戏以数字化的方式进入屏幕，形成对现实世界的目标、规则、叙事与场景的完全区隔，是一种高维的"拟态环境"。

梅罗维茨认为，情境就是信息系统[10]。传播总是存在于情境之中。相对于旧媒介而言，新媒介所谓的"新"代表着一系列的全新尺度，提供了情境的时空维度向外延伸的逻辑与路径。从信息层面来看，游戏将口语、报刊、海报、广播、电视等传统媒介要素纳入游戏空间，构成游戏中交往与叙事的基础设施。从空间层面来看，相比于传统媒体时代，游戏在屏幕的二维空间中拓展出了第三个维度的感知，游戏角色朝着"屏幕后方"的移动体现了游戏空间的"纵深维度"，构成了更高维的空间感知。从场景层面来看，视听元件、实时位置、社交触发、叙事话语等要素在完全数字化的空间中变得非常密集且连贯。电子游戏作为一种外显的虚拟世界[11]，建构了人类实践的全新次元，在游戏中的实践活动包含空间的探索、规则的摸索、契约的缔结以及与他人的交往，电子游戏作为一种媒介，体现了对传统媒介各要素的高度融合，提供了更高维的感官体验、叙

事体验与交往体验。

"传媒本来不是什么特别的东西,我们在光的传媒中看,在声音的传媒中听,在语言的传媒中交往,在货币的传媒中交易。"[12]对虚拟与真实边界的划分是过程性的,这种划分尺度同时体现的正是要跨越此边界的反身性。元宇宙是一个虚拟与现实高度互通且由闭环经济体构造的开源平台,人要感知、进入并存在于元宇宙当中,有具身、空间与社交三大入口[13]。从媒介形态来看,电子游戏和这三大入口联系紧密,它甚至提供了一个重塑人与环境整体关系的重要接口,于是,游戏被看作元宇宙的起点。扎克伯格认为,元宇宙不是一个地方,而是一个"奇点时刻"。要到达这一奇点时刻并非一蹴而就,电子游戏作为媒介,遵循着融合发展的客观规律,根据这一规律我们可以梳理出电子游戏与现实关系的演进逻辑:游戏最初作为与现实相区隔的虚拟空间,在发展中开始出现显性的虚实交汇点,并围绕交汇点发生质变性的融合,预示着元宇宙奇点时刻的到来。

二、电子游戏的发展与延伸:作为现实的补充嵌入现实世界之中

历史中的"游戏"长期背负着沉重的道德枷锁,一直给人"玩物丧志"的负面印象[14]。在迈向元宇宙的初期阶段,电子游戏和现实世界始终保持着一定的距离,虽然游戏化进程已在教育、军事、科技、精神康复等领域展开,但实体游戏本身仍独立于主流价值的阐释框架之外。

(一)作为"玩具"的游戏

莱文森指出,技术在第一阶段是以"玩具"的形态而存在[15]。自1972年布什内尔打造的 *Pong* 第一次打入市场[16],

电子游戏的发展已经历了整整半个世纪。就目前来看,电子游戏的类型与玩法已经非常多样,小到基于 Web 的"无端游戏",大到动辄千亿字节的"3A 大作",有突出个体性的开放世界单机游戏(*Open World Game*),也有基于社交网络的大型多人在线角色扮演游戏(*Massive Multiplayer Online Role-Playing Game*,MMORPG)等,但此时的电子游戏仍然主要作为娱乐工具,与现实事务、经济体系之间是割裂的。传播游戏理论的奠基人史蒂芬森认为游戏性传播具有"非现实"属性,并区分了"工作性传播"和"游戏性传播"[17],工作是基于现实物质需求的功利性活动,而游戏则是自愿、主动加入的天马行空的世界。虽然斯蒂芬森笔下的游戏是一个泛化的概念,但仍可以看出,游戏和工作之间的边界非常清晰,在工作环境中游戏通常是被禁止的。游戏在此时仅作为填补闲暇时间的玩具,站在主流价值的反面。

(二)游戏何以延伸:技术、文化与社会层面的价值探析

玩具形态是新媒介、新技术在进化初期的一种隐喻。媒介的存活与发展需要依赖它再现现实和时空延伸的能力[18]。媒介理论家皮亚斯认为,电脑(数字化)的世界本身已经是一个游戏世界[19],电子游戏的逻辑并非新的发明,而是基于数字算法的底座建构起的可被具象感知的虚拟空间,以相对简单的初始形态形成了对现实诸要素的再现或补充。

未来学家麦格尼格尔认为游戏是通往未来的线索,并对现实有十大补充,如提供挑战障碍、全情投入、获得成功的激情、建立社会关系、获得更宏大的意义等[20],同时也在不断打破游戏与工作的对立,它能调动起来的生产力远超现实世界。游戏不断开拓实践交往空间,孕育着全新的组织形态,凝聚着大量玩家自组织式盈余生产的成果,如魔兽世界玩家造就的"魔兽世界百科",其内容体量一度成为世界上第二大百科全书[21]。

游戏还不断拓展参与自由度,如在 RTS 游戏《魔兽争霸》的开源平台中,有海量的由玩家自行创作的自定义地图(玩法);以《英雄联盟》《王者荣耀》为代表的在线战术竞技游戏(Multiplayer Online Battle Arena,MOBA)的模式,就是在开源平台中孕育而生的。舍基指出,我们正步入"人人时代",作为社会参与的重要引导力量,游戏在社会层面扮演着不可或缺的关键角色。

在技术层面,游戏的开发水平可以作为衡量多种科技发展的指标,游戏一方面推动着芯片的升级和迭代,另一方面也带动了以 GPU 算力为基础的区块链、虚拟现实等技术的发展。在文化层面,游戏作为文化产业的一部分,对年轻群体有着极强的吸引力,是建构文化影响力的重要力量,在社会控制、文化输出等方面承担着重要作用。由此可见,当下作为玩具的电子游戏具备了作为未来媒介的各项潜质,在多元力量的推动下,游戏的发展将再次提速,在不断延伸中逼近与现实的交汇点。

三、从延伸到交汇:虚拟世界开始外爆,游戏与现实深刻互构

在电子游戏玩法的不断创新中,已经出现了主动和现实互构的游戏类型,一方面,游戏设计者逐渐意识到,将玩家沉浸并隔离在虚拟空间之内不是游戏的唯一选择;另一方面,在游戏化的策略实践中,必要完成游戏模式中的节点和现实事物节点相驳接的创新。从这两个起点出发,游戏的发展实践开始迈向新的方向,并引领着中期发展的游戏与现实世界交汇点的探索。

(一)元游戏:虚拟与现实在游戏叙事层面的交汇

元游戏(Meta Game)尚无确切的定义,类似于"元叙事""元小说""元认知"等概念,元游戏可理解为"关于游戏的游戏"。此类游戏通过一定的设置,不断地提醒玩家这只是一个

虚拟世界,试图建立打通现实和虚拟的叙事通路。这种使玩家时常"出戏"的玩法是一般游戏竭力避免的,因为保持沉浸性是维持游戏黏性的基本原则。以经典"元游戏"《小马岛》为例,玩家进入登录页面后,系统会不断"报错",并提示玩家按照指引修复 BUG(程序错误),进入游戏后,进程也会被有规律地打断,弹出更多需要玩家修复 BUG 的提示,点开游戏里给出的修复界面后,玩家会逐渐意识到,这款游戏竟然是一款"套娃"作品,给人一种在游戏中玩游戏的感觉。

总之,游戏会以各种旁敲侧击的方式提醒玩家,在这个虚拟世界之外还存在着另外一个世界,即玩家具身所在的现实世界,玩家开始将现实纳入游玩的进程中。2021 年《小马岛》的作者推出另一款元游戏《邪恶冥刻》,再次大获成功,它像一个真实存在的活体一样在跟玩家对话,虚构与现实从未如此含混[22]。游戏开发者通过新奇的叙事结构不断否定玩家在玩游戏时的虚拟角色定位,玩家不再是角色扮演,玩家就是玩家主体本身,虽身处游戏世界,却感受到一种真实身份的代入,对游戏产生了"混淆的真实世界"的错觉(见图 1)。

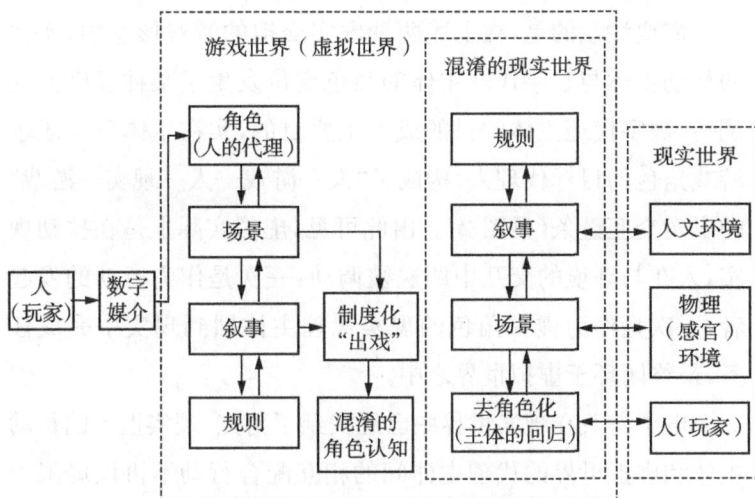

图 1 元游戏中虚拟—现实各要素的交互关系

（二）平行实境游戏：虚拟与现实在主体行动层面的交汇

如果说元游戏展现的只是叙事上的"把戏"，那么平行实境游戏（Alternate Reality Gaming，ARG）则是更为显性的虚实交互玩法。平行实境游戏是一种以真实背景，同时融合各种电子游戏元素，允许玩家亲自参与到游戏的角色扮演中的游戏[23]。游戏将现实世界的日常活动纳入游戏流程之内，玩家不仅需要与虚拟世界中的数字场景交互，还需要在现实空间中行动，达成最终的任务目标。《宝可梦 Go》是一款经典的平行实境游戏，宝可梦是训练师（玩家）的"战斗单位"，玩家要推进游戏进程就必须"捕捉"宝可梦。游戏结合现实增强（Augmented Reality，AR）技术，将宝可梦的寻找与捕捉过程平移到现实世界中，玩家在现实中的不同地点可以抓取不同技能和等级的宝可梦。游戏推出后，玩家纷纷涌上街头用手机摄像头四处扫描周边的物理实景来抓取"战斗宠物"，体现出游戏规则对行动主体的强大驱动力。据 Sensor Tower 数据显示，截至 2022 年 6 月，《宝可梦 Go》总营收超 60 亿美元，成为目前为止最成功的平行实境游戏。

需要注意的是，在上述两种虚实交拟的游戏形态中，实在的行动主体与数字代理主体的角色定位发生了某种程度上的翻转，数字代理主体的目的成为主要目的，实在主体反而成了游戏角色的目标代理人，构成了"人—游戏—人—现实—游戏"的虚实交互链条（见图 2）。由此可见，虚拟实际上是在拉动现实，人在与环境的交互中两次被调动：一次是作为行动的发起者，一次是作为虚拟角色的现实代理主体回到现实中完成任务，最终闭环于虚拟世界之中。

电子游戏在现实世界中已经找到了落点，现实世界的行动主体和虚拟世界的代理主体间的相互配合行动不再仅局限于一方对另一方的操控，而是作为一个整体相互配合。但当下的

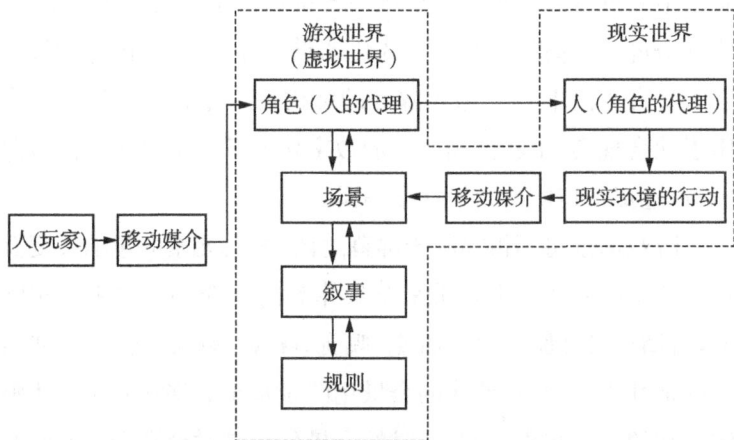

图 2　平行实境游戏虚拟—现实各要素的交互关系

交汇仍然是试探性的,仅凭个别现象级游戏的流行还难以判断未来发展逻辑的全貌,不能作为时代转折的标志。在向元宇宙"奇点时刻"迈进的中期阶段,游戏与现实的交汇应是流程性的、系统性的,主要有两方面的体现:一方面,游戏设计既要有更宽广的视野,进一步提升内容多样性,将人文的多元维度纳入进来,也要进一步扩大规则的包容性与玩法的适配性,为人向虚拟世界的大规模迁徙预留足够的空间。另一方面,现实世界有步骤地接纳游戏的规则与范式,不断推敲与虚拟世界之间边界划分的尺度。

四、元宇宙的奇点时刻:世界深度游戏化,现实嵌入游戏

（一）媒介化进程带动游戏场景全景化

有学者认为,虚拟是数字化表达方式和构成方式的总称[24]。在"深度媒介化"[25]进程中,数字媒介越来越多地替代了物理场景中的各要素,成为空间的组成要素嵌入现实世界,

有着不断拆解和重组现实场域中各位置关系的结构性力量,将传统语境中崇高且完整的仪式化场景以碎片化、平民化的形式嵌入日常生活中[26]。数字媒介的结构性力量越来越显性地作用于社会现实,不断推动社会的数字化变革。世界正全面迈向虚拟,虚拟与现实的边界逐渐消弭。

游戏场景将不再局限于屏幕之内,游戏元素的包纳尺度真正延伸至所有能为视觉带来全景体验的媒介场景之中。实际上,所谓全息体验是要将听觉、嗅觉、味觉、触觉等感官全部纳入进来并成功激活,游戏的全景化图景基于数字媒介对人体整体感知的重组与再造,在彼时的全景化将是对全真场景的密集体验,场景集合的构成如同当下信息流的构成一样,被算法生成、收纳和分发,形成个体个性化的场景流体验。游戏与现实不再是各自延伸与偶然交汇的发展过程,而是开始发生系统性的融合,世界基于深度媒介化迈向深度游戏化。

(二)主体变革:数字孪生以“数字流体”的形态与场景流相融合

世界的意义在于人身体与外部的接触中生成一个意义和空间的世界[27]。游戏是身体不断开拓空间的结果,身体在游戏中的展开与再造不断赋予游戏新的内涵。与此同时,人的行为与身体也在媒介化进程中被不断重塑与改造着。在移动媒体时代,手机同时成为现实与虚拟空间活动参与的通行证,因此,便有了移动设备作为人“外化器官”的隐喻,而可穿戴设备及植入式芯片的发展则是将“外化器官”逐渐转为贴合与内置的探索过程。身体将逐渐变为传播体系的一个部分,用户身体不再是简单的生物实体,也是虚拟空间的一个信息交流符号[28],进入“虚实相生”的阶段。

哈维拉将无机机器与有机生物体的结合定义为“赛博格”[29],赛博人是人基于赛博格的身体形态,各类传感器构成了无机的机器组织,为人的神经系统与外界建立更直接的联系,用于对感知、存储与沟通等活动的补充和增强。在元宇宙时代,要实现数字空间的全景化体验,需要借助数字孪生这一代理主体来完成与世界的全面交互,数字孪生是"赛博人"的外化数字身体,为赛博人与其数字孪生的低延迟连接和无障碍沟通提供了技术基础。届时,数字身体与数字场景之间不再构成"人—环境"的二元对立,身体与场景均以数字化的"流体"形态构成元宇宙整体,极大地拓展了人的行动空间。麦克卢汉认为,游戏是人心灵的延伸[30]。基于数字孪生对数字空间的探索很大程度上已经遮蔽了原生身体,外在身体的建构将不再一成不变,行动主体将基于个性展演与游戏精神来形构数字身体,实现心灵的外扩,并在体验和实践中影响着整体数字空间的发展与建构。

(三)游戏模式引领世界,现实嵌入游戏

真正的文明不能缺少游戏成分,因为文明先天地蕴有自身的局限和能力协同决策[31]。游戏化本是策略与制度层面的操作,并非指向实体化的游戏,然而在深度数字化的远景时代,数字定律赋予数字孪生违反经典物理定律的"超能力",原来只存在于游戏中的天马行空进入日常生活,精神世界的不断延伸也需要制度的颠覆性变革。世界深度游戏化的变革使游戏机制渗透到各个角落,各类社会活动的边界变得模糊,并最终统一呈现于数字化的游戏媒介平台。游戏将以其前所未有的吸引力和动员力调动起庞大人群的思维与行动,其不仅作为游戏的主导范式,还将作为交往、学习、生产的主导范式。

随着数字技术的不断发展及经济主体的不断涌入,以"比特"为基本单位的虚拟世界实现迅速扩张,其体量将极大超越现实世界的时空容量,这一方面体现在增强现实对现实自然平台的嵌入,另一方面则是完全的数字空间,即虚拟现实空间的外爆。有学者提出,元宇宙技术本质是一套虚拟与现实的倒置装置[32],虚拟世界嵌入现实空间的局面发生彻底扭转——人成为数字化生存的主体向虚拟世界迁徙,游戏的任务或目标将现实纳入进来,将现实事务不断细分,使现实世界中的必要行动成为游戏指派的任务。彼时,人的活动以游戏化的脑力劳动为主,玩家将被指派回现实当中进行各项活动,且很大程度上是分布式、嵌入式、碎片化的劳动,而现实世界中必要的经济与交往活动则划归至虚拟世界的游戏规则之中,元宇宙的"奇点时刻"最终到来。

五、从"脱嵌"到"再嵌入":人与社会的关系重塑

在现代互联网的语境下,人与社会的关系其实偏离了"连接"的本质,走向了自我封闭和自我消耗,每个人或多或少都经历着一些精神危机。"越来越多的人关闭了朋友圈"仿佛正在成为一种再正常不过的现象,社交负担过载的个体选择了抽离所在的位置,甚至从既定的身份、支持系统与社会义务中脱离,陷入自我封锁状态,导致了个体的"脱嵌"危机。探究其原因,大概有以下两个方面:一方面是自恋主义蔓延,人们逐渐不再关注他人,而是沉迷于"自拍""自嗨"等自话语和自呈现方式,追求认同性话语,排斥批评性意见。正如韩炳哲在《他者的消失:当代社会、感知与交际》一书中所提到的,过剩的肯定性制造了同质化地狱,对自己的痴迷使得"他者"消失了,世界逐渐成为纯粹个体的倒影[33]。现代人宛如一只蚕,沉溺于"数字洞穴"之中,不断吐丝制造茧房,把自己困得越来越深。另一方面,随着现代社会发展变得瞬时、断裂、无常,人口构成异质、分散、疏离,社会对此缺乏整合性力量,人们更愿意聚集在依托"弱连接"和"趣缘连接"的社群或社区,而不是去主动承担社会

责任和义务,成为具有建设性的一种力量。但是社群自身又往往存在不稳定性和分散性,大多是各种临时聚集起来的脆弱组织,呼之即来挥之即散,鲍曼称现代社群为"挂钉社群"或"衣帽间共同体"[34],导致了公共性降解,社区功能失落,难以凝聚社会层面的强有力共识。

元宇宙视域下的游戏为人与社会的关系重构提供了新的解决路径,有助于处于"脱嵌"危机的个体通过行动介入空间进行实践,"再嵌入"社会结构之中,解决液态现代性社会语境下的个体困局。主要体现在游戏所提供的以下两个维度。

一是游戏所提供的"共创""共享""共治"的新社会运行方式。元宇宙视域下的游戏的核心驱动力是"用户创造价值",其数字内容和场景内容的体量庞大繁杂到必须依靠每一个元宇宙居民持续地进行数字生产和价值创造,即 UGC 模式(User-generated Content,用户生产内容),才能建立起一个独立的、持续更新的数字未来图景。不同于现存的、与 PGC 相对的、作为商业模式之一的 UGC 模式,元宇宙游戏平台的 UGC 模式是一种底层逻辑和根本法则,它以用户的数字生产和数字实践为基础,衍生出数字文化的繁荣和绵延。更准确地说,与其称之为用户(游戏玩家)生产,不如说是用户(游戏玩家)"共创",用户(游戏玩家)以协作者的姿态共建家园。身处元宇宙中,用户(游戏玩家)可以获得超高的创作自由度、低价且海量的信息素材、简易的创作工具和技术、多人协作互助交流社区等便利条件,充分激发想象力和创造力,共同创造一个新的数字文明体系。此外,元宇宙游戏中的玩家还享有高度的自治权,能够通过去中心化组织 DAO 进行自组织和自治理,自主参与投票和表决,自由作出价值贡献,开放性抒发自己的见解和观点,最终结果由智能代码合约实现去中心化的决策执行。"共创"对应生产力,"共享"对应生产关系,"共治"对应上层建筑,由此奠定了元宇宙社会的三块基石,构建了自下而上的民主式元宇宙社会结构。

二是元宇宙游戏中全新的虚拟社交关系。进入元宇宙游戏的每个人都会拥有一个数字身份,它不仅是外在形象的展现,也是独一无二的社会标识。人们通过数字分身组建新的虚拟人际网络和社会关系,在游戏平台上开展丰富多彩的信息交流活动和社会实践活动。这种纯粹数字化的虚拟关系,不仅有助于消除地域、种族、国籍、文化的偏见和限制,产生新的数字交往行为,形成有序且高效的虚拟协作关系,构建多元的虚拟社区,还可以帮助个体书写作者性叙事,在元宇宙社会中探索一种新的发展状态,增强一种不同于真实世界的自我认同。

六、简要的总结

这个世界并非众多存在者之中的一个存在者,也并非存在者总体构成的空洞世界,而是作为人类游戏于其中的原初性境遇[35]。电子游戏作为一种未来媒介,带来感官、叙事与交往等多方面的体验,为数字文明的发展提供了尺度和方向。在虚拟与现实关系的探讨中,对游戏的探讨正逐步跳脱出作为"消遣"与"遁世"的话语框架,被纳入媒介结构化力量的基本要素的集合之中,对推动元宇宙发展进程发挥着至关重要的作用。如果元宇宙是一个"奇点时刻",那么这个时刻至少包括三个关键节点,即世界深度媒介化的结构质变、深度游戏化的体验质变及经济链条成功闭合的制度质变。在初期、中期与远期所对应的延伸、交汇与融合的发展逻辑中,电子游戏本身的发展迭代与组织层面的游戏化策略演进构成了两股核心力量,推动着世界游戏化的进程。

注释

[1][美]理查德·格里格、菲利普·津巴多:《心理学与生活》,王垒等译,北京:人民邮电出版社,2014 年,第 93 页。

[2]乔基庆:《虚拟实在的光本体论——对虚拟与现实关系的思考》,《玉林师范学院学报》2012 年第 4 期。

[3]赵海明:《被忽视的媒介:电的物质性与生成论探析》,《自然辩证法研究》2022 年第 4 期。

[4][法]居伊·德波:《景观社会》,张新木译,南京:南京大学出版社,2017 年,第 3 页。

[5]陈志良:《虚拟:人类中介系统的革命》,《中国人民大学学报》2000 年第 4 期。

[6][英]曼纽尔·卡斯特:《网络社会的崛起》,夏铸久译,北京:社会科学文献出版社,2009 年,第 434 页。

[7]喻国明、杨雅:《元宇宙与未来媒介》,北京:人民邮电出版社,2022 年,第 4 页。

[8][荷]约翰·赫伊津哈:《游戏的人》,傅存良译,北京:北京大学出版社,2014 年,第 33 页。

[9]宗争:《游戏学:符号叙述学研究》,成都:四川大学出版社,2014 年,第 41 页。

[10][美]约书亚·梅罗维茨:《消失的地域》,肖志军译,北京:清华大学出版社,2002 年,第 48 页。

[11]方凌智、翁智澄、吴笑悦:《元宇宙研究:虚拟世界的再升级》,《未来传播》2022 年第 1 期。

[12][德]马丁·塞尔:《实在的传媒和传媒的实在》,见[德]西皮尔·克莱默尔编著:《传媒、计算机、实在性——真实性表象和新传媒》,孙和平译,北京:中国社会科学出版社,2008 年,第 215 页。

[13]喻国明、赵秀丽、谭馨:《具身方式、空间方式与社交方式:元宇宙的三大人口研究——基于传播学逻辑的近期、中期和远期发展分析》,《新闻界》2022 年第 9 期。

[14]周逵:《作为传播的游戏:游戏研究的历史源流、理论路径与核

心议题》,《现代传播(中国传媒大学学报)》2018年第7期。

[15][美]保罗·莱文森:《莱文森精粹》,何道宽译,北京:中国人民大学出版社,2007年,第4页。

[16][德]克劳斯·皮亚斯:《电子游戏世界》,熊硕译,上海:复旦大学出版社,2021年,第5页。

[17]陈洁雯、胡翼青:《从斯蒂芬森出发:传播游戏理论的新进展》,《新闻春秋》2019年第6期。

[18][美]保罗·莱文森:《莱文森精粹》,何道宽译,北京:中国人民大学出版社,2007年,第39页。

[19][德]克劳斯·皮亚斯:《电子游戏世界》,熊硕译,上海:复旦大学出版社,2021年,前言第5页。

[20][美]简·麦格尼格尔:《游戏改变世界》,闾佳译,杭州:浙江人民出版社,2012年,第23、71、87、102页。

[21][美]简·麦格尼格尔:《游戏改变世界》,闾佳译,杭州:浙江人民出版社,2012年,第223页。

[22]浔阳:《邪恶冥刻:对元游戏(Meta Game)的重新理解》,2021年11月19日,来源:https://www.gameres.com/891309.html。

[23]Kim J. Y., Allen J. P. & Lee E. (2008). Alternate Reality Gaming. *Communications of the ACM*. 51(2).

[24]陈志良:《虚拟:人类中介系统的革命》,《中国人民大学学报》2000年第4期。

[25]常江、何仁亿、[德]安德烈亚斯·赫普:《我们生活在"万物媒介化"的时代——媒介化理论的内涵、方法与前景》,《新闻界》2020年第6期。

[26]刘宏、周婷:《场景化时空:一种理解当今社会的结构性视角》,《现代传播(中国传媒大学学报)》2020年第8期。

[27]蓝江:《数码身体、拟-生命与游戏生态学——游戏中的玩家—角色辩证法》,《探索与争鸣》2019年第4期。

[28]张洪忠、斗维红、任吴炯:《元宇宙:具身传播的场景想象》,《新闻界》2022年第1期。

[29] Haraway D. (2006). A Cyborg Manifesto: Science, Technology, and Socialist-Feminism in the Late 20th Century. *The International Handbook of Virtual Learning Environments*. Dordrecht: Springer, pp. 117 - 158.

[30] 喻国明、苏健威：《传播的游戏化机理：操作逻辑、尺度与方向——对于未来传播范式的一种全新探讨》，《媒体融合新观察》2021 年第 5 期。

[31] [荷] 约翰·赫伊津哈：《游戏的人》，多人译，北京：中国美术学院出版社，1996 年，第 235 页。

[32] 沈湘平：《元宇宙：人类存在状况的最新征候》，《阅江学刊》2022 年第 1 期。

[33] [德] 韩炳哲：《他者的消失：当代社会、感知与交际》，吴琼译，北京：中信出版集团股份有限公司，2019 年，第 4 页。

[34] [英] 齐格蒙特·鲍曼：《流动的现代性》，欧阳景根译，北京：中国人民大学出版社，2018 年，第 33—34、325 页。

[35] 付立峰：《"游戏"的哲学：从赫拉克利特到德里达》，北京：中国社会科学出版社，2012 年，第 180 页。

"Singularity Moment" of Metaverse Development: The Evolution of the Relationship between Video Games and Reality — Three Advanced Steps of Development: Extension, Convergence and Integration

YU Guoming, QIN Zichan

Abstract: With the development of digital technology for the reorganization of human senses and the reconstruction of the consciousness, the dual framework of "virtual" and "reality" has emerged. However, virtual is often excluded from reality, especially for video games. From the historical point of view, the division of this boundary is procedural, and people's recognition of the boundary between reality and virtual is constantly updated. From the perspective of Metaverse, the role and status of games began to turn, and it was considered as the embryonic form of meta-universe. Zuckerberg believes that the Metaverse is not a place, but a "singularity moment". This research looks for the premise, conditions and inevitable rules of this "singularity moment" from the perspective of video games, and points out that the capacity of the virtual space will greatly exceed that of the real space in the process of continuous expansion. The development of video games is a long-term development period from being a "toy" at first, to the mutual construction with reality in the middle stage, and then to incorporating reality into the framework of video games, thus forming a pattern of reality embedding into games. The "singularity moment" of meta-universe is coming.

Key words: Virtual World; The Real World; Electronic Games; Metaverse; Singularity Moment

元宇宙视域下的游戏：
一种全新的未来媒介

颜世健

摘　要　数字文明时代，游戏不仅凸显出独特价值，也表现出与传播学的高度契合性。将游戏作为一种媒介，尤其是作为元宇宙的入口和初阶形态进行考量，将有助于我们打通对人类未来媒介形态的把握。本文阐释了游戏本身的独特价值，认为游戏不仅是人类本能的映射，又高度符合人类福祉的核心，可以激活人类的多种潜能。作为游戏的媒介是一种全要素媒介，尤其是在技术演进、媒介功能和媒介偏向上高度符合未来传播需求的媒介。作为元宇宙的入口，游戏在技术基础层面、场景层面和逻辑层面与元宇宙形成立体的对接模式。元宇宙游戏在个体、商业和社会管理等层面的新价值启发我们，应充分利用游戏，以丰富而令人愉悦的形式解决当代生活的复杂问题。

关键词　游戏　元宇宙　媒介技术　媒介价值　游戏场景

数字文明时代的技术给游戏注入了新的能量，如今人们把努力、情感能量和集体关注慷慨地从现实世界转投到游戏世

作者简介　颜世健，男，北京师范大学新闻传播学院博士研究生。研究方向：新媒体与社会发展、游戏。电子邮箱：412096304@qq.com。

界,创造出人类新的文明形式。另一方面,传播作为一种人与人之间的社会分享,始终与娱乐和游戏的内在逻辑存在相当的契合,游戏机理一直是理解传播现象的重要切入点[1]。无论是游戏在数字文明时代凸显的独特价值,还是游戏与传播本身的契合性,都需要我们将游戏作为一种媒介来审视和思考,尤其是把游戏当作元宇宙的入口和初阶形态来进行考量,将更有助于我们打通对人类未来媒介形态的想象。

一、游戏的魅力:源自人性和人性的回归

游戏之所以在不同的历史时期都在社会文化中扮演着重要角色,源自游戏本身对人性的关注,游戏的形式与玩法代表着人类最质朴和直接的诉求。与此同时,在游戏中人类也在一步步探寻自身能力的边界,这些都是游戏基于社会个体的独特价值。

(一)人类福祉的核心

游戏蕴含着人类福祉的核心要素,其独特魅力源自对人性的关照与回归。尤其是在制度化的社会分工时代,游戏可以提供愉悦的奖励与反馈、增进人际关系的表达、强化场景体验感,成为人类现实生活的心灵弥补。游戏所呈现出的关于实时奖励、人际关系、愉悦体验和美好愿景等要素,激活的正是人类幸福的核心区域。游戏所统合的体验正符合"积极心理学之父"马丁·塞利格曼(Martin Seligman)所提出的PERMA 理论(见图 1),即积极情绪(Positive emotion)、投入(Engagement)、人际关系(Relationship)、意义(Meaning)和成就(Accomplishment)[2]。

1. 愉悦的奖励与明确的反馈

首先,游戏本身是令人愉悦的,其娱乐功能满足了人们精

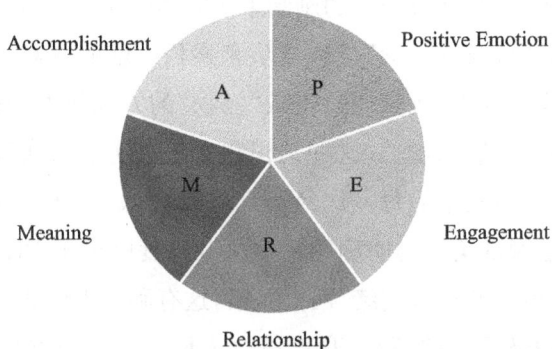

图 1　PERMA 理论中的幸福五要素

神上的需求。著名游戏学者赫伊津哈（Huizinga）认为，游戏的
情绪是欢天喜地、热情高涨的，随情境而定；游戏总是伴随着兴
奋或紧张的情绪与手舞足蹈的动作，令人欢声笑语、心旷神
怡[3]。亚里士多德认为，游戏与高尚的、好的行为一样，其自身
就是目的，我们选择每种事物都是为了某种别的东西，只有幸
福除外，因为它本身就是那个目的[4]。另外，游戏为玩家提供
了一种克服困难后的成就感。玩家通过各种努力去克服障碍，
从而在完成任务后获得极高的满足感。虽然不同类型的游戏
有不同赢的方式，但其共同点是在赢的过程中，游戏都提供了
一种令人愉悦的奖励。

其次，游戏与现实生活的很大不同在于，游戏可以提供一
种明确的反馈机制。作为一种互动媒体，游戏所建立的这种即
时性的"刺激—反馈"模式，能让玩家在一系列精心营造的声、
光、影效果中获得沉浸感和愉悦感。这种"刺激—反馈"模式包
含外显性反馈与成长性反馈。"外显性反馈"主要指在游戏过
程中通过文字、音效、动画和额外奖励等方式激励玩家的游戏
机制。比如玩家在消消乐游戏中连续消除多片区域时，系统会
提供"Great"（太好了）、"Perfect"（完美）等音效奖励以及战利
品奖励，以及在体育游戏中系统会对玩家每一次移动、操作给

出评分等,都是通过外在的刺激来实时奖励玩家在游戏中卓越的表现。"成长性反馈"指构成玩家累积成就的游戏机制。如在冒险类游戏中,玩家通过击败"怪物"的方式获得经验值、属性、装备和等级的增长,这种累积和成长机制是明确且可察觉的,玩家在游戏中的每一次经历都可以为总体成就添砖加瓦。游戏中愉悦的奖励与明确的反馈机制高度贴合了 PERMA 理论中"成就"和"积极情绪"两大要素,这有利于人们获得成就感与收获积极乐观的情绪,高度符合人们关于"持续性幸福"的追求。

2. 强化关系表达

麦克卢汉在《理解媒介》中指出,正如我们的口语一样,一切游戏都是交际的媒介[5]。诚然,人是社会性的动物,交际是人类最本质的诉求之一,游戏提供了一种区别于现实生活的、独特的交际场域,在这个场域中人们可以建立新的连接以及重构连接的方式。首先,游戏的环境与场景为人们建立了新的连接。此外,游戏一定程度上打破了现实世界的社会分层结构,在系统内形成了独特的分工方式。比如在大型多人角色扮演游戏中都拥有完整的权力系统和社交系统,玩家通过游戏内系统形成多种多样的社会关系,如师徒、同门、帮派、密友等。此外,游戏内的公会、联盟系统还会分化出更细致的权力结构,如盟主、帮主、会长等不同角色在游戏中拥有不同的权力等级和线上社会资本。

其次,游戏的环境强化了人际关系的表达强度。现实中人际关系的变化往往依赖于契机,即"某些事情的发生",而游戏所具有的明确目标恰恰是在不断制造"事情的发生",为人际关系的改变提供了契机。在游戏中,竞争与合作的强度和密度都较现实生活有明显的提升,而情绪的表达也会出现相应的变化。不论是喜悦或厌恶,情绪的强度和密度都会较现实生活中有所放大。游戏为人际交往提供了新的场域,允许人们建立新的关系,并在持续的游戏中强化玩家建立的情感与连接,这令游戏与 PERMA 理论中的"人际关系"元素高度契合。

3. 场景化的体验感

场景是游戏的核心要素,是所有愉悦体验和关系表达的基底。游戏引人入胜之处便在于它提供了一种区别于现实的虚拟场景,人们可以在游戏的过程中短暂地进入另一个独立的世界。场景仿真度的提升是游戏发展的核心路径之一,越高度的仿真场景越能激发玩家的代入感和投入度,随着游戏中可感知的元素不断增加,玩家可以获得越来越多的沉浸感和心流体验,也会越深入地融入游戏所构建的场景中。逼真的场景感虽然不是衡量一个游戏成功与否的唯一标准,却是游戏发展与进化的核心逻辑。场景感的提升意味着玩家带入感和心流体验的提升,使玩家更深入地融入游戏所构建的虚拟环境中,游戏场景化的体验感也更有利于玩家发挥自身的潜能和创造力。场景化的体验感高度贴合 PERMA 理论中的"投入"元素,高度的沉浸感使玩家更加专注、更加积极地参与到游戏中来,从而进行更深层次的价值实现和价值创造。

4. 对现实生活的超越

历史上许多哲学家和思想家都将游戏与现实中生产性的工作分开来看,认为游戏是对现实生活的一种超越。如亚里士多德将游戏与严肃进行区分,认为游戏是与工作对立存在的,游戏的优点在于能够帮助我们更好地工作;齐美尔认为游戏是现代性体验的审美外化,它创造了个体与生活的距离,因此,游戏是对日常生活刻板模式的超越[6];赫伊津哈也曾说道,游戏是一种完全自由的、自愿的活动,游戏自觉地站在"普通"生活之外,因为它"不严肃",但同时又强烈地、彻底地吸收玩家;最经典的论述莫过于麦克卢汉的观点,他认为游戏是心灵生活的戏剧模式,提供了一种超乎社会机器垄断暴政的解脱,传达日常生活的回声,使我们与常规惯例中的物质压力拉开距离[7]。

从人们对游戏的思考中我们不难发现,游戏作为一种非生产性的活动,其不仅与现实生产性的工作形成对立,而且是对现实生活的一种超越。首先,一个时代的游戏体现出那个时代人们的美好愿景与追求这种愿景的方式,游戏作为最古老的人类活动,始终承载着人类的心灵愿景和幻想。根据麦克卢汉的观点,这些幻想和愿景是个体意识中宇宙模型的摹本,也是人类终极价值的体现。其次,人们通过游戏展开美好的幻想,在游戏中追求超越现实生活的自由,正如席勒所言,只有当人在充分意义上是人的时候,他才游戏;只有当人游戏的时候,他才是完整的人[8]。游戏使人们实现了对现实生活的超越,是一种对自由、纯粹的审美的追求,亦是完善心灵图景、实现人生终极价值的重要方式。游戏对现实生活的超越高度贴合 PERMA 理论中的"意义"要素,换言之,人们在所从事的游戏活动中实现对自我的探索、人生意义的探寻以及对心灵愿景的追求,都体现出游戏对于人类福祉的独特意义。

(二)人类原始本能的映射

"游戏行为是人类原始本能的映射"是游戏研究者回应游戏"成瘾说"的重要论点之一。游戏研究者认为,游戏行为不仅存在于人类当中,在许多哺乳动物里也存在着大量的游戏行为。所以,游戏是所有哺乳动物,特别是灵长类动物学习生存的第一步。合理适度的游戏允许人类在模拟环境下挑战和克服障碍,可以帮助人类开发智力、锻炼思维和反应能力、训练技能和培养规则意识等,这就是游戏"本能说"的由来。游戏"本能说"的观点十分广泛,包括认为现代游戏的基本方式实际上是对人类原始本能的某种映射和追溯。比如一些游戏中的"打怪"元素、玩家对战利品的收集,是对人类狩猎和采集等活动的映射;游戏的对抗形式和取胜标准则体现出原始本能中的"战斗"与"侵略"活动。虽然游戏的种类千变万化,技术迭代迅速,但其核心玩法始终非常稳定:一代代游戏都在不断回溯与映射着人类进化之初所形成的原始本能,即那些刻在人类基因里,溶于血液中的对于狩猎、养成、采集和战斗的渴望。

此外,其他哲学家的观点也可以为"本能说"的合理性作出佐证。席勒认为,人类在生活中要受到精神与物质的双重束缚,在这些束缚中就失去了理想和自由。于是人们利用剩余的精神创造一个自由的世界,它就是游戏。这种创造活动,产生于人类的本能。后来,英国哲学家赫伯特·斯宾塞(Herbert Spencer)对席勒的观点进行了补充,他认为,人类在完成了维持和延续生命的主要任务之后,还有剩余的精力存在,这种剩余精力的发泄,就是游戏[9]。游戏本身并没有功利目的,游戏过程的本身就是游戏的目的。再后来,德国生物学家卡尔·谷鲁司对英国哲学家赫伯特·斯宾塞的"剩余能量说"和席勒的"本能说"进行了修正,他认为游戏不是没有目的的活动,游戏并非与实际生活没有关联,而是为了将来面临生活的一种准备活动[10]。例如,小猫抓线团是在练习抓老鼠,小女孩给布娃娃喂饭是在练习当母亲,男孩子玩打仗游戏是在练习战斗。

其实从公元前 2600 年起,游戏就是人类经验的一部分,出现在所有文化中,像乌尔王族局戏、塞尼特棋都是其中历史相当悠久的游戏。游戏"本能说"表达了游戏是伴随人类启蒙、发展和进化的古老行为,认为从古至今的游戏都代表着人性与人的本能,是一种如柏拉图所说的"人身上有某些天然的东西"。游戏在数字媒介时代逐渐走向聚光灯下,不仅是物质盈余的结果,更是在物质盈余之后人们对自我价值追求的结果。可以预见,未来的游戏产品形态会以更加多元化的方式推动玩家自主学习与创造的能力,鼓励他们在虚拟与现实的游戏之间中获得切实的发展与成就感。

（三）潜能的激活

如游戏"本能说"所述,游戏是哺乳动物尤其是灵长类哺乳动物进化和启蒙的重要方式。因为游戏可以使人类在模拟环境下挑战和克服障碍,可以帮助人类开发智力、锻炼思维和反应能力、训练技能和培养规则意识。换句话说,游戏在历史上本身就是拓展人类潜力和能力边界的重要途径。游戏对人类潜能的激活主要体现在两个部分:身体潜能的激活和意志潜能的激活。

身体潜能的激活。目前许多功能性游戏已经成为心理疾病和脑功能疾病的有效疗法。对于被病痛折磨到黯淡无光的人来说,能够通过轻松、愉快和无痛苦的游戏来治疗或治愈疾病无疑是一种福祉。不仅是以医学辅助的形式出现,游戏正在逐渐形成一种程式规范、严格的治疗方法,即游戏数字疗法。如2020 年美国食品药品监督管理局批准了由 Akili Interactive 开发的 *EndeavorRx* 游戏,其被用于注意缺陷与多动障碍（ADHD）的治疗。这是第一款有临床随机试验数据支持并正式获批用于医疗处方的电子游戏。游戏数字疗法的应用场景主要集中在中枢神经系统疾病（CNS）领域,包括常见于老年人的帕金森（Parkinson's disease, PD）、阿尔茨海默病（Alzheimer's disease, AD）;多发于儿童的孤独症（Autism）、注意缺陷与多动障碍（Attention deficit and hyperactivity disorder, ADHD）等。

其次是意志潜能的激活。游戏所提供的虚拟场景可以为人们缓解现实生活中的压力并挑战人们的自我意志潜能。古希腊历史学家希罗多德在《历史》一书中写道,约公元前 1200 年,吕底亚全国发生了严重的饥馑。为了对抗饥饿,骰子、羊拐子、球戏以及各种各样的游戏在这一时期被发明出来,他们采用了一天玩游戏、一天吃饭的方式来度过饥馑。在这样的循环往复之中,他们度过了长达 18 年的饥荒。意志潜能亦是一种精神潜能,比如在现实生活中我们保持高度专注的时间往往是有限的,但在游戏当中,很多人都可以表现出持续的高度专注。

二、元宇宙视阈下"作为媒介的游戏"

(一)何以为"新":元宇宙视阈下的"未来媒介"

游戏伴随人类文明演进已久,其实于我们而言并不是什么新鲜事物,电子游戏也早在 20 世纪 70 年代就已经全面商业化。今天我们强调游戏作为一种"未来媒介"是因为现代数字游戏的种种特质都高度适配我们对于盈余时代传播范式的想象与期待。根据赫伊津哈的观点,人类文明诞生于游戏,作为媒介的游戏也一直承载着人类文明中的各种要素。我们今天讨论的作为一种媒介的游戏,是相当狭义的"游戏",即元宇宙视阈下的数字游戏。潘忠党、刘于思在辨析新媒体之"新"时采用了媒介理论取向、人与技术的界面取向和行动场所的界面取向等三个视角的理论取向[11]。本文将沿用这些理论视角来论述游戏为什么是一种未来的媒介形态。

1. 媒介理论(Medium Theory)取向

媒介理论的概念由梅洛维茨(Joshua Meyrowitz)提出,媒介理论着重关注媒介如何塑造信息,其基本观点认为媒介不仅是传播发生的手段,而是使传播发生的一系列不同的环境,因此,一种媒介可能改变通过它传递的信息的意义[12]。媒介理论有别于更普遍的媒体理论(Media Theory),后者大多强调传播的内容,而前者的视角主张超越内容,去着眼于媒介的技术特征,以及人们会如何以相应的方式应对这些不同特征的媒体。元宇宙视阈下的游戏,其技术特征在于对诸多架构元宇宙的底层技术的运用,换言之,即一种高速率、高算力的仿真交互模式。游戏作为未来媒介之"新",即在于提供了这种动态的仿真交互,玩家/用户可以在这种动态的仿真交互中以趣味性、沉浸性、自主性的方式生产和消费信息。这种动态的仿真交互并不局限于去还原现实生活的图景,任何一个游戏都可以拥有自己独立的世界观和感知模式。游戏在媒介理论视角之"新"表明了信息将在动态的仿真交互中以前所未有的方式被塑造、被传递和被消费。在游戏中交互、流转的信息将会被游戏化的法则赋予新的意义,正如萨姆(Samyn)所言,游戏有潜力成为一种能够以丰富而令人愉悦的形式解决当代生活复杂性的媒介[13]。

2. 人与技术的界面取向

这一取向指如何对人与技术的界面进行编码,并将人们行为的脚本(Script)嵌入界面之中。此外,人与技术的界面取向主要考察媒介作为手段和资源如何被人们使用,以及人们如何通过对媒介的使用来实现其个人、集体或社会的目标[14]。与媒介理论取向不同的是,人与技术的界面取向更着重考察人作为"行动者"的层面,而媒介本身具有的人格或能动性则会被抽离出来。与历史上其他的媒介形式相比,元宇宙视阈下的游戏界面是一种完全虚拟的由用户主导的形式。在当下的技术环境下,键盘和触屏等是我们最常见的人—机交互界面,而元宇宙的技术形态革新了人—机界面的"物理性"特征,游戏的高度自由化也赋予了玩家/用户自主编码其行为脚本的可能,这种可能将赋予玩家/用户前所未有的能动性和创造性。如瓦兹奎兹(Vazquez)所言,电子游戏(Video Games)作为媒介的特殊性在于它允许玩家按照自己的节奏决定自己的故事、实施新的视角,在这个过程中玩家可以真实地感受自己的行动所带来的影响,最终到达加强独立思想(Reinforce Independent)和个人成长(Personal Growth)的目的[15]。好的游戏在巧妙设计的基础上充分尊重玩家的智慧,它允许玩家用自己的行动为自己找出模式,正是这种积极的参与将电子游戏与任何其他媒体区分开来。元宇宙的技术形态在革新人—机交互界面的同时,进一步提高了玩家编码自身行为脚本的空间。

3. 行动场所的界面取向

行动场所的界面指由技术所支撑的人的行动场所的界面,既包括物理或地理上的空间,也包含社会体制或结构的空间。从这个层面来看,我们日常生活的地理空间以及发生各种社会关系所在的社会结构与制度,一直处于不断形塑与再形塑、生产与再生产的变动当中[16]。行动场所的界面的取向关注的是媒介技术对人的行动场所的形塑,以及人与技术之间以社会结构和制度为中介的互动过程。这种互动过程正随着游戏这一"未来媒介"的到来逐渐发生新的变化。一种新的媒介,不仅应具有新的属性(Properties)和参数(Parameters),更需要用户以一种新的态度,以全新的方式与之互动并消费其内容[17]。在这个过程中,生产与消费的定义范围发生了变化,"新"媒介在此体现为一种增强用户信息生产能力和互动能力的文化形式[18]。游戏正是以这样的文化形式不断重塑着人们行动场所的界面。因为不同于以往的媒介形式,游戏始终将"玩"置于视听或感知体验的核心,"玩"是一种天然的、持续的自愿行为,在内容的生产与消费上具有与生俱来的高效率。游戏对人行动场所界面的形塑体现为"游戏化"思维对整个社会系统的渗透。一如从大众媒介时代到社交媒体时代社会所经历的数字化、媒介化转型,社会在未来也需要适应游戏化的传播法则和传播逻辑。如果社交媒介时代意味着个体表达需求的释放,那么元宇宙时代的到来则意味着个体玩乐需求的释放。因为相比于表达的需求,游玩和乐趣是个体更高层次的内心诉求,因此社会的游戏化将是一种必然的趋势。

(二) 作为"全要素媒介"的游戏

"游戏是一种全要素媒介"是本文的一个基本观点,游戏作为一种媒介,在技术特征、传播的功能和传播偏向上具有鲜明的时代特征(见图2)。

		早期游戏	现代游戏	未来游戏
外部特征	技术基础	草纸 铁器 石器 沙土	计算机 虚拟引擎 互联网 显示终端	5G/6G XP仿真交互 人工智能 体感终端
	社会需求	愉悦身心 竞争模拟	释放压力 关系表达 新奇体验	新型劳动 潜能释放 价值实现
	社会参与	线下:强关系群体	线上:强关系群体/趣缘圈层	线上/线下:泛在连接
内部特征	场景	场景想象	场景提供	场景创造
	任务	简单/明确	复杂/明确	复杂/不明确
	玩家	游玩	游玩 创造	游玩 创造 产权拥有
	沉浸	低度沉浸	高度沉浸	绝对沉浸
	规则	服从	服从 改进	自组织定义规则
	情感	单一/固定/低唤醒	多层次/多元化/低唤醒	多层次/多元化/高唤醒

图 2　游戏的技术演进

1. 游戏作为媒介的技术特征

游戏伴随人类文明共同演进,其本身具有丰富的概念和内涵。本文从技术形态的角度,将游戏的演进历程大致分为三个阶段:早期游戏、现代游戏和未来游戏。早期游戏主要指电子游戏出现之前人类文明中的游戏形式,包括历史悠久的棋类游戏(如围棋、象棋)、桌面游戏(如扑克、双陆、牌九)和儿童游戏(如捉迷藏)等;现代游戏主要指电子游戏问世至今所有含数字端口的游戏,包括掌机游戏、街机游戏、网络游戏等;未来游戏则指基于元宇宙技术形态和连接方式的元宇宙游戏。需要说明的是,如上三个演进历程仅是一个粗略的划分,并不能涵盖所有的游戏类型,不同阶段的内外部特征也仅代表阶段性的相对特征,并不是这一阶段游戏的绝对特征。不同阶段的游戏特征可以分为内部特征和外部特征,其中内部特征指游戏内部元素的特征,外部特征指该阶段内游戏外部的社会、技术特征。

首先是外部特征,包括游戏在当前阶段的技术基础、社会需求和社会参与模式。游戏的技术基础与媒介的技术演进逻辑类似,从早期游戏到未来游戏,经历了从石器、草纸、羊皮到计算机、互联网,最终再到高阶人工智能、XR 的技术演技路线。社会需求层面,早期游戏主要起到了愉悦身心、模拟竞争的作用;现代游戏则以释放社会压力、表达关系和感受新奇体验为主;未来的游戏则是起到定义生活方式、释放潜能和价值实现的作用。社会参与层面,早期游戏中玩家的参与主要以亲密关系为主,参与游戏的玩家是规模较小的强关系群体;现代游戏则打破了时空的界限,游戏的参与者拓展到基于趣缘的全球玩家群体;未来的元宇宙游戏的社会参与特征表现为一种泛在的连接,在世界观高度完整的虚拟空间中,游戏生活将所有玩家以无障碍的方式重新连接。

其次是游戏的内部元素特征,包括场景、玩家、规则、任务、沉浸和情感等层面。在场景层面,早期游戏、现代游戏和未来游戏,分别对应场景的幻想、场景的提供和场景的创造。换言之,早期游戏中的场景是抽象的场景,需要玩家充分发挥想象力进行幻想和模拟(如围棋是对古代战场的模拟);现代游戏则主要根据图像生成技术和拟音技术提供既有的游戏场景,玩家在给定的场景中进行探索等各种行为;而在未来元宇宙游戏中,随着游戏法则对生产力的赋能,场景则由高度自治的玩家群体自行创造。从玩家主体的地位变化来看,早期游戏中玩家只是游玩行为;现代游戏的玩家既可以在游戏中游玩,也可以在游戏中创造;而在未来的游戏中,除了游玩与创造之外,玩家更是游戏产权的拥有者,其本身就是游戏的一部分。最后从规则层面来看,早期游戏中玩家仅仅是服从游戏的规则;现代游戏则是在服从游戏规则的基础上,对游戏的规则进行完善与改进;为未来的游戏中,规则是由自组织玩家的共识生成的,玩家可以通过协商来定义游戏的规则。其他元素诸如任务、沉浸度和情感唤醒等,在不同时期的游戏中也都呈现出相应的变化。

游戏发展的历程突出了其作为媒介的属性,是一个随着技术的发展,可供性不断提升的过程,玩家在游戏中可支配的资源与可互动的元素不断增强,人与游戏环境之间也蕴含着更多的可能性。

2. 游戏对媒介功能的拓展

传统的媒介功能如查尔斯·赖特(Charles Wright)《在大众传播:功能的探讨》中的论述,媒介被分为四个主要功能,即监视功能、联系功能、社会文化的传承功能和娱乐功能[19]。

(1)监视功能

监视是媒介的第一功能,它向受众提供并告知新闻。游戏对媒介监视功能的延展,主要体现在游戏不以单纯的新闻告知的形式实现媒介的"雷达功能",而是提供高仿真度的社会环境和组织形式,来映射隐藏在人们游戏行为中的社会心理问题和危机。如在《魔兽世界》等大型网络游戏中的游戏公会制度就是未来虚拟空间社会组织形态的初级形态,游戏可以通过对玩家行为和言论的监测来分析玩家群体的群体心理特征,从而以全新的方式实现媒介的监视功能。

(2)联系功能

联系是媒介的第二功能,旨在对周围环境信息的选择和解释。与大众媒体的传播模式不同,游戏尤其是未来的游戏将不再通过议程设置这种"一对多"的方式来实现强化社会规范和达成共识，而是打破固有的社会权力结构，通过趣缘建立新的连接，深度浸染个体之间的共识。作为媒介的游戏是对社会连接方式的突破，也是对原有传播权力结构的解构。根据麦克卢汉的观点，数字文明时代的游戏使人们重新回到"部落式"和"游牧式"的人际传播模式。媒介的联系功能在游戏中将不再以建立价值联系的方式来规范社会行为，而是通过建立趣缘圈层联系的方式来强化不同圈层之间所具有的共识。游戏作为媒介在联系功能上的拓展，也必将催生多元化且彼此独立的群体意识。

（3）社会文化的传承功能

文化传承功能指媒介将信息、价值观和规范一代代地在社会成员中传递下去。游戏被称为融小说、绘画、音乐、电影等传统艺术形式于一炉的"第九艺术"，是由声音、图像、文本、社交、代码和算法的神奇组合构成的创意文化产品。技术为游戏塑形，而文化为游戏注魂。换言之，游戏本身就是高度立体的文化载体，不仅可以靠画面、声音、故事剧情传递文化信息，还可以在互联交流中发酵这些文化信息，使文化的传播变成一种主动探索的过程，传统艺术和文化在游戏中得到了沉浸式的强化。此外，游戏本身就是一种叙事，现代游戏更是社会文化的原产地，游戏提供了可追溯的集体记忆的场域和情感共鸣的空间。

（4）娱乐功能

媒介的娱乐功能的目的在于调节身心，给人们提供喘息的机会和轻松的时间。长久以来，游戏便一直与艺术和审美在哲学上建立着强联系，游戏和审美、艺术一样，都是人们发自内心的对美好的追求，并且这种追求是非功利性的。游戏对于媒介娱乐功能的延展体现在游戏并不像传统媒介的娱乐那样所谓

"毁坏了艺术,降低了大众品位,妨碍了人们对真正艺术的欣赏",游戏是发自内心对于审美和艺术的追求,是一种更纯粹、更自由的对美好的追求。

游戏除了延展了传统大众媒介的功能边界外,还具有许多独特的媒介功能,包括经验转换功能、跨文化传播功能和架构心灵愿景的功能。

(1)经验转换功能

游戏是一种经验的"转换器",将熟悉的经验转化成新颖的形式。首先,游戏是人为营造出的一种经验和意义交换的场域,游戏与现实生活中勾连的部分,在游戏行为中进行着某些普遍经验的生成和流转。如技术的迭代将"战场的经验"从黑白棋子带到了基于计算机的兵棋推演,而不变的是游戏本身对经验的转换功能。此外,游戏可以使隐藏在现实经验中暗淡和朦胧的部分重新绽放出光芒。尤其是现代高仿真的作品游戏,给我们提供了一个认知世界的全新视角,这些认知是"现实经验"中的一部分,但往往隐藏在平淡的生活中,无法被挖掘。

(2)跨文化传播功能

游戏作为一种拟态媒介,具有相对独立的文化背景、语言体系,是跨文化传播中的优秀媒介。游戏可以将世界各地具有不同文化背景的玩家聚集到一起,通过游戏世界呈现、游戏角色设定和游戏文化背景将不同的玩家建构在同一个游戏文化体系中。玩家的多元文化背景在游戏中碰撞,产生跨文化传播的火花。游戏的玩法是人类共同的语言,文化差异在游戏统一的规则和丰富的玩法中被消解,游戏在这个过程中起到了消除文化折扣的功能。不同国家的文化在游戏中相互交流、渗透,形成独特的跨文化传播场景。此外,游戏在近年来逐渐成为"文化软实力"的象征,在我国文化出海的过程中,游戏是一种具备全球化天赋的传播媒介。

（3）实现心灵愿景的功能

这一功能指人们通过游戏的形式实现内在的终极价值。在《理解媒介》中麦克卢汉将游戏称为一种"宇宙的模型"（Model of the Universe），认为游戏可以架起人们"心灵自由"的桥梁[20]。赫伊津哈也认为，人类创造神话和寓言的过程，即是一个通过游戏的方式实现心灵愿景的过程。比如希腊的奥林匹克运动会就是直接扮演这种竞赛的游戏，或者说直接扮演太阳神进行争斗的游戏。竞技者绕圆形跑道奔跑时，头上扎着黄带，则是在模仿太阳神驾车一日一周所经过的圆形黄道带。游戏承载的幻想和愿景是个体意识中宇宙模型的摹本，也是人类终极价值的体现。换言之，任何一个时代的游戏都是人们采用可调配的资源去实现心灵愿景的方式，从这个意义上讲，作为媒介，游戏承载着人们实现心灵愿景的功能，是引领人们向上确立未来价值目标的媒介。

3. 划时代的传播偏向

哈罗德·伊尼斯在《传播的偏向》中提出了媒介和传播的偏向理论，从历史哲学维度去理解媒介的属性以及媒介在各种文明中对社会所起的重要作用，他认为，传播媒介的性质往往在文明中产生一种偏向，这种偏向或有利于知识在时间上的纵向传播，或有利于知识在空间上的横向传播。伊尼斯还从技术哲学的角度论证了媒介与文明演进的关系，认为传播媒介的使用致使新的文明的产生，一种媒介经过长期使用之后，可能会在一定程度上决定它传播的知识的特征，或者说，一种新媒介的长处，将导致一种新文明的产生[21]。李沁延展了哈罗德·伊尼斯的媒介偏向说，认为数字文明时代催生了"沉浸传播"的传播模式，媒介和传播的偏向既不偏向于空间，也不偏向于时间，而是偏向于"沉浸人"[22]。在沉浸传播中，"沉浸人"作为传播中心的人，既是被动的信息接收者，也是主动的信息发送者，同时,还是被动的信息发送者。信息不再是传播的中心,人才是中心,周围的一切都可以主动或被动地与人进行信息交流,传达需求。

游戏作为沉浸传播中典型的媒介形式,是媒介、传播"偏向于人"的集中体现。首先,游戏作为全要素媒介,统合了人的各种感官系统,现代游戏对于真实场景的构造即是在感官层面还原人们感知世界的方式,作为媒介的游戏通过高度沉浸的心流体验,营造出更加偏向人们真实感受的虚拟世界。其次,游戏的本质代表着人类福祉的核心,游戏的魅力源自人性和本能的回归,游玩本身在哲学意义上是一种自由的审美,是一种对内心美好追求的向往,所以作为媒介的游戏在传播内容上是一种偏向于人们心灵愿景的媒介。最后,玩家创造和大众生产是现代游戏的独特景观,未来的游戏是一个由玩家充分发挥主观能动性所共创的场域,玩家本身既是游戏内容的生产者,也是游戏内容的消费者,作为媒介的游戏在传播的主体上也是更加偏向于人的媒介。此外,在后大众媒介时代,媒介不再只是向外延伸,而是同时向内拉取。媒介既是一种客观的延伸,也是一种主观的建构[23]。游戏高度个人取向的特性,决定了作为传播主体的玩家会呈现出一个不断自我建构的过程,也是不断偏向人本身的过程。

4. 游戏是高度符合未来传播需求的媒介

2019年1月,习近平总书记在中央政治局第十二次集体学习时强调"全媒体不断发展,出现了全程媒体、全息媒体、全员媒体、全效媒体,信息无处不在、无所不及、无人不用,导致舆论生态、媒体格局、传播方式发生深刻变化"。"四全媒体"论是对全新传播格局的总结,是全媒体建设发展的细化纲领,也是对全媒体时代媒介融合趋势的精辟概括,对这一全新传播格局的解读需要以系统的理论框架为支撑[24]。游戏作为一种全要素媒介,不仅意味着全要素的感官统合,也意味着全要素的效能统合,高度符合新时代我们对"四全媒体"的特征所抱有的期待。

（1）全程媒体

首先,游戏的服务器可以不间断地运行和记录游戏过程,实现对玩家游戏行为的全程记录。此外,玩家的所有游戏行为都会以代码的形式全程被保存在游戏的数据库中,且这些行为可以在游戏中进行无损的演绎,完美地还原玩家的每一次移动和行为。作为一种承载信息的媒介,游戏不仅可以记录玩家的游戏行为,还可以通过对玩家产生的数据、发表的言论和行动轨迹进行深度分析,以探寻玩家在游戏过程中的心路历程和行为预测。由于游戏对于玩家行为的全程记录和可追溯的特性,在未来游戏有希望成为人类数字遗产的重要组成部分。玩家在游戏中投入的努力、热情和付出的感情都可以通过情景再现的方式重新还原,拓展了媒介承载人们记忆的模式。

（2）全息媒体

从技术层面上来讲,游戏是天然的"全息媒体",构成元宇宙技术基底的 5G 技术、AR/VR/MR/XR 技术、虚拟引擎技术、云计算等技术都是在游戏中进行应用和迭代的。目前没有任何一种媒介可以超越游戏实现"全息媒体"中立体式、环绕式、还原式传播的要求。玩家在游戏中可以通过现实增强技术实现数字领域和物理世界的互联,玩家与虚拟角色、现实图景实现了全息化的连接。在未来,随着感官交互技术和人工智能物联网技术的成熟,游戏将会实现更多元素的互联,营造出一种虚拟与现实结合的全息化数字景观。

（3）全员媒体

游戏的内核之一就是玩家自愿、平等地参与到游戏中,一旦进入游戏,每个玩家都会成为游戏本身的一部分。当任何人都可以平等地参与到游戏中的时候,每个人都可以在游戏中发挥主观能动性,实现游戏环境的共创。这种共创包含了景观生产和文化生产,尤其是在当前流行的作品游戏和大型网络游戏中,大众生产和协同创新逐渐成为游戏世界中的全新景观。此外,游戏的特性决定了只要在游戏规则允许的范围内,玩家的游戏行为是自由和不受限制的。在此基础上,玩家可以通过游戏中的行为表达创造出多元的文化图景,实现信息的"社会化生产"。这些文化甚至可以成为全球通用的跨文化游戏语言,打破游戏圈层,成为全球流行文化的组成部分。

(4) 全效媒体

首先,游戏作为统合多模态感官系统的全新媒介,其在表达方式和感官调动方面实现了对以往媒介产品的升维,文字、图像、声音和动态画面在游戏中有机结合,呈现出多层次的感官效果。尤其是现代数字游戏的高仿真体验和实时交互,实现了传输效率、传输效果和传输效能全面强化。其次,玩家在游戏中产生的信息和行为数据可以被深度整合与分析,形成对玩家身份的立体化建构,通过相应算法实现更好、更精准的传播效果。最后,网络游戏的实名制规则可以实现对玩家游戏内外关系资源的整合,从而提升深层次的圈层传播、群体传播的效能。

三、游戏与元宇宙的场景变量

(一) 技术层面(见图 3)

1. 感官交互技术(XR)

XR 扩展现实技术是 VR、AR、MR 等感官交互技术的集合,为元宇宙的交互提供核心技术支持,是元宇宙的重要入口,元宇宙中"人、物、环境"之间的交互都离不开 XR 技术[25]。具

```
┌─────────────┐
│  感官沉浸    │
│  人本呼唤    │
│  规则意识    │
│  创意悦己    │
│  全球互联    │
└─────────────┘
    逻辑层面

           ┌─────────────┐
游戏 ----→  │ 旅游  消费   │  ----→ 元宇宙
           │ 社交  娱乐   │
           │ 教育  管理   │
           └─────────────┘
             场景层面

        ┌─────────────┐
        │  感官交互    │
        │  虚拟引擎    │
        │  云计算      │
        │  人工智能    │
        │  NFT        │
        └─────────────┘
          技术层面
```

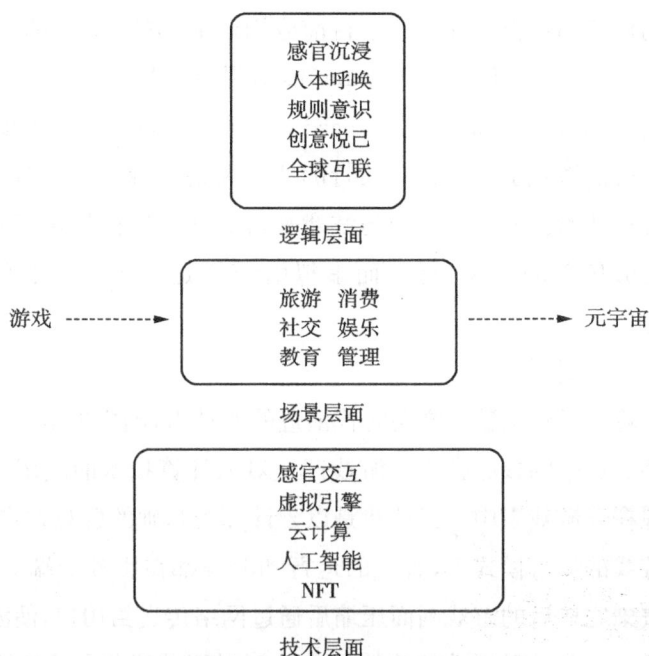

图 3 游戏与元宇宙的多层次对接

体而言,XR 主要提供沉浸式体验,目标是全面接管人类的视觉、听觉、触觉等,并通过动作捕捉实现元宇宙中的信息输入输出。目前虚拟空间中视觉和听觉的体验技术较为成熟,而嗅觉、触觉和意念体验仅仅处于起步阶段。总的来说,XR 是打造元宇宙沉浸式体验的关键技术,借助 XR 技术可以实现元宇宙与物理世界的无缝转换,XR 内容让用户置身内容之中,从而获得沉浸式体验。元宇宙与游戏都强调在虚拟世界中人们的感知能力,而 XR 即是对接这种感知能力的关键技术,其中 AR/VR 技术目前已经在游戏领域有了相当成熟的应用,游戏行业也是 AR/VR 技术应用最广泛和最前沿的领域。

2. 虚拟引擎

如果感官交互技术构建了元宇宙与游戏的感知系统,那么虚拟引擎则是整个虚拟空间的内容生成系统,负责整个虚拟世界的构建与运行。虚拟引擎目前应用最成熟的领域即是游戏行业,以 Unity、Unreal Engine(虚幻引擎)、Erostbite Engine(寒霜引擎)、Rookstar Advanced Game Engine(雷霆引擎)等为代表的游戏引擎以各自独特的技术风格为玩家提供多元化的沉浸体验。元宇宙平台与游戏平台的共同目标都在于构建出足够仿真的虚拟空间,而虚拟引擎便是其中最核心的生产力。

3. 云计算

算力是推动数字文明时代演进的源动力,同样也是目前游戏领域竞争的核心技术。游戏产业对云计算技术的应用主要体现在云游戏当中。云游戏是以云计算为基础的游戏方式,在云游戏的运行模式下,游戏的运行和渲染都在服务器端进行,将渲染完毕后的游戏画面压缩后通过网络传送给用户,使游戏的运行摆脱了对硬件的依赖。云计算对于游戏与元宇宙平台的技术对接体现在它使玩家/用户能以更加便捷和高效率的方式获得沉浸式的体验。

4. 人工智能

人工智能同样是元宇宙平台构建的核心技术之一,人工智能技术不仅推动了元宇宙中的其他关键技术(人机交互、通信、机器人等)的发展,还能在元宇宙中直接进行内容的创作,从而链接起现实世界和虚拟世界。人工智能在游戏领域的应用在于优化了玩家在游戏中与非玩家角色产生行为和情感交互的方式,将游戏体验的境界提升到更高深的层次。人工智能技术对于元宇宙和游戏的共同意义在于提升了虚拟空间内容的质量,高阶的 AI 技术是提升玩家/用户体验的关键。

5. 区块链

区块链技术可以为元宇宙提供创作确权方案,其不可篡改、可交易性、有效性、唯一性实现了创作者确权,支持用户的设计创作。在游戏中，区块链技术使玩家在游戏中购置和创造的各种装备、作品都具备了资产的意义。进而，玩家可以通过游戏赚钱、形成社会组带，并参与更开放的协作和创作。全球的玩家聚集在一个永不停机的去中心化游戏世界中，强大的经济组带不断激励着所有角色各司其职，不断激发更优质内容的出现，从而形成正反馈效应。区块链技术于元宇宙平台和游戏平台的共同意义在于构建了虚拟世界经济系统，使玩家在虚拟空间中的创作具有了资产的意义，从而激励玩家/用户在虚拟空间中的持续创作。

（二）场景层面

1. 旅游/探索场景

现代主机游戏和大型多人在线游戏大都致力于营造出一个开放的世界观和地图，玩家可以在游戏中进行随心所欲的探索，游戏对世界观构建的注重与未来元宇宙所构建的开放的自由世界形成衔接。如《塞尔达传说·旷野之息》即是当前在开放世界观上做得相当优秀的作品，其可探索性、多互动性、可改造性为广大的游戏玩家提供了一个区别于现实纷杂生活的宁静之地，自由探索和冒险成为此类玩家最看重的核心价值。当前成功的作品游戏所呈现的世界观和可探索虚拟空间正是未来元宇宙整体样貌的雏形。未来的元宇宙旅游与探索都可以在当前具有完整世界观的游戏中求得灵感。

2. 社交场景

游戏本身就是交互的媒介，尤其是大型多人在线游戏更是一种大型的社交场域，其往往通过内置的社交网络，使玩家可以实时交互，既可以通过文字、语音沟通，也可以通过具体的游戏行为进行沟通。玩家在游戏中通过虚拟角色的扮演与其他玩家进行交流、竞争、合作，也是一种对未来数字虚拟社交的演绎。可以说，当前网络游戏中的社交网络系统即是未来元宇宙的交互方式的雏形,玩家可以在虚拟的空间中运用各种手段实现意义的生产和流动。

3. 教育/培训场景

许多功能游戏当前已经具备了培训、教育的功能,人们可以在游戏中提升自己的某一项能力或拓展某一项潜力。目前成功的功能游戏如 *Corona Quest* 和 *Bleached Az* 等都通过游戏化的方式拓展了玩家在某一领域的知识储备或能力,为将来元宇宙的教育场景和培训场景提供了极具借鉴意义的参考。未来的教育和培训场景可以以当前功能游戏的结构和表达方式为基础,构建出未来教育培训的新形态。

4. 市场/消费场景

许多大型网络游戏都有自己的经济系统,甚至有自己的货币和经济法规。换言之,游戏中建立了和现实世界相似的经济系统,未来用户的虚拟权益可以在当前游戏的经济系统中进行演绎和测试,用户创造的虚拟资产也可以在游戏中流通,为未来元宇宙中的大众生产提供了参考。此外,当前游戏中的消费形式也可以为元宇宙的消费场景提供借鉴。

5. 娱乐场景

娱乐和乐趣是游戏精神最核心的部分,游戏作为一种媒介,使媒介本身就成为一种娱乐形式。尤其在许多角色扮演类游戏中,模拟人们日常生活中的娱乐元素就是一种非常常见的游戏行为。诗歌、文学、舞蹈、音乐等元素都可以嵌入到游戏中,有些游戏甚至可以嵌入其他游戏。所以,游戏本身就是一个高度娱乐化的媒介形态,未来元宇宙对娱乐场景的想象和构建都可以从当前的很多游戏中找到灵感。

6. 社会管理场景

当前大型多人在线游戏内部所具有的玩家组织形式,如公会、帮派、联盟等都为未来元宇宙的组织结构和管理形式提供了借鉴意义。同网络游戏一样,未来的元宇宙生活将以趣缘为导向形成圈层化、游牧化的用户自组织结构,与当前网络游戏中的公会、帮派、部落等组织具有高度的相似性。我们应从当前的游戏内部逐渐形成的玩家自组织模式中洞悉未来虚拟空间可能的形态,将线上组织形式的优势发挥出来,为当前组织形态中的复杂问题提供启发,如强化群体共识和缓解极化情绪等。

(三)逻辑层面

在逻辑层面是元宇宙和游戏在精神内核上的对接,包括对感官的沉浸的诉诸、对人性的呼唤、对个体能动性与创意的追求与全域互联。

1. 感官的沉浸与反馈

高度仿真并不是评价一个游戏成功与否的唯一指标,却是重要的指标之一。未来游戏的发展方向也即对现实世界无限的仿真与模拟。元宇宙也是一样,作为未来的媒介形态,元宇宙本身就意味着"宇宙中的宇宙"的含义,元宇宙的终极形态也是向人们认知中世界的形态无限贴近的过程。游戏与元宇宙的发展逻辑中的共同驱力都是对真实世界的仿真,换言之,游戏的建构与元宇宙的建构一样,都是在虚拟空间中建立一个无限趋近于现实世界图景的世界。在这个意义上,游戏迭代的逻辑和元宇宙演进的逻辑是高度贴合的。

2. 人本呼唤

从古至今,不论游戏的类型和技术形态如何变化,游戏的魅力始终在于对人性的呼唤和回归。如席勒所言,游戏是人摆脱动物状态、达到人性的一种主要标志,游戏是一种追求自由的形式,使人摆脱道德与欲望的束缚。游戏与人本身的诉求具有高度相同的特质,游戏中的人可以保持高度的精神自由。元宇宙作为数字文明时代的终极想象,以人为本、对扁平化分布的个体的关注是其核心的逻辑。所以,元宇宙的核心逻辑与游戏精神高度一致,都是对人本性的呼唤。

3. 创意悦己

玩家创造是现代游戏的独特景观,未来的游戏是一个由玩家充分发挥主观能动性所共创的场域,玩家本身既是游戏内容的生产者,也是游戏内容的消费者,作为媒介的游戏在传播的主体上也更加偏向于人的媒介。世界各地的玩家都在游戏中的自主创造领域获得了极大乐趣。大众生产和主动创造是未来元宇宙生活的基本形态,用户不仅可以实现对信息的读取、改写,更可以实现对信息的生产和产权拥有,由用户生产和创造的数字藏品也是元宇宙的独特景观。

4. 全域互联

游戏是一个全球化的媒介,可以将世界各地具有不同文化背景的玩家聚集到一起,通过游戏世界呈现、游戏角色设定和游戏文化背景将不同文化的玩家建构在同一个游戏文化体系中。由于游戏的玩法是人类共同的语言,许多文化差异在游戏统一的规则和丰富的玩法中被消解,所以游戏在这个过程中起到了消除文化折扣的功能。玩家的多元文化背景在游戏中碰撞,产生跨文化传播的火花,不同国家的文化在游戏中相互交流、渗透,形成独特的跨文化传播场景。

四、元宇宙游戏的新价值(见图 4)

(一) 个体层面

1. 自我认知

根据伯纳德·舒茨(Bernard Suits)的观点,游戏是一种玩家自觉克服不必要困难的活动[26]。从这个意义上讲,游戏又是对现实生活的一种超越,因为这种"不必要的困难"有时是现

```
                    ┌─────────────────────────┐
                    │  深度人格（个体认知）      │
个人层面  ----------►│  社会关系的重构（群体关系） │
                    │  感知世界的渠道（世界观建构）│
                    └─────────────────────────┘

                    ┌─────────────────────────┐
商业层面  ----------►│  精准营销                 │
                    │  高仿真体验               │
                    └─────────────────────────┘

                    ┌─────────────────────────┐
                    │  社会心理的深层洞察        │
社会组织层面 -------►│  为政治参与提供可能        │
                    │  革新知识生产的模式        │
                    └─────────────────────────┘
```

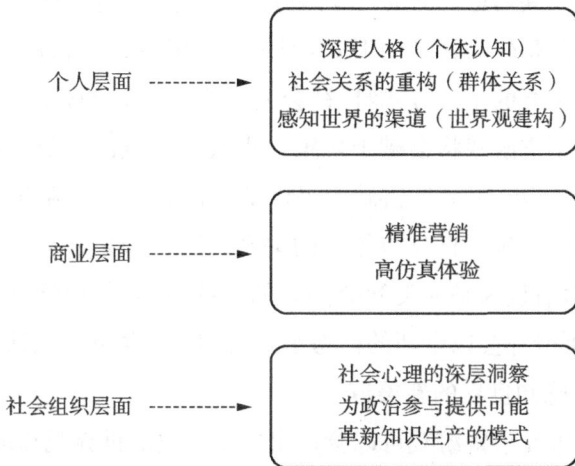

图 4　元宇宙游戏的价值体系

实生活中所无法触及的。比如游戏剧情往往善于营造出"生死抉择"的时刻来提升游戏的趣味性和可玩性，而这些时刻是现实生活中难以遇到的情境，使玩家可以探索不同情境和场景中的自己。换言之，未来的元宇宙游戏可以为玩家提供一种现实生活中不曾拥有的做出选择的机会，而这些机会往往更有助于人们加深对自我和他人的认知。这些认知是"现实经验"中的一部分，但往往隐藏在平淡的生活中无法被挖掘。在未来的元宇宙游戏中，玩家会在无限的可能性中不断探寻自身心理和行为的边界。

2. 社会关系的重构

社会关系的重构体现出元宇宙游戏中玩家与他人关系的变迁。虚拟世界和现实世界一样，玩家所在的社会关系网络中的位置决定了当前可以调动的资源，即社会资本。比如现实中拥有丰富社会资源的人可能在游戏中处于游戏社会结构的底端，而现实中处于底层社会的群体则可能在虚拟世界的人际网络中呼风唤雨。有研究显示，现有如《魔兽世界》等游戏中的公会、帮派、联盟已经形成了具有社会学意义的社会资本形式。即便其只是较为初级的形式,但足以提醒我们:当游戏成为我们未来主要的生活方式时,社会关系的重构也会随之来临。未来的元宇宙游戏将会赋予玩家双重甚至多重的身份和社会角色,更进一步讲,元宇宙游戏提供了一种重构社会结构的契机,重新定义了玩家自身与他人的关系。随着未来社会关系的重构,很多被认为是人类社会固有的一些行为,如侵略、外交、结姻等,可能都会以全新的样态革新我们对人类社会的认知。

3. 感知世界的新渠道

未来元宇宙游戏可以营造出一个开放的世界观和地图,玩家可以在游戏中进行随心所欲的探索,游戏对世界观构建的注重与未来元宇宙所构建的开放的自由世界形成衔接,使隐藏在现实经验中暗淡和朦胧的部分重新绽放出光芒。"横看成岭侧成峰,远近高低各不同"这一中国传统智慧,将在未来的游戏中被赋予新的内涵。元宇宙游戏的高仿真和高自由度可以为玩家提供不同的观察、感知视角,而这些视角往往具有不可估量的价值。元宇宙游戏为玩家提供了一个认识世界、感知世界的全新渠道和角度,尤其是那些现实生活中难以被感知的部分,将会在元宇宙游戏中呈现出其新的可能。

(二)商业层面

1. 精准营销

玩家在游戏中产生的行为会留下大量的行为数据,未来元宇宙游戏可以通过收集、整理、分析这些数据,为玩家建立一个比现在的社交媒体中更加精准的用户画像。因为游戏为玩家创造的场景,允许玩家在游戏的过程中做出更加真实、纯粹的选择,而这些选择是目前的社交媒体等算法捕捉不到的内容。元宇宙游戏可能将未来的营销模式推进到"肚中蛔虫"的级别,通过大量真实、精准的游戏行为数据,元宇宙游戏可能会比用户本身更加了解用户自己。结合未来 AI 技术对用户数据的抓取、整合与分析，元宇宙游戏可能成为未来数字营销最主要的场域。

2. 虚拟试穿/试用

未来的元宇宙游戏是感官交互系统高度发达的产物，愈发成熟的 XR/MR 技术会为玩家营造出更加真实、立体的感知空间，玩家可以在元宇宙游戏中获得近乎现实体验的游戏体验。在这个过程中，许多现实中不方便体验的产品都可以通过元宇宙游戏的形式为用户营造出高度仿真的试穿、购买体验。比如现实生活中一些高试用成本的产品如珠宝、汽车、精密仪器等，都可以在元宇宙游戏中进行虚拟体验。这种虚拟体验将会高度优化数字营销的流程，减少决策成本，提高用户的决策效率。

（三）社会层面

1. 模拟未来社会实践模式

在未来的元宇宙生活中，当游戏与工作的界限变得逐渐模糊，游戏本身可能成为人们实现人生价值的方式，现实生活中的各种需求都可以在虚拟空间中得到一定程度的代偿。当高度盈余的物质生活使人们不再疲于奔命，人类的时间和价值实现方式就需要以另一种前所未有的活动所占据。当劳动与工作不再成为最主要的人类活动，人类群体的生活方式和文化形态也将呈现出新的景观。当我们出现在一个完全不用劳作的空间中，原有的关于人类行为的理论与经验可能不再具有足够的解释力，而元宇宙游戏即是探索未来社会形态的绝佳场域。元宇宙游戏高度的仿真形态便可以对未来虚拟空间的社会实践模式进行模拟和分析，有助于人们对未来虚拟空间生活的预测和预警。

2. 革新知识生产模式

未来的元宇宙游戏可以革新当前知识生产的模式。我们现有的知识生产模式受限于当前观察世界、感知世界的方法，而在未来的元宇宙游戏中，我们认识世界、观察社会的方式必然会出现革新。面对同样的问题，通过新的视角我们也许会得出完全不同的答案。如当前我们问卷调查中的问题、行为实验中的变量都可以在未来元宇宙游戏高度仿真的世界中进行模拟和考察，大幅地减少了信息和真相在调查过程中的折损，革新了未来人们研究问题和生产知识的方式。在未来的元宇宙游戏中，人的价值将会更加凸显，关于人情感、意愿、态度的衡量也会更加细化和精准，通过元宇宙游戏也许可以使人类对自我的认知提升到一个全新的高度。

3. 为政治参与提供可能

有研究表示，元宇宙游戏加速了政治参与中个人主义的兴起，扩大了青少年群体政治参与的范围，消解了政治接触行为的严肃性，对既有政治主体的利益产生影响[27]。首先，元宇宙游戏空间打破了现实空间秩序施加于个体的行为限制，这使得个人能够以更加多样、自由甚至极端的方式进行政治参与。其次，元宇宙游戏中政治参与行为的低门槛将会提高青少年群体对政治事件的关注度和参与度。最后，元宇宙游戏的"空间特性"和"世界属性"影响、形塑公民的政治参与行为，其所产生的影响并非仅作用于游戏的时空中，而是会促使玩家将"另一个世界的观念与经验"携带到现实生活中，并与现实世界的政治参与和政治进程相交互。当然，未来元宇宙游戏空间并非一片理想化的净土，也并不是对现有政治参与模式的取代，而是基于技术的可供性反向促逼公众按照元宇宙的逻辑内核进行政治参与，重塑他们的政治参与形式、行为特征、组织模式[28]。我们可以预见的是，游戏的逻辑不仅体现在对未来传播法则的渗透，也形塑着未来人类社会的各个要素与环节。

五、结语

数字技术的赋能使游戏日渐绽放出其原有的光辉,而游戏真正的魅力以及对于人类文明演进的意义远不限于本文所讨论的内容,元宇宙视阈下,作为媒介的游戏也仅是游戏在数字文明时代被唤醒的部分价值。游戏是一个极其复杂且古老的概念,关于游戏本体论的思辨贯穿古今,至今未有一致的定论,但哲学家们在反复思辨中的共识是:游戏总是与自由和美好相连。本文仅站在元宇宙的视阈下,提出了游戏作为一种媒介去对接未来数字生活的一种可能。在可以预见的范围内,游戏的可能性也远不止如此。从人类文明演进的角度来看,正如简·麦戈尼格尔(McGonigal)在《游戏改变世界》中所言,游戏以现实世界做不到的方式教育我们、鼓励我们、打动我们,以现实世界实现不了的方式把我们联系在一起,我们应该利用游戏再次将人类的进化优势发挥出来[29]。麦戈尼格尔的观点在宏大叙事的角度寄托着对游戏的期许,而着眼当下,我们则更期望游戏成为一种以丰富而令人愉悦的形式解决当代生活复杂性的媒介。

注释

[1] 喻国明、杨颖兮:《参与、沉浸、反馈:盈余时代有效传播三要素——关于游戏范式作为未来传播主流范式的理论探讨》,《中国出版》2018年第8期。

[2] [美]马丁·塞利格曼:《持续的幸福》,赵昱鲲译,杭州:浙江人民出版社,2012年,第15页。

[3] [荷]约翰·赫伊津哈:《游戏的人:文化中游戏成分的研究》,何道宽译,广州:花城出版社,2017年,序。

[4] [古希腊]亚里士多德:《尼各马可伦理学》,廖申白译,北京:商务

印书馆,2003 年,第 303 页。

[5][加]麦克卢汉:《理解媒介:论人的延伸》,何道宽译,北京:商务印书馆,2001 年,第 294 页。

[6]杨向荣:《现代性与审美救赎——齐美尔与法兰克福学派》,北京:中国社会科学出版社,2017 年,第 332—336 页。

[7][加]麦克卢汉:《理解媒介:论人的延伸》,何道宽译,北京:商务印书馆,2001 年,第 294 页。

[8][德]席勒:《美育书简》,徐恒醇译,北京:社会科学文献出版社,2016 年,第 111 页。

[9]董虫草:《艺术与游戏》,北京:人民出版社,2004 年,第 67 页。

[10]董虫草、汪代明:《虚拟论的游戏理论:从斯宾塞到谷鲁斯和弗洛伊德》,《西南民族大学学报(人文社科版)》2006 年第 4 期。

[11]潘忠党、刘于思:《以何为"新"?"新媒体"话语中的权力陷阱与研究者的理论自省——潘忠党教授访谈录》,《新闻与传播评论》2017 年第 1 期。

[12] Crowley D. J. & Mitchell D. (1994). *Communication Theory Today*. Stanford: Stanford University Press, pp. 50 – 77.

[13] Samyn M. (2011). *Video Games as Media*. Retrieved October 22, 2022, from https://www.gamedeveloper.com/design/video-games-as-media.

[14]潘忠党、刘于思:《以何为"新"?"新媒体"话语中的权力陷阱与研究者的理论自省——潘忠党教授访谈录》,《新闻与传播评论》2017 年第 1 期。

[15] Vazquez C. (2022). *What Do Video Games Provide That is Unique to The Medium?* Retrieved October 22, 2022, from https://scholarlygamers. com/feature/2017/05/12/video-games-provide-unique-medium.

[16]潘忠党、刘于思:《以何为"新"?"新媒体"话语中的权力陷阱与研究者的理论自省——潘忠党教授访谈录》,《新闻与传播评论》2017 年第 1 期。

[17] Samyn M. (2011). *Video Games as Media*. Retrieved October

22, 2022, from https://www.gamedeveloper.com/design/video-games-as-media.

［18］Roig A., San Cornelio G., Ardèvol E., et al. (2009). Videogame as Media Practice: An Exploration of the Intersections between Play and Audiovisual Culture. *Convergence*. 15(1).

［19］Wright C. R. (1960). Functional Analysis and Mass Communication. *The Public Opinion Quarterly*. 24(4).

［20］［加］麦克卢汉：《理解媒介：论人的延伸》，何道宽译，北京：商务印书馆，2001 年，第 294 页。

［21］［加］哈罗德·伊尼斯：《传播的偏向》，何道宽译，北京：中国人民大学出版社，2003 年，第 28 页。

［22］李沁：《泛在时代的"传播的偏向"及其文明特征》，《国际新闻界》2015 年第 5 期。

［23］喻国明：《媒介人格、社会时空、自我动机，后大众传播时代的三要素》，2022 年 9 月 4 日，来源：https://weibo.com/ttarticle/p/show?id=2309634809931563073865，2022 年 10 月 20 日。

［24］喻国明、赵睿：《媒体可供性视角下"四全媒体"产业格局与增长空间》，《学术界》2019 年第 7 期。

［25］范丽亚、于文江、韦骞等：《2021 年扩展现实（XR）热点回眸》，《科技导报》2022 年第 1 期。

［26］Suits B. (1967). What is a Game? *Philosophy of Science*. 34(2).

［27］张梦晗、陈泽：《"可体验的未来"：元宇宙游戏中的政治参与——基于游戏体验模式的考察》，《传媒观察》2022 年第 8 期。

［28］张梦晗、陈泽：《"可体验的未来"：元宇宙游戏中的政治参与——基于游戏体验模式的考察》，《传媒观察》2022 年第 8 期。

［29］［美］麦戈尼格尔：《游戏改变世界：游戏化如何让现实变得更美好》，闾佳译，北京：北京联合出版公司，2016 年，第 5 页。

Games in the Metaverse Perspective: A New Future Medium

YAN Shijian

Abstract: Both the unique value of games in the era of digital civilization and the compatibility between games and communication itself require us to examine and think about games as a medium, especially considering games as the entrance and initial form of the Metaverse, which will help us to grasp the future media form of human beings. This paper explains the unique value of games themselves, arguing that they are not only a mapping of human instincts, but also highly compatible with the core of human well-being and can activate multiple human potentials. The medium of games is a full-factor medium, especially in terms of technological evolution, media function and media bias, which is highly compatible with the future communication needs. As the entrance to the Metaverse, the game forms a three-dimensional docking mode with the meta-universe at the level of technical foundation, scene and logic. The new value of The Metaverse games at individual, business and social management levels inspires us to make full use of games to solve complex problems of contemporary life in a enriching and enjoyable form.

Key words: Games; Metaverse; Media Technology; Media Value; Game Scene

元宇宙视域下的功能游戏：
本质特征、媒介逻辑与社会价值

刘彧晗　苏　芳

摘　要　功能游戏是强调游戏公共性与社会性的游戏，但受限于功能性与游戏性的发展不平衡，当下功能游戏并未得到广泛推行。从游戏本质来看，功能游戏强调社会性和功能性特征，以此为轴可划分四种基本类型："社会—强功能游戏""社会—弱功能游戏""个人—强功能游戏"及"个人—弱功能游戏"。从媒介逻辑来看，元宇宙视域下游戏作为场景媒介的价值凸显，功能游戏有望借力数字技术升级来解决功能性与游戏性失衡的发展困境。具体来说，未来功能游戏可通过表层的开发机制、中层的叙事机制与深层的媒介技术机制迭代，实现功能性与游戏性协同发展，在元宇宙带来的虚实混合场景中展现向外连接与向内重组的社会价值。

关键词　功能游戏　元宇宙　功能负荷　社会价值　虚拟情境

作者简介　刘彧晗，女，北京师范大学新闻传播学院博士研究生。研究方向：认知神经传播学、媒介心理学。电子邮箱：liuyuhannydia@foxmail.com。苏芳，女，北京师范大学新闻传播学院博士研究生。研究方向：媒介技术与社会发展、认知神经传播。电子邮箱：sufang@mail.bnu.edu.cn。

一、问题的提出：功能游戏的双重属性之困与游戏者和游戏的复杂互动关系

功能游戏最初源于"Serious Game"，1970 年 Clark 在《严肃游戏》一书里第一次对严肃游戏进行定义。在国内语境下，严肃游戏难以概括功能游戏的全部内涵与外延，"严肃游戏"被更名为"功能游戏"。所谓功能游戏，其实就是一种严肃游戏或应用性游戏，与传统娱乐型游戏的区别在于，它是以解决现实社会和行业问题为主要功能诉求的游戏品类。因此，不同于其他游戏的娱乐性，功能游戏的首要价值在于体验性与学习性，以游戏的范式传递正向社会价值，型塑社会情感体验。功能游戏的外延概念包括严肃游戏（Serious Game）、应用游戏（App Game）、新闻游戏（News Game）和教育游戏（Educational Game）等。

从游戏的特征来看，功能游戏"既非游戏，也非严肃，而是二者兼而有之"[1]，体现出其双重属性：其一是功能性，即功能游戏需要以解决现实社会和行业问题为主要目的，发挥游戏的正向社会价值；其二是游戏性，即功能游戏必须具有个性化、互动化和娱乐化的游戏可玩体验。不过，由于功能性与游戏性之间存在微妙张力，目前实践中很少有功能游戏能为其双重属性平衡找到恰当支点，现实案例中功能游戏的定义总是模糊的。这种失衡主要表现在两个方面：一是倚重功能性、淡化游戏性，二是倚重游戏性、淡化功能性。首先，"重功能性而轻游戏性"的功能游戏更偏向"趣味学习"（Playful Learning）范畴，即将教学内容通过多媒体模态的呈现让其生动化、简单化，显得与学习者的生活实践更接近，其本质与多媒体教学差异不大。例如《榫卯》《折扇》，它们对游戏元素及游戏结构的探索并不深

入,所植入的娱乐机制更像是基于人类天性的玩乐(Play)机制,而非具备特定理论框架,考究游戏动作、游戏工具、游戏目标的游戏(Game)机制。因而,这类实践虽以"功能游戏"身份自居,但细致来看仍未达到游戏性的要求。其次,"重游戏性、轻功能性"的功能游戏实际上是商业游戏社会营销的一种体现,严格来说其商业性目标是第一位的,功能性的宣传是为了商业性目标服务的,二者并非处在对等的地位。例如,*Dance Dance Revolution* 通过植入游戏化的机制以吸引用户加入身体锻炼,国外一些学校甚至将 *Dance Dance Revolution* 加入学校体育授课体系中,但研究确实表明这种游戏与健身浅层的结合只能收获短期效果,无法长期提高玩家的身体锻炼强度,使玩家养成健身习惯[2]。因而,这类所谓的"功能游戏"的功能性部分可能缺乏教育体系性和知识严谨性,学习过程和体验相应受损,无法达到功能性的要求。

从媒介的角度来看,传统功能游戏出现双重属性之困的主要原因在于,当前是一个基于场景连接的时代,而功能游戏作为媒介,未能在场景级实现游戏世界与现实世界的连接整合,仍着眼于相对微观的内容要素、关系要素对接,致使游戏与现实两个场景存在"不可通约性",连接存在隔离[3]。从游戏本身来看,伽达默尔认为游戏是在一种特定时间、空间范围内遵循某种特定规则的,追求精神需求满足的社会行为方式。他洞见地提出,游戏的主体并不是游戏者,而是游戏本身。这是由于游戏本身包含严肃性,任何游戏显然都会表现出某种秩序(Ordnung),这种秩序规约了游戏者的游戏方式,即游戏的参与者不能凭借自己的主观愿望去主导游戏,相反却被游戏纳入其中,成为游戏的一部分[4]。

伽达默尔的游戏观强调了游戏与游戏者在不断展开的对话中超出各自原初的视域而进入一个更新、更高、更普遍的视域。游戏这一互动仪式与媒介逻辑类似,都是参与者融入媒介中获得信息与情感意义的过程,从伽达默尔"游戏—游戏自身—游戏者"的三合结构来看,在元宇宙的视域下,功能游戏亦可以从媒介逻辑出发,沿着"客观现象—本质特征—关系建构—社会现实"的分析路径进行探讨。这一路径也引出本文的三个研究问题:首先,纵观游戏谱系,功能游戏呈现出怎样的本质特征? 其次,元宇宙社会中功能游戏是否可以被理解为一种媒介? 最后,从人与社会的角度出发,未来功能游戏的应用价值与作用机理为何?

二、功能游戏的本质特征:游戏谱系中被抽绎与强调的社会性和功能性游戏元素

纵观游戏谱系,游戏的类别丰富,涉及元素多样,对游戏的界定与分类如果从表面特性来区分,可能无法体现出各类游戏所具有的连接意义与社会功能。因此,目前功能游戏需要摆脱横向的、根据游戏类型和特性进行的分类,转而根据游戏所产生的影响与结果进行分析。

(一)功能游戏的本质特征:功能性与社会性

一方面,游戏元素具有娱乐性与功能性的双重特点。享乐理论被认为是驱动游戏使用的重要动因,不过近年来游戏的学习功能不断被发掘并研究,研究发现游戏能够产生不同的学习成果,例如基于技能的学习成果、认知成果和情感成果,此类游戏强调了游戏的功能性,即游戏使用对玩家学习能力、认知能力和情感能力可能发挥的功能。然而,功能游戏并非不包括娱乐维度,研究者认为功能游戏的功能性或严肃性来自给玩家传达的特定游戏角色或信息,包括知识、技能和一般体验,并进一步定义了功能游戏的三个部分,即体验、娱乐和多媒体[5]。

　　另一方面,游戏媒介划分了私人空间与公共空间,界定了不同游戏内的关系属性,使得部分游戏诉诸个人(个人性)而部分游戏诉诸社会(社会性)。诉诸个人的游戏开启了个人的私密空间,强调个人在游戏当中获取的享乐感以及个人的学习成果、认知成果、情感成果的提升。而诉诸社会的游戏通常以现实社会实践为背景和基础,开辟了基于公共空间的数字镜像空间,玩家浸入其中并对公共性事件如军事类、卫生健康类、公共管理类、义务教育类实现技能掌握和认知理解。

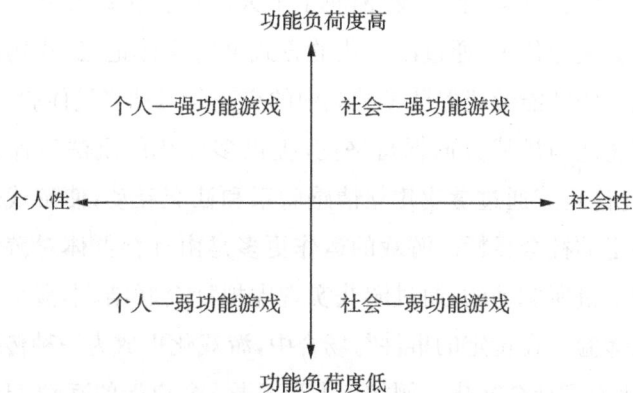

图1　功能游戏的本质特征与四种基本类型

　　如图1所示,功能性与社会性是功能游戏的主要特点,过往有研究根据功能性与娱乐性的程度不同将其分为强功能游戏和弱功能游戏。不过这一分类无法体现功能游戏功能性和游戏化兼备的特点,因此本文拟采用"功能负荷"这一术语来区分功能游戏的分类和程度。"负荷"是一专业术语,可以引申为"资源占用的比例",在此处"功能负荷"的程度代表了功能游戏中游戏化元素与机制的比例以及功能性的强与弱。

　　(二)功能游戏的四种基本类型

　　从"功能负荷程度"与"个人—社会"的角度区分了功能游戏的四种基本类型。功能游戏的平衡是通过整合功能负荷的部分与游戏的交互技术实现的。功能性与游戏性的标准为分析不同类型的功能游戏及其运行模式提供了分析框架。

"社会—强功能游戏"偏向于社会规范与社会标准的学习。这类游戏的特征目标明确且具有强制性,避免游戏化元素干扰目标视线。在游戏方法方面,具有权威的专业内容,玩家可以收到进步反馈和游戏内奖励。游戏的培训效果具有连续性。这类游戏的运作动因源于自上而下的组织目标驱动,例如职场培训学习、社会规范学习,促进群体和社会的协调运转。

"社会—弱功能游戏"偏向于个人的社会化以及社会交往与社会文化传承,通过游戏化的方式型塑集体记忆,建构社会文化。弱功能游戏保证了游戏中的交互元素和享受体验,使得玩家技能与挑战方面保持平衡,提供多样化的玩法以保证流量,允许玩家通过游戏建立情感联系和社交互动,使游戏适应于特定的社会目标。游戏的运作更多是由社会群体对游戏的心理动机所驱动的,通过游戏实现虚拟社会联结,丰富个人的情感体验。在特定的事件与场合中,游戏化也成为一种传播仪式,建构了社会文化。例如,《人民日报》客户端的互动 H5《快看呐! 这是我的军装照》具有弱功能游戏的雏形,实现了良好的传播效果。近年来 VR、AR 等新闻游戏也是这类游戏的典型案例,如《心脏守护者》(*Heart Saver*)借助美国医疗保险和医疗补助中心的数据,旨在帮助玩家更好地理解"及时将患者送达医院"对于提高其生存概率的重要意义。以叙利亚难民逃离叙利亚为背景的游戏《叙利亚之旅》开创了对难民话题的互动性叙事。通过游戏中的虚拟体验形成用户对于真实社会价值的情感体悟。腾讯游戏追梦计划推出的首批公益产品《见》,旨在通过体验盲人生活,实现用户在游戏空间的共情和游戏外对于盲人群体的关注。

"个人—强功能游戏"更偏向对个人教育和学习的目标,游戏的拟实现的特征目标超越了游戏化的体验,例如基于游戏的学习、康复游戏等。在功能性方面,依然强调了游戏的特征目标、游戏的训练方法以及游戏的学习质量。作为一种学习媒介,能够激活学习者的探索意识,以游戏场景开启专业功能实践;同时,功能游戏也在教育、商业、医疗、军事、文化、政府等领域发挥着学习的应用价值。不过个人性的强功能游戏更多是游戏的商业化目标驱动实现的,以流量和利益为导向,因此游戏更加强调为用户提供个性化的学习目标匹配。

在"个人—弱功能游戏"方面,更加偏向游戏为个人提供的个性化发展、审美趣味发展及游戏虚拟体验。这类游戏更为常见,通过游戏化的训练实现个人的兴趣爱好,培养个人良好的生活习惯,促进个人心理健康。同样依靠流量驱动的"个人—弱功能游戏"突出了游戏的互动思维,能够开启多元场景体验,以虚拟体验促逼真实社会价值。

三、游戏作为媒介的连接逻辑:从工具性连接、关系性连接到场景性连接

从游戏本身来看,游戏自身作为一种媒介实现了工具性、关系性、场景性的连接,并在连接背后创造出社会价值,元宇宙作为未来媒介提供了场景级连接,为缓和上述分析中功能游戏的双重属性之困提供可能。

(一)游戏作为媒介的连接逻辑演变

回溯变迁历程,可以将游戏作为媒介的历史归纳为一个不断连接与整合游戏世界和现实世界的过程,包括游戏工业化时期、游戏信息化时期及元宇宙游戏时期三个阶段(见图2)。由于玩家"在场"方式的不同,游戏媒介对游戏世界与现实世界的连接及整合程度也不同,继而使游戏在不同发展阶段呈现出对

功能性的不同倚重程度。

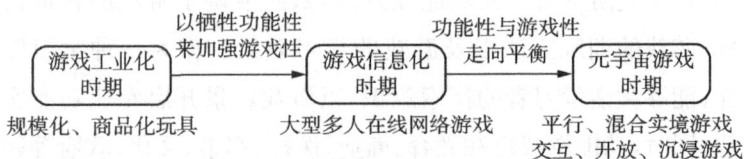

图2 游戏作为媒介的变迁历程

基于游戏发展历程,参考唐·伊德的身体理论框架[6]来概括玩家"在场"方式的阶段性特征,并据此特征将游戏作为媒介的连接逻辑,归纳如表1所示。

表1 游戏作为媒介的连接逻辑演进

游戏媒介发展历程		游戏工业化时期	游戏信息化时期	元宇宙游戏时期
玩家"在场"方式		"物质身体"在场	"技术身体"在场	"智能身体"在场
连接层次	信息连接	现实社会信息的生产、交换	虚拟社会信息的生产、交换	虚拟与现实社会信息的生产、实践
	情感连接	社会情感的满足	社会情感的逃避	社会情感的满足
	价值连接	自我价值的缺失	自我价值的满足	自我价值的满足
连接方式		基于现实内容的连接	基于虚拟关系的连接	基于混合场景的连接
游戏的媒介角色		"玩具"(工具)	"社区"(关系)	"环境"(场景)

游戏工业化时期,游戏媒介主要指通过规模化、商品化生产的众多玩具。在此阶段,玩家以"物质身体"的方式处于现实时空,即通过"肉体意义上的身体"来参与到基于真实生活所创建的游戏中,例如使用"小木枪"在家里和兄弟们"战斗",在卧室里对着布娃娃"讲故事"。这一阶段游戏媒介连接的是基于现实社会的众多物品信息、角色信息和规则信息,玩家在其中通过模仿完成一定社会化体验过程,获得一定的关于合作、勇气、竞争的社会情感满足,但同时玩家在被实体玩具吸引的过

程中很少开启自我对话。因而,这一阶段游戏更多作为玩具性的工具媒介出现,基于现实内容连接游戏与现实世界。此时,游戏的游戏性与功能性都受制于连接层次而处于较低水平。

游戏信息化时期,游戏媒介主要指互联网上的大型多人在线游戏(Massive Multiplayer Online Game)。在此阶段,玩家以"技术身体"的方式处于虚拟时空,即以互联网技术建立起的虚拟身份作为网络游戏空间中的"自我",生活在互联网中介的虚拟时空中,《魔兽世界》等大型网游的玩家就是这种"在场"方式的写照。这一阶段游戏媒介主要连接的是虚拟/线上游戏世界中的信息、资源、关系,玩家通过虚拟身份加入游戏虚拟社群感受游戏刺激、社会规则,一面享受线上友谊、爱情关系的建立,一面深入对虚拟自我的价值建设和资源打造。这一阶段游戏实际上作为一种社区形态的关系媒介出现,基于虚拟关系使玩家坠入自我价值满足的快感中,但实际上忽视了一些现实情感的真实性和必要性。此时,游戏的游戏性达到高位水平,但这是以牺牲其功能性为前提实现的。

元宇宙游戏时期,游戏媒介主要指以平行或混合实境、开放交互为特点的游戏。此时玩家将以物质身体与技术身体糅合的新"智能身体"参与游戏[7],游戏也将成为混合虚拟与现实时空的场景或环境。这一阶段游戏媒介可以作为场景来连接虚拟与现实世界的资源,即任何人在任何时间、任何地点都能基于场景实现信息、情感或自我的对话,最大限度地实现两个世界中信息、情感的通约与整合,开启社会情感价值与自我价值协同满足的可能性。此时,游戏将有可能在高位水平上同时释放游戏性和功能性价值。

概言之,游戏媒介是向着场景化的连接逻辑前进的。未来游戏不仅是一个复杂的混合场景,同时也应该是基于玩家深层次心理动因和行为模式建立的个性化空间,游戏能基于场景逻辑聚合、提供、匹配玩家适配的资源和服务。

（二）元宇宙视域下的功能游戏：平衡功能性与游戏性的场景级连接

元宇宙社会的未来功能游戏，即基于媒介场景连接的逻辑，运用多种交互沉浸技术以融通游戏虚实世界的功能游戏。由于元宇宙本身基于游戏化架构大型文明生态场景的特性，其凭借特殊的虚拟—现实、真身—化身、链上—链下协同运作逻辑，能够进一步实现游戏世界与现实世界的"可通约性"，使功能游戏的游戏部分和功能部分得到平衡。

罗伯特·斯考伯曾预言"在未来 25 年，场景时代即将到来"，并提出构成场景的五大要素：大数据、移动设备、社交媒体、传感器、定位系统[8]。可见场景级别的拓展将成为元宇宙社会的关键，媒介技术将沿着人—人、人—物、人—场景的连接逻辑，进一步在场景层面推动实现虚拟—现实、真身—化身、链上—链下的高连接阶段，将虚拟场景与现实场景整合到一种共同的社会框架之下，为功能游戏发展带来新的想象空间。

其一，虚拟—现实的时空连接逻辑。元宇宙对现实空间和时间在虚拟维度进行了多重延伸，提供了一个逼近现实且超越现实的虚拟空间，在这个虚拟空间中的体验、社交、生产、经济等元素可以以逼真的体验方式补偿到现实世界。

其二，真身—化身的身份连接逻辑。用户通过化身（分身与假身）在元宇宙中进行沉浸式、即时性、具身性的操作行为，虚拟化身与现实真身具备对应性，化身的感知体验、情绪态度、行为倾向可同步到真身。

其三，链上—链下的经济连接逻辑。元宇宙中可为用户提供多层次、协作式、开放式的生产工具，包含大量 UGC（User Generated Content）和 PGC（Platform Generated Content）内容，并基于区块链技术搭建认证体系与经济体系，在一定程度上可与现实经济形成联动,形成虚实转化闭环。这三大要素投射到数字资源管理流程中,对于数字资源的多模态融合、标引管理、可视化呈现、交互性操作、认证与交易具备指导意义。

在场景连接的媒介逻辑上,未来功能游戏能一定程度走出失衡困境,达成游戏世界—现实世界深度协同(见图3),具体来说表现在以下三方面:

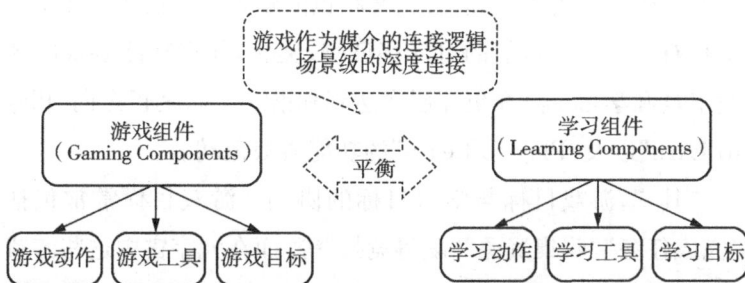

图 3 未来功能游戏的双属性平衡框架

其一,游戏动作与学习动作协同[9]。元宇宙中为实现虚拟与现实的交互融合,行动者的一切动作都天然带有游戏交互性的特征。例如我们需要通过"匹配""选择""点击"来完成社会交往活动,与其他用户互动;或是通过"传送""回避""访问"来完成与场景或物体的互动。换言之,元宇宙中的一切生存动作都是建立在游戏性的交互机制之上的,因而学习动作也不可避免地必须与游戏动作相融合。不同于传统功能游戏中以"点击""收听""收看"为主的动作结合方式,未来功能游戏中游戏动作与学习动作的协同更加丰富多样——我们甚至可以通过传感方式将身体的所有功能均化作交互动作,通过"身体跑动"来实现学习目标的追逐,通过"身体跳跃"来表现学习任务的跳过,等等。总之,一切基于生存所产生的动作在元宇宙中都可以被功能游戏所"挪用"。

其二,游戏工具与学习工具的协同。由于元宇宙逻辑导致虚拟游戏世界与现实世界之间的协同程度提高,因此传统被认为丧失现实价值的游戏工具可能在元宇宙中变得更为重要,成为不可忽视的学习工具。例如,传统功能游戏的游戏奖励工具(如"成就""排行""积分")往往在现实世界中不具有流通价值,但得益于元宇宙的虚实协同及链上链下协同性,游戏奖励工具有机会直接转换成在元宇宙中具有真正流通价值的货币,在功能游戏中所获得的培训证书、奖状也能够直接转换成在元宇宙中具有普遍认可价值的可迁移证书、奖状,使得功能游戏的游戏工具和学习工具在更深层次达到和谐、平衡,真正走向"Play to Earn"以及"Play to Learn"的功能游戏范畴。

其三,游戏目标与学习目标的协同。游戏目标常常包括"完成任务""收集资源""赢得竞技"等,而在元宇宙中这些游戏目标已经成为内嵌在元宇宙社会组织形式中的规则,也就是说元宇宙的社会分工需要借助游戏化的交互目标来完成。此外,游戏目标由于不具备现实世界学习目标的物理性,因此消除和降低了许多现实世界中物理条件所带来的目标限制,而在游戏世界中可以使得受限制的学习目标得到分工协作与资源配置,发挥协同发展效应。例如,严肃游戏 *Eye Wire* 即利用游戏目标的众包达成方式来完成现实生活中无法由独立团队完成的科研目标。

四、元宇宙视域下功能游戏的实现机制:媒介机制、叙事机制、动作机制与开发机制分析

元宇宙依托互联网、大数据、5G、区块链、人工智能、虚拟现实、增强现实等低延时、高拟真前沿技术,能最大限度地打破游戏世界与现实世界的隔阂,提供同时身处游戏世界与现实世界的具身体验。为解决未来功能游戏何以实现这一问题,通过

分析游戏的底层技术因素、中层叙事因素和表层开发设计因素，提出元宇宙时代功能游戏的主要实现机制。

（一）媒介机制：提供拟真交互的场景连接可能

媒介技术需要在场景层实现虚实世界整合。基础设施层需要提供足够算力与带宽支持。例如需要 5G 的基础设施来增加网络容量并减少网络拥塞和延迟，满足功能游戏带宽和数据传输量的需求；需要高能芯片、边缘计算及智能计算群的支持以满足高拟真的空间与角色模型渲染等需求，实现游戏世界与现实世界的协同共生。

人机交互层需要扩展现实技术和相应数据技术的支持。借助 VR、AR、MR 等扩展现实技术识别捕捉玩家身体动作、表情或手势，体验接近现实的低延时感官反馈；同时，需要相应的数据技术支撑实现拟真交互，例如提供传感器以收集、跟踪和记录玩家在功能游戏中所有可测量的表现数据，动态进行数字化记录，方便设计者和玩家更客观地把握未来功能游戏的体验成就。

组织连接层则需要区块链、传感器等连接技术支撑。在分布式的游戏组织中实现人—机互联、人—人互联、机—机互联等多种形式的连接方式，激活玩家在功能游戏中的组织归属感、认同感及社会文化取向。

（二）叙事机制：提供无限可能的涌现叙事方式

未来功能游戏强调将严肃内核采用交互叙事的方式呈现。由于具身性在元宇宙中的重要性，因此叙事除了考虑如何"讲故事"之外，更重要的是思考如何为玩家搭建"世界观"——主张从身体角度建立玩家与游戏情节的认知关系，包括游戏角色的创作、游戏环境的铺陈、游戏内容的解读和接受，需要强调从玩家的神经感知、肌肉变化、身心状态和情绪中完成叙事。

区别于在叙事开始前就已经安排好叙事轨迹的"嵌入叙

事"(Embedded Narrative)方式,Bruce 等曾提出"涌现叙事"(Emergent Narrative)的交互叙事方式,强调叙事轨迹是在与玩家的交互中逐步生成的,玩家可以在既定的规则内通过与故事世界的交互演绎出新情节[10]。未来功能游戏应该巧妙运用"涌现叙事"中的玩家干预逻辑,以拟真交互技术为切入点、通过玩家的身体感知和互动为玩家的探索行为提供无限可能,使得严肃内容和游戏内容的叙事能超越文本情节固化的局限性,打开叙事文本对玩家游戏性和功能性体验的枷锁和束缚,使玩家重新回到人类叙事体验的本源。换言之,未来功能游戏设计者不再需要设计和提供具有功能性的情节、任务,只需要在叙事世界中提供功能性的操作规则和基本原则,玩家能在此之上通过无限可能的探索自发寻找并获得功能性和游戏性体验。

(三) 动作机制:提供主动开放的玩家创造空间

未来功能游戏中的玩家行动与交往是基于信息展开,但因为元宇宙社会对行动的拟真和替代,因而其信息交往行为具有直接的实践性;同时,也因处在社会情境之中,具有生态性[11];人们通过数据化的游玩来"不断创造出生产要素中的剩余价值"[12]。换言之,未来功能游戏中的任何动作都能在开放、可编辑的元宇宙世界中释放价值。因而,未来功能游戏的行动机制不应再囿于既定的游戏框架或学习框架,将玩家操作限定在包含驾驶、点击、移动等实体操作(Entity Manipulate)的范畴中,更应将行动的主动权交还给玩家。

个人行动层面,需要为玩家提供具身行动可能性,将游戏动作视作动态的、整体的人类行为。例如,把玩家的转头、驻足等身体倾向也纳入游戏动作的考虑范畴,解放玩家的其他身体器官,使游戏动作不再局限于双手和视听觉感官,开放玩家个体的身体创造力。

群体行动层面,需要为玩家提供去中心化自组织的可能性,使其具备在虚实空间中拥有组织和分工的能力。例如,玩家可以以游戏公会作为组织形式,根据生活方式和个人行动模式自行形成"联结性行动"(Connective Action)[13],以解决个性化的现实问题——有的玩家联结起分布式的生产者,形成知识生产系统,在元宇宙空间中举行会议圆桌与讲座研讨;有的玩家联结募集分布式的虚拟代币,解决贫困或购买需求;有的玩家甚至联结分布式劳动力,通过元宇宙众包生产的方式完成一些无法靠个人力量实现的现实成就,例如帮助完成科研任务、绘制地图等等。

(四)开发机制:提供自下而上协作生产的研发空间

传统功能游戏开发流程以自上而下为主,包括立项、开发(技术定型、美术嵌入)、上线运营等环节。在元宇宙社会,玩家则可以将元宇宙技术平台作为游戏开发引擎,通过玩家协作生产的方式研发打造功能游戏。一方面,自下而上的开发机制可帮助功能游戏组建跨领域开发团队,聚合游戏设计者、严肃议题相关专家等多方合作,共同为功能游戏的双属性平衡作出贡献,解决其常面临的失衡问题;另一方面,自下而上的开发机制还可以提供游戏开发与市场改进同步进行的可能性,不仅可以即时了解功能游戏的功能组件是否确而有效,还能了解玩家对游戏组件的体验如何,并在此基础上快速改进迭代、循环测试。

总之,未来功能游戏需要在拟真的技术、具身的行动、开放的叙事以及自下而上的开发中,逐渐达成功能性与游戏性的双赢。

五、元宇宙视域下功能游戏的社会价值:人本精神与元宇宙情境交互下的游戏价值

元宇宙社会的功能游戏仍然是人类借助未来媒介所做的"延伸",包括外部世界的增强延伸和内心世界的扩充延伸两条

路径。换言之,未来功能游戏的核心价值仍然是,"向外"拓展人类生活的现实边界,"向内"深化人类内心体验的重组,赋予玩家新的自由度,并实现对世界资源的精细化连接。

元宇宙地图(The Metaverse Roadmap)以外部延伸—内部扩充、扩容—模拟为框架,将元宇宙应用情境划分为四种(见图4):外部世界延伸维度包括增强现实世界(Augmented Reality)、镜像世界(Mirror Worlds);内心世界扩充维度包括虚拟现实(Virtual Reality)、生命日志(Lifelogging)[14]。下文将基于四种应用情境分别阐述未来功能游戏的价值及其社会、文化和用户体验方面的作用。

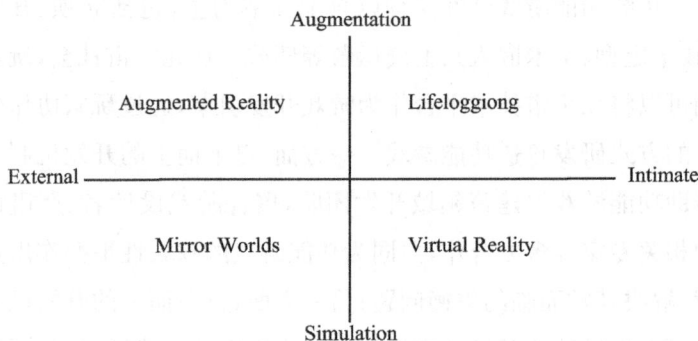

图 4　元宇宙应用情境类型

(一) 增强现实情境:作为随境媒介的未来功能游戏

增强现实情境指使用技术设备向现实世界投射信息、提供额外信息以增强外部世界的情境,其技术逻辑为利用位置感知系统和界面,对周遭空间中的网络信息进行分层,以扩展个人之外的真实物理世界。增强现实情境的特征在于既具有真实的部分也具有虚拟的部分,且虚拟部分可以被交互或连接至现实世界,行动者可以通过手指、手掌、手臂或身体移动等方式在真实空间中控制和交互虚拟界面。典型的案例如 *BEACONING*,助力玩家自行开发随境功能游戏,其游戏目标是"通过情境化、随境式的游戏学习方式打破教育障碍"。最著名的应用例子是葡萄牙波尔图大学植物园以自然环境认知为主题、利用 *BEACONING* 设计的随境功能游戏。

应用于增强现实情境的未来功能游戏可以通过对难以直接观察的抽象内容进行高拟真可视化,将存在高成本或高风险的功能性目标形象化,从而帮助玩家在体验中完成功能性目标。换言之,未来功能游戏在增强现实情境中将作为体验媒介存在。具体表现为社会性功用、文化性功用和用户体验。此时,功能游戏在增强现实情境中将成为辅助学习的最佳手段。

社会性功用方面,发挥随境媒介的异质时空整合优势。随境学习媒介可以通过在现实情境中增加媒介化元素,为现实时空附加能进入不同时空的端口,从而达到增强现实的目的。这能够帮助玩家在随境的媒介体验中获得与现实时空有关的延展体验和知识,加深与周围环境的联系,整合异质时空。

文化性功用方面,发挥随境媒介的移动学习功能。移动学习(Mobile Learning)指通过移动设备促进学习的方式,可以为用户提供不受特定地点或时间限制的学习环境[15]。而作为随境媒介的未来功能游戏进一步推动了移动学习体验,通过随境嵌入、可见可触的方式增强移动学习过程的沉浸感,使玩家能够在随境学习中产生诸如虚拟契合、真实契合、虚拟疏离、真实疏离等复杂体验,在现实世界和虚拟世界之间重新整合其先验知识、学习需求与学习偏好等惯习。

最后,用户体验方面,发挥随境媒介的无意识沉浸功能。增强现实世界中,未来功能游戏玩家将具备更逼真的沉浸体验,置身现实世界中但又拥有虚拟交互的深度参与,极大地加强玩家的控制感。当知识以隐性的方式融入随境游戏中,"有意参与"的传统路径则由无意识沉浸感改写为"无意注意"这种加深认知的手段,即以往自主、有目的的参与过程在不知不觉中变成玩家对游戏承载内容的无意识体验过程。

（二）镜像世界情境：作为体验媒介的未来功能游戏

镜像世界指通过虚拟世界创造一个与现实世界相同的空间，向用户提供新的信息或活动。与虚拟世界不同的是，虚拟世界涉及与地球相似或截然不同的交替现实，镜像世界则模拟了人们周围的世界。其构建涉及复杂的虚拟地图、建模和注释工具、地理空间和其他传感器，以及位置感知和其他生命记录（历史记录）技术。

应用于镜像世界情境的未来功能游戏可以帮助玩家在体验中完成功能性目标。

社会性功用方面，发挥体验媒介的社会操演功能。社会操演，即通过预演和排练性的实践来认知社会运作规则。镜像世界中的真实社会被数字化成一个可编辑、可读写的数字世界，充当了现实世界观察工具的角色，未来功能游戏能让玩家在一个现实世界拟真态中进入社会组织、机构，体验社会生活，个人可以在增加容错率和降低失败成本的镜像世界中进行实验、排练组织、练习技能等，进而将可复制的经验再用于现实社会。

文化性功用方面，发挥体验媒介的实践化经验优势。传统视听功能游戏框架下，玩家需要通过游戏媒介提供的认知框架和规则、体系去被动完成学习过程与文化性体验；但在镜像世界中，未来功能游戏能为玩家提供高拟真的镜像场景，个人的思考和学习不再只能依靠思维，反而可以外化为模拟真实世界的实践。个人通过不断的尝试、反馈与优化来完成社会化和学习过程，进而建立社会关系和社会结构[16]。

用户体验方面，发挥体验媒介的可编辑现实功能。在作为体验媒介的未来功能游戏中，玩家可以通过功能游戏直接参与并直接控制周围环境与人员，将个人对世界的编辑控制感发挥到极致，具备反向编辑社会现实的能力。

Foldit 是由华盛顿大学蛋白质结构专家大卫·贝克(David Baker)领导的团队开发的众包功能游戏平台。该游戏平台通过数字化技术创建高拟真的蛋白质氨基酸链条实验环境,玩家可以在其中展开有关蛋白质结构和蛋白质折叠的数字实验。目前,通过 Foldit 成功研究出的蛋白质结构已经被用于艾滋病和新冠疫情的治疗,也有数以万计的科学家通过该平台的数字实验方式在国际刊物上发表研究成果。Foldit 也体现出作为随境功能游戏的编辑性与众包性。

(三)虚拟世界情境:作为生态媒介的未来功能游戏

虚拟世界是一种模拟内心世界的元宇宙。其基于工作原理、基于视觉技术,使用户能够看到三维平面图像。其形态往往体现为在互联网的三维空间中,多个用户同时访问并通过创建一个化身来表达用户自我并参与其中。虚拟现实的技术包括复杂的三维图形、化身与即时通信工具。用户以沉浸的方式融入三维、多媒体、多人模拟的虚拟现实世界中,每个参与者可与其他参与者进行实时交互。

应用于虚拟世界情境的未来功能游戏能够将玩家的数字交往活动转化为数字化身的探索行动与建设行动,玩家可以在其中参与打造虚拟世界样态,建造超越现实的社会关系、社会组织乃至社会系统,并得到超越现实的社会化生活体验。因而,未来功能游戏被作为生态媒介来使用。

在社会性功用方面,发挥生态媒介的社会再组织功能。未来功能游戏作为一种虚拟的媒介空间,可以自发产生社会关系和社会结构(例如游戏公会),并基于新的关系与结构再生产。由此,玩家的聚集和互动不再具有地缘关系的特质,而成为以各种关系为导向的流动的组合,这有助于促进凝聚、加强关系、克服边界、对抗社会排斥和贫困等。

在文化性功用方面,发挥生态媒介的包容无障碍作用。由于未来功能游戏对既有社会规则具有改写作用,重新组织的社会结构将有利于抹平现实社会的既有痼疾(如贫富差距、身体残疾等),在文化建设方面能鼓励更平权、更去中心化的社会组织产生,使得所有玩家能够平等进入游戏媒介之中,为解决社会公共议题提供新思路。

在用户体验方面,发挥生态媒介中个体高自由度的优势。在虚拟世界中,功能游戏作为生态媒介能赋予玩家更高的自由度,例如"成为更好的人",补偿现实世界中人的现实缺憾;或是"建设更好的社会",通过个人的可编辑实践打造理想社会形态等。个体高自由度一方面能赋予玩家全感官的沉浸式投入体验,另一方面还能充分调动个体参与的积极性与创造性,鼓励其对媒介环境的建设作出贡献。例如,《我的世界(教育版)》不仅可以通过模块搭建形成虚拟教学场景,在其中完成教学活动;更重要的是它可以作为虚拟学习环境,允许玩家在其中自建组织和关系,展开不同目的的教学和学习行动。

(四)生活日志情境:作为私人媒介的未来功能游戏

生活日志作为内心世界的一种扩充,最早由美国科学研究与发展办公室主任万内瓦尔·布什(Vannevar Bush)在1945年为《大西洋月刊》撰写的一篇名为《我们可能会想到的》的文章中提出,作者设想了一种人们以任何形式记录他们的生活的景象,照相机和录音机可以用来永久地记录、扩展个人的种种生活事件。作为元宇宙情境的生活日志,即个人利用扩展现实技术并通过非线性叙事来记录自己的生活数据、建构自己的实践经验、创造自己的故事。这类似于在元宇宙中建立自己的"个人空间",在各种硬件与软件算法不断的优化下,用户可以轻松分享自己的生活日志,也可以任意访问他人的生活日志。

应用于生活日志情境的未来功能游戏将更多面向个人内心世界,聚焦于个人的功能学习实现,因而它更多作为一种私人媒介来发挥作用。

在社会性功用方面,发挥私人媒介的去中心化优势。生活日志情境中,未来功能游戏可以最大限度地为个人服务,定制个人游戏叙事方式、个人游戏操作方式乃至个人即时追踪方式,其记录的数据是独属于分布式、差异化的个人的。从社会层面来说,这些个人数据有助于汇编形成一种自下而上的公众使用叙事,不仅可以帮助相关研究者了解功能游戏在个人层面上的具体功效,还有助于在社会上形成功能游戏去中心化的使用模式。

在文化性功用和用户体验方面,发挥私人媒介的个性化学习功能。如上所述,未来功能游戏可以通过个性化的设计方式为用户提供学习帮助。在生活日志情境中,功能游戏可以通过对用户私人使用数据的算法匹配,定制专属其认知模式的功能游戏机制,使其能突破既有平均式的作用方式,深入个人动机、匹配个人行为、发挥个性作用。

在用户体验方面,发挥私人媒介的瞬时反馈优势。未来功能游戏在生活日志的记录情境中,能最大限度地依据用户的个人特点提供评估意见,设计适应玩法,及时做出设计调整。这种可以根据玩家反馈随时改变游戏策略的方式能够更高效地纠正玩家的细节性错误,或是提供针对性补足,起到良好的纠偏作用。

专门为轻度认知障碍患者和阿尔兹海默症患者开发的治疗性功能游戏 *Kitchen and Cooking* 通过生活日志的跟踪实践干预认知。玩家可以通过可穿戴设备在视觉中执行认知任务,这些认知任务包括识别场景和食谱,每种情况下玩家都需要选择正确的食材、计划烹饪方式,分别涉及对玩家识别、记忆持续注意力等认知活动和执行配合活动的锻炼。

六、结语

元宇宙技术发展所带来的变革正从外部自然拓展至变革人类自身的内部自然上,并实现游戏媒介的"技术驯化",使其从陌生的、存在危险的媒介转变成融入社会文化和日常生活之中的"驯化之物"。海德格尔认为技术是一种"去蔽","技术不仅是手段,技术乃是一种解蔽方式,倘若我们注意到这一点,那么就会有一个完全不同的适合于技术之本质时代向我们开启,此乃解蔽之领域,亦即真理之领域"[17]。从"去蔽"隐喻来看,功能游戏为我们"去蔽"游戏提供了一个具象化的案例,在现代社会中游戏化逻辑的应用亦为个人解放与社会参与提供解决依据。

不过,未来功能游戏应该融合"工具理性"与"价值理性",不仅关注元宇宙技术的手段、方法对现实问题解决的赋能,更应该看到解决现实问题的内在逻辑和伦理范畴。一方面,我们需要审慎思考元宇宙相关技术的使用界限与使用必要性,警惕将一切现实问题进行游戏化处理、技术化处理的风险;另一方面,我们需要基于未来功能游戏创新现实问题解决路径,不断探索与创新游戏范式赋能现实社会的机制,逐渐搭建游戏正向价值应用的科学性、规范性、合理性框架。不过,由于未来功能游戏所呈现的虚拟空间与现实空间的镜像特征,也需要共建开放包容的治理规则,防范玩家开放性、创造性的破坏。

注释

[1] Caserman P., Hoffmann K., Müller, P., et al. (2020). Quality Criteria for Serious Games: Serious Part, Game Part, and Balance. *JMIR Serious Games*. 8(3).

［2］Althoff T., White R. W. & Horvitz E. (2016). Influence of Pokémon Go on Physical Activity: Study and Implications. *Journal of Medical Internet Research*. 18(12).

［3］Van der Veken W. (1983). Incommensurability in the Structuralist View in Theory-ladenness and Incommensurability Ⅱ. *Philosophica anc Studia Philosophica Gandensia Gent*. 32.

［4］［德］汉斯-格奥尔格·伽达默尔:《诠释学:真理与方法》,洪汉鼎译,北京:商务印书馆,2007 年,第 154—159 页。

［5］Laamarti F., Eid M. & El Saddik A. (2014). An Overview of Serious Games. *International Journal of Computer Games Technology*.

［6］Ihde D. (2002). *Bodies in Technology* (Vol. 5). Minneapolis: University of Minnesota Press, pp. 1 - 3.

［7］胡泳、刘纯懿:《具身元宇宙:新媒介技术与多元身体观》,《现代出版》2022 年第 2 期。

［8］［美］罗伯特·斯考伯:《即将到来的场景时代》,赵乾坤、周宝曜译,北京: 北京联合出版公司,2014 年,第 12—26 页。

［9］Carvalho M. B., Bellotti F., Berta R., et al. (2015). An activity Theory-based Model for Serious Games Analysis and Conceptual Design. *Computers & Education*. 87.

［10］Bruce A., Beuthin R., Sheilds L., et al. (2016). Narrative Research Evolving. *International Journal of Qualitative Methods*. 15(1).

［11］杜骏飞:《数字交往论(1):一种面向未来的传播学》,《新闻界》2021 年第 12 期。

［12］常江、田浩:《尼克·库尔德利:数据殖民主义是殖民主义的最新阶段——马克思主义与数字文化批判》,《新闻界》2020 年第 2 期。

［13］Bennett W. L. & Segerberg A. (2013). *The Logic of Connective Action: Digital Media and the Personalization of Contentious Politics*. Cambridge: Cambridge University Press, pp. 2 - 4.

［14］Yoo G. S. & Chun K. (2021). A Study on The Development

of a Game-type Language Education Service Platform Based on Metaverse. *Journal of Digital Contents Society*. 22(9).

[15] Laine T. H. & Joy M. (2009). Survey on Context-aware Pervasive Learning Environments. *International Journal of Interactive Mobile Technologies*. 3(1).

[16] 程思琪、喻国明、杨嘉仪等:《虚拟数字人:一种体验性媒介——试析虚拟数字人的连接机制与媒介属性》,《新闻界》2022 年第 7 期。

[17] 孙周兴编:《海德格尔选集》,上海:上海三联书店,1996 年,第 931 页。

The "Unmasking" of Games: Essential Features, Media Logic, and Social Values of Serious Games from a Meta-cosmic Perspective

LIU Yuhan, SU Fang

Abstract: Serious games are games that emphasize the publicity and social nature of games, but due to the unbalanced development of functionality and gameplay, serious games have not been widely implemented. From the nature of the game, serious games emphasize social and functional characteristics, and based on this axis, four basic types can be divided: social-high-function games, social-low-function games, and individual-high-function games and individual-low-function games. From the perspective of media logic, serious games in the metaverse are expected to solve the development dilemma of the imbalance between functionality and gameplay. Specifically, in the future, serious games can iterate through the development mechanism of the surface layer, the narrative mechanism of the middle layer, and the deep media technology mechanism to realize the coordinated development of functionality and gameplay and show the external connection in the metaverse.

Key words: Serious Games; Metaverse; Functional Load; Social Value; Virtual Reality

"重塑玩家":竞技类 MOBA 手游的自我体验感中介研究

杨 雅 苏 芳 武 迪 李 钒

摘 要 网络游戏作为一种虚拟空间的行为方式,在一定程度上已经广泛嵌入到青少年用户的社交和生活场景之中;游戏形态也作为一种连接性的媒介化居间平台,重构了时空场景和青少年的社会关系。本文关注青少年对于 MOBA 手游使用的满足感与持续使用意愿,问卷收集全国 1602 个样本。研究发现,首先,青少年玩家游戏使用时间长、打开频率高,MOBA 游戏的社交属性强;其次,未成年人游戏付费意愿更强,更倾向于在游戏中获取虚拟权力,同时更不容易意识到游戏的营销目的和隐私风险;最后,享乐型满足能够显著预测青少年游戏的持续使用意愿。自我体验的中介效应发现,游戏享乐型满足增强了自尊感,不过自尊感负向预测游戏的持续使用意愿,起到了遮掩作用。同样,自我效能感在享乐型满足对持续使用意愿的影响中起到遮掩作用,可见积极的自我体验感缓解了青少年对于游戏的持续使用意愿。由此,研究从影响个体发展的"个体—环境"关系的动态机制提出,一方面,注重游戏使用主体积极心理资本的培育,提升青少年自我

作者简介 杨雅,女,北京师范大学新闻传播学院副教授,博士。研究方向:认知传播效果、媒介技术与社会发展、舆论学研究。电子邮箱:yangya@bnu.edu.cn。苏芳,女,北京师范大学新闻传播学院博士研究生。研究方向:媒介技术与社会发展、认知神经传播。电子邮箱:sufang@mail.bnu.edu.cn。武迪,女,北京师范大学新闻传播学院硕士研究生。李钒,男,北京师范大学新闻传播学院硕士研究生。

效能和韧性；另一方面，提倡游戏治理形式上的"元治理"，探讨游戏问题性使用的分级标准和临界点，充分发挥游戏媒介的可供性，扩大游戏功能谱系，从青少年游戏体验的视角探讨"功能性游戏"发展的可能性。

关键词 青少年 MOBA 竞技类手游 满足感 持续使用意愿 自我效能 自尊感 遮掩效应

一、文献综述

网络游戏作为一种虚拟空间的行为方式，在一定程度上已经广泛嵌入到青少年用户的社交和生活场景之中；游戏形态也作为一种连接性的媒介化居间平台（Intermediary Platform），重构了时空场景和青少年的社会关系。在青少年成长发育中，游戏会对个体认知能力、情感体验和行为起到一定的正向效果，功能性游戏的益智和学习导向也会对青少年成长产生一定的益处；不过，未分级游戏的"问题性使用"（Problematic Use），同样不利于青少年身心健康发展，也会带来沉迷、"氪金"等一系列负面问题。

（一）MOBA 竞技类手游的特点与玩家使用的驱动因素

1. "计时"竞技与"即时"对抗：MOBA 竞技类手游的特点

在青少年互联网使用行为中，网络游戏使用行为往往备受关注，根据 CNNIC 数据，手机是青少年网络游戏的主要设备，62.5%的未成年网民会经常上网玩游戏，其中手机游戏的比例占到56.4%，周末之外游戏使用日均超过 2 小时的达到13.2%[1]。近年来，MOBA（Multiplayer Online Battle Arena）多人在线竞技游戏兴起，占据了手游市场的绝大多数份额，如《英雄联盟》《王者荣耀》《刀塔 2》等，满足了玩家的社交需求、自我体验需求、竞技需求，吸引了大批玩家，也为游戏商家制造了年逾百亿元的收入。

MOBA 类手游具有无须付费、公平竞技和即时对抗的特点,游戏收入来源于游戏内的购买行为,如"皮肤""铭文""钻石""点券""英雄"等。一方面,玩家进入游戏中选择相应角色类型,在虚拟空间内通过对局模式实现公平竞技;游戏结束后,得到相应段位改变或获取最佳玩家的称号(MVP)。另一方面,游戏具备一套预期时间机制,游戏时间被游戏胜负体验所反复切割与重新闭合;游戏体验为玩家提供了新的"计时器",使得玩家获得与自然时间不同的人工时间体验[2]。以《王者荣耀》为例,每局游戏时间约为 20 分钟,这种短暂的快节奏的游戏体验将玩家的时间不断碎片化切割,增加游戏反复使用的黏性和驱动力。

2. 心理动机和满足驱动:MOBA 手游玩家的持续使用意愿

手游玩家的行为可以从个体的心理动机与需求、行为特征,以及外部环境中的游戏设计与开发条件、游戏机制与情境模式这四个角度进行分析。使用与满足(Uses and Gratification Approach)被广泛用于媒介接触与使用的研究,认为用户是基于一定动机,通过使用媒介来满足自身心理需求。在玩家游戏使用中,心理动机和需求是游戏使用的前提条件,也是玩家选择持续使用游戏的动因。有研究将多人竞技游戏使用的原因分为社交、沉浸和成就[3]三类,也有研究将其进一步细分为社交、唤醒、分散、挑战、竞争、幻想[4]六类。

当用户对竞技类游戏的使用需求得到满足,也会进一步影响他们的持续使用意愿(Continuance Intention)。研究发现,三种类型的满足感会影响个体使用社交网络游戏的持续意愿:第一,享乐型满足感,如享受、幻想、逃避现实;第二,功能型满足感,如自我成就、自我展示;第三,社交型满足感,如社会互动、社会存在等[5][6]。

（二）MOBA 竞技类手游对青少年的影响：认知能力与情绪体验

1. 认知提升与注意控制：游戏训练可能的正向效果

竞技类手游对青少年影响的效果可以体现在认知能力与情感体验两个层面。首先，在认知能力层面，有研究发现通过动作视频游戏的长期训练，可以显著提升使用者的视觉选择性注意能力[7] 和空间感，并且能够消除空间注意力的性别差异[8]。在注意力、记忆和执行控制等认知能力方面，电子游戏玩家要显著高于非游戏玩家[9]。不过，也有研究经过荟萃分析（Meta-analysis）发现，样本偏差有可能会影响游戏训练可能产生的正向效果，且有些研究样本效应量不足[10]。此外，玩家的性别、年龄等特质也影响了真实实验的效果，比如，游戏对老年人的认知影响会大于对年轻群体的影响[11]；专业游戏玩家在感知和认知方面优于非游戏玩家，可能是由于实验需求导致专业玩家更有动力表现出色，形成"霍桑效应"，而对非游戏玩家则形成一种安慰剂效应[12]。

2. 竞技游戏中主体的情绪调节与自我体验感

在情感调节方面，竞技游戏中的角色选择和体验可以一定程度上投射使用者的情绪，并以此实现负面情绪的宣泄。研究表明，在游戏行为普遍的青春期，游戏与青少年的负面情绪调控呈正相关[13]。不过，在 MOBA 游戏、射击游戏和角色扮演游戏中，团队绩效高度依赖于成员的个人绩效，因此也会出现个体在输掉比赛任务或被突袭后责备他人、肆意转移负面情绪的情况。

此外，游戏对青少年自我体验感的构建，包括自尊、自爱、责任感、优越感、成就感等，会起到一定的作用。在游戏参与中，玩家也会获得一种控制性情感，即在操纵角色竞技的过程中,由于技术能力高而获得的较好体验感[14]。有研究表明,游戏与大学生群体的自尊和自我效能水平显著相关,更高的游戏自我效能感意味着更高的游戏的使用频率和时间[15]。不过,也有青少年玩家在游戏中获得了明显高于现实空间的虚拟社会资本和权力,从而产生了虚幻的优越感。

（三）青少年竞技类手游使用的自我体验：自尊与自我效能的中介作用

由此来看,在以往竞技类游戏研究中,对游戏玩家的情绪研究多集中于认知与情绪调控,以及游戏中的心流体验和成就感。本研究针对正在成长发展中的青少年个体,其自我体验感,如自尊和自我效能感仍需更多研究的关注。

1. 青少年的自尊感

作为自我概念的一个维度,自尊是个体在社会化过程中形成的对自我价值的情感体验和评价。自尊包括整体自尊与具体自尊两种,前者与人的自我价值的整体判断有关,反映了对自我作为一个人的价值的重视;而后者则是对一个人在特定领域的能力的评价,包括多维的自我评价和判断。

自我概念的维护,往往通过情境互动和他人反馈来实现。青少年时期,自我概念的问题较之其他年龄阶段更为严重和普遍。有学者发现,青少年的具体自尊也会因年龄阶段的不同而发生变化。比如,初中时期多来自对学业接受度和同伴的接受度;大学时期来自智力能力、亲密友谊和与父母的关系等。青少年的自尊感也会反过来影响其社会化学习、个体成就和心理需求的程度[16]。有研究发现,在线游戏使用的满足感与自尊感呈负相关关系[17];而低自尊感与游戏的参与度呈正相关[18],且可以显著预测网络游戏的过度使用甚至沉迷[19]。

2. 青少年的自我效能感

自我效能感可以分为一般自我效能感和具体领域的自我

效能感。一般自我效能感，指的是个体对于执行和完成某项任务能力的主观认知评估和信念，自我效能感具有合理控制消极情绪、增强积极情绪的作用，从而调动认知资源开展行动。既有研究对于不同领域的具体自我效能开发了不同的量表，如阅读自我效能感、健康信息寻求的自我效能感等。在青少年竞技类手游的使用研究中，自我效能受到唤醒、挑战、竞争和社交互动等因素的影响，也会影响网络游戏的持续使用意愿[20]。此外，游戏自我效能在游戏享乐和玩家表现中起到中介作用[21]。不过，青少年游戏使用中的自我体验感，如自尊感和自我效能感，在游戏的满足感与游戏持续使用意愿之间的中介作用尚不明晰。由此，本研究提出青少年竞技类手游持续使用意愿的模型构念（见表1）。

表1　青少年竞技类手游持续使用意愿的模型构念

满足感	组成	理论	定义
享乐型满足	享乐	动机理论 享乐理论	玩游戏时的愉快程度
	幻想	享乐理论	玩游戏时，想象的事件或心理图像顺序代表现实元素的整合程度
	逃避	享乐理论	玩游戏将在多大程度上帮助玩家摆脱不愉快的现实或者分散其对问题和压力的注意力
社交型满足	社会互动	自我决定理论	玩家使用游戏作为社交环境与他人的互动程度
	社会存在	社会存在理论	玩家通过玩游戏与他人进行身体互动和建立个人联系的心理感觉达到的程度

（续表）

满足感	组成	理论	定义
功能型满足	成就	自我决定理论	玩游戏中获得的权力、地位和游戏中财富地位的象征符号积累到何种程度
	自我展示	社会存在理论	游戏中玩家在多大程度上建构自己的个人形象，从而影响他人对待玩家的态度和行为
游戏自我体验	自尊感	社会认知理论	个体在社会化的过程中形成的对自我价值的情感体验和评价
	自我效能	社会认知理论	一个人在不利情况下坚持的一般能力的认知评估

研究假设，青少年竞技类 MOBA 游戏使用的享乐型满足感、社交型满足感和功能型满足感影响游戏的持续使用意愿，且游戏的自我体验感，即自尊感和自我效能感在满足感与持续使用意愿之间起到中介效应。

二、研究方法

（一）问卷样本构成

研究运用极术云问卷平台进行问卷发放和样本收集。根据 CNNIC 第 49 次报告数据，年龄分布上，我国 10—29 岁网民占比为 30.6%，其中 10—19 岁网民占比 13.3%；城乡结构上，农村网民占比为 27.6%[22]。基于此，研究采用配额抽样，抽样年龄范围为 10—29 岁，其中 10—19 岁网民和 20—29 岁网民比例为 4∶6；性别比为 1∶1；城乡比为 7∶3。共收回有效问卷 1602 份，包括 1300 位游戏玩家与 302 位非玩家。样本分布情况如表 2 所示。

表 2 问卷调研样本分布情况($n=1602$)

	分类	频次	百分比
性别	男性	863	53.9%
	女性	739	46.1%
年龄	18 岁以下	474	29.6%
	18—25 岁	504	31.5%
	26—30 岁	624	38.9%
受教育程度	初中	99	6.2%
	高中	537	33.5%
	大学	947	59.1%
	研究生及以上	19	1.2%
居住地	城镇	1112	69.4%
	乡村	490	30.6%

（二）变量测量

1. 自尊感水平测量

依据广泛使用的自尊水平量表（Rosenberg Self-Esteem Scale,RSES）改编。原量表包含 10 个项目,研究参与者被询问同意每条陈述的程度。量表采用 4 级计分（其中 5 个条目反向计分）,总分范围是 10—40 分,得分越高则自尊水平越高[23]。本研究改编的手游自尊量表,量表信度为 Cronbach $\alpha=$ 0.562。经过预调研,删除其中 2 题项,修订后的量表信度提升为 Cronbach $\alpha=0.653$。

2. 自我效能感水平测量

依据一般自我效能量表（General Self-Efficacy Scale, GSES）改编。原量表包含 10 个项目,采用 4 级计分,旨在评估人们对自我效能的总体感知,以预测应对不同生活压力的适应能力[24]。中文版 GSES 量表同样具有良好的信度,其内部一致性系数 Cronbach $\alpha=0.87$,重测信度 $r=0.83$（$P<0.001$）,折半信度 $r=0.82$（$P<0.001$）[25]。

3. 使用满足感和持续使用意愿测量

根据表 1 提出的青少年竞技类手游持续使用意愿的模型构念,研究对于构念进行了测量,量表信度良好,Cronbach α = 0.843。

三、描述性统计结果

（一）总体情况

1. 超六成玩家平均单次游戏使用时长为 0.5—1.5 小时

本次调研获取游戏玩家有效问卷数量 1300 份,其中玩家占比达 81.15％。研究运用 SPSS 24.0 软件进行描述性统计分析。研究将手游使用时长规定为平均单次使用《王者荣耀》游戏的时间,从进入游戏界面开始到退出游戏。单次游戏时长为 1 小时至 1.5 小时的游戏玩家占比最高（见表 3）,为 37.2％；0.5 小时至 1.5 小时的用户占比为 63％；单次游戏超过 2 小时的手游玩家占比也达到 6.1％。

2. MOBA 手游用户黏性高,游戏使用频率高

调研发现,玩家使用手游超过每天一次的情况占比超过 50％,其中每天多次的玩家占比为 26.6％,每天一次的玩家占比为 27.6％；游戏频率为每周多次的占比超过 90％；仅有 3.4％的玩家的游戏频率为小于每周一次（见表 3）。可见 MOBA 手游的玩家黏性高,重复游戏频率高。

3. 超过半数玩家《王者荣耀》游戏生涯历程为 1—3 年,约四成玩家历史最高段位为永恒钻石或至尊星耀

竞技类手游玩家用户使用时间集中在 1 年至 5 年,其中持续游戏 1 年至 3 年的玩家占比为 54.5％,3 年至 5 年的用户占比为 34.3％,可见手游用户的持续使用意愿较强。在《王者荣耀》的玩家中,历史最高段位为永恒钻石的玩家占比为 20.1％,

其次是段位为至尊星耀和最强王者的玩家,占比分别为19.6%和18%。

4. 超三分之二的玩家有过社交媒体分享行为,愿意为游戏付费;超半数玩家倾向于与好友组队,愿意购买游戏外衍生周边产品

从社交意愿来看,超三分之二的竞技类手游玩家有过社交媒体分享行为,占比67.8%(见表3)。玩家多数都有社交媒体分享意愿,会选择"晒出"自己和团队的游戏战绩;56.1%的《王者荣耀》玩家倾向于邀请现实生活中的好友进行组队。不过,如果遇到游戏对局失败的情况,玩家倾向于沉默解决和打开下一局占比为49.8%,选择举报、拉黑、责备队友的玩家占比接近36.7%。从付费意愿来看,67.1%的手游玩家会为游戏付费,有过在游戏内购买皮肤等行为;55%的玩家会选择购买游戏现实中的周边衍生品。

表3　竞技类手游用户使用偏好统计($n=1300$)

	分类	频次	百分比
单次游戏使用时长	0—0.25 小时	4	0.3%
	0.25—0.5 小时	184	14.2%
	0.5—1 小时	336	25.8%
	1—1.5 小时	484	37.2%
	1.5—2 小时	213	16.4%
	2—3 小时	70	5.4%
	3 小时以上	9	0.7%
游戏的频率	一天多次	346	26.6%
	一天一次	359	27.6%
	一周多次	511	39.3%
	一周一次	40	3.1%
	一周不到一次	44	3.4%

（续表）

	分类	频次	百分比
是否会在社交媒体上分享战绩	是	882	67.8%
	否	418	32.2%
竞技类手游持续使用时间	小于1年	103	7.9%
	1—3年	708	54.5%
	3—5年	446	34.3%
	5—7年	43	3.3%

（二）未成年群体的竞技类手游使用特点

首先,相比于成年人,未成年人在游戏失败后更倾向于沉默解决。研究将游戏失败状态界定为游戏中组队时因队友失误导致失败的情况。结果显示,未成年人与成年人两个群体在"举报队友"($t=-2.642,P=0.008<0.01,d=0.165$)、"打开下一局"($t=-3.134,P=0.002<0.01,d=0.188$)、"沉默解决"($t=5.161,P=0.000<0.001,d=0.340$)这三项选择的得分差异具有统计学意义,即成年人因队友失误而导致游戏失败时,更倾向于举报队友与打开下一局,而未成年人更倾向于沉默解决。

其次,相比于成年人,未成年人更难意识到竞技类游戏隐含的营销目的、隐私获取和广告宣传。结果显示,未成年人和成年人在意识到手游中隐含的营销目的($t=-3.394,P=0.001<0.01,d=0.218$)、隐私获取($t=-2.678,P=0.007<0.01,d=0.167$)以及广告宣传($t=-2.114,P=0.035<0.05,d=0.146$)方面差异较为显著,青少年的游戏素养和隐私保护意识依然有待增强。

最后,相比于成年人,未成年人的手游付费意愿更为强烈。研究发现,相比于成年人,未成年人购买游戏内皮肤的意愿

$(t=3.608, P<0.001, d=0.146)$更加强烈,在购买现实场景中的游戏手办和周边的意愿$(t=2.272, P=0.024<0.05, d=0.160)$方面差异显著。

四、从游戏满足到持续使用意愿:自尊与自我效能的遮掩效应

通过 SPSS 24.0 进行统计分析发现,竞技类手游中享受感、幻想感、逃避感、社会存在感、社会互动感、成就感、自我展示与效能感均呈显著正相关关系。游戏中自尊感与持续使用意愿呈显著负相关$(r=-0.304, P<0.01)$,自我效能感与持续使用意愿呈显著正相关$(r=0.337, P<0.01)$。此外,游戏中自尊感与逃避感显著正相关$(r=0.75, P<0.01)$,与社交互动显著负相关$(r=-0.300, P<0.01)$,与幻想并不相关,其余均为显著负相关关系(见表4)。

研究以青少年竞技类游戏使用的享乐型满足感和功能型满足感作为自变量,游戏中自尊感和游戏中自我效能感作为中介变量,游戏的持续使用意愿作为因变量。由于社交型满足的两个观测变量与其他变量间相关性均较强,为避免多重共线性,在结构方程模型分析中并未将社交型满足纳入分析。运用AMOS 23.0 数据分析软件构建二阶构面的结构方程模型,进行最大似然估计,模型的拟合指数为调整卡方 $X^2/\mathrm{df}=4.759<5$,RMSEA$=0.047<0.05$,相对拟合指数 NFI$=0.736$,IFI$=0.780$,CFI$=0.778>0.7$(均接近 1),模型拟合良好。进一步采用偏差校正非参数百分比 Bootstrap 重复抽取 2000 个样本(95% 置信区间),对游戏满足感与持续使用意愿之间的自尊感和自我效能感的中介效应进行检验。

表 4 游戏玩家各变量的均值、标准差和相关系数（$n=1300$）

变量	M	SD	1	2	3	4	5	6	7	8	9	10
1. 享受	4.165	0.546	1									
2. 幻想	3.543	0.818	0.255**	1								
3. 逃避	3.470	0.777	0.221**	0.496**	1							
4. 社会存在	3.824	0.636	0.347**	0.335**	0.301**	1						
5. 社交互动	3.799	0.597	0.327**	0.303**	0.294**	0.598**	1					
6. 成就	3.646	0.703	0.276**	0.403**	0.358**	0.491**	0.498**	1				
7. 自我展示	3.756	0.754	0.285**	0.291**	0.356**	0.497**	0.508**	0.501**	1			
8. 持续使用意愿	4.062	0.630	0.345**	0.171**	0.103**	0.343**	0.331**	0.208**	0.277**	1		
9. 自我效能感	3.094	0.424	0.187**	0.065*	0.062*	0.273**	0.301**	0.334**	0.264**	0.337**	1	
10. 自尊感	2.183	0.482	−0.125**	0.049	0.075**	−0.312**	−0.300**	−0.103**	−0.274**	−0.304**	−0.329**	1

注：* $P<0.05$，** $P<0.01$。

　　研究发现,享乐型满足($\beta=0.477$, $P<0.001$),即游戏吸引、幻想甚至逃避现实显著正向预测游戏持续使用意愿;而功能型满足($\beta=-0.174$, $P=0.23$),即个人成就和展示则无法预测持续使用意愿(见图1、表5)。

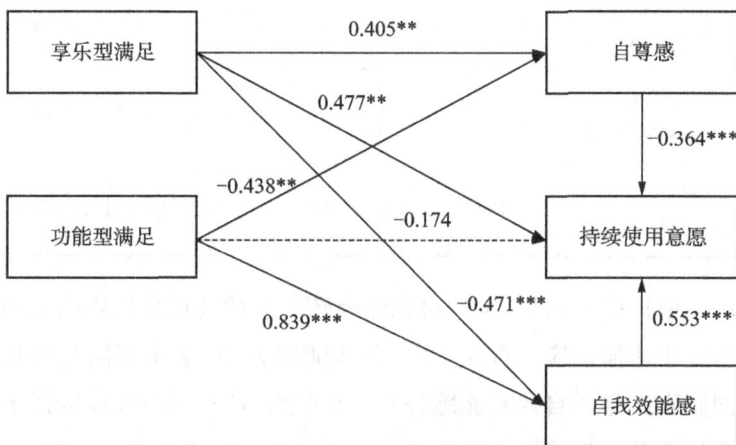

注:** $P<0.01$, *** $P<0.001$。

图1　自尊和自我效能感在满足感与持续使用意愿之间的中介效应

表5　结构方程模型的结果分析($n=1300$)

路径	B	Beta	S.E.	C.R.	p	检验结果
享乐型满足→自尊感	0.166	0.405	0.053	3.104	0.002	支持
功能型满足→自尊感	−0.077	−0.438	0.024	−3.279	0.001	支持
享乐型满足→自我效能感	−0.719	−0.471	0.153	−4.699	<0.001	支持
功能型满足→自我效能感	0.552	0.839	0.073	7.533	<0.001	支持

（续表）

路径	B	Beta	S.E.	C.R.	p	检验结果
自尊感→持续使用意愿	−1.472	−0.364	0.424	−3.472	<0.001	支持
自我效能感→持续使用意愿	0.599	0.553	0.091	6.576	<0.001	支持
享乐型满足→持续使用意愿	0.789	0.477	0.222	3.562	<0.001	支持
功能型满足→持续使用意愿	−0.124	−0.174	0.103	−1.201	0.23	不支持

值得注意的是，两种自我体验感对持续使用意愿影响机制形成了遮掩效应。首先，在自我效能感方面，享乐型满足通过抑制青少年的自我效能感（$\beta = -0.471$，$P < 0.001$），增强了竞技性游戏的持续使用意愿（$\beta = 0.477$，$P < 0.001$），模型效应量为 54.60%（见表6）。享乐型满足中对于游戏本身影响力的吸引、虚拟世界幻想设定框架的服从，甚至对于现实生活中负面情绪和社会关系的逃避，一定程度上限制了青少年的自我效能，增强了其持续使用手游的意愿，在此情况下甚至会增加形成"问题性使用"（Problematic Use）的可能性。

其次，在自尊感方面，享乐型满足增强了游戏中的自尊感（$\beta = 0.405$，$P = 0.002$），而自尊感负向预测游戏的使用意愿（$\beta = -0.364$，$P < 0.001$），即青少年在游戏中形成的自尊感，缓解了享乐型满足对游戏的持续使用意愿的影响程度，模型效应量为 30.91%。可见，竞技类手游中游戏本身的吸引力与虚拟游戏世界中的游戏角色互动一定程度上增强了青少年游戏的自尊感。不过，当玩家在游戏通关中获得的自尊感越强，越有可能增强其游戏控制力，进一步避免沉迷游戏的可能性。

表 6 中介效应检验结果和效应量汇总（$n=1300$）

项	总效应 c	a	b	间接效应 a×b	95%BootCI	直接效应 c'	效应量	检验结果
享乐型满足→自尊感→持续使用意愿	0.330	0.405**	−0.364***	−0.147	−0.442~−0.135	0.477***	30.91%	遮掩效应
功能型满足→自尊感→持续使用意愿	−0.015	−0.438**	−0.364***	0.159	0.062~0.209	−0.174		中介作用不显著
享乐型满足→自我效能感→持续使用意愿	0.217	−0.471***	0.553***	−0.260	−0.755~−0.241	0.477***	54.60%	遮掩效应
功能型满足→自我效能感→持续使用意愿	0.290	0.839***	0.553***	0.464	0.212~0.515	−0.174		中介作用不显著

注：** $P<0.01$，*** $P<0.001$。

五、结论与建议

总体上来看,调查中青少年玩家日均使用竞技类游戏时间长,游戏打开频率高,喜欢在社交媒体平台上分享战绩,并倾向于与好友组队游戏。MOBA 类游戏的社交属性较强,社交关系的嵌入为游戏玩家提供了工具理性式的游戏角色匹配,同时也是非理性情感的驱动的合作与互惠逻辑的体现,便于玩家将线下社交关系延伸至虚拟空间,以更丰富的自由度进行再创造与再组织。

同时,与成年人相比,未成年人的付费意愿较强,更愿意"氪金"购买游戏内的皮肤、铭文、点券和游戏外周边,而对游戏中的隐私保护和营销属性较为忽视。MOBA 手游作为竞技类游戏,同样展现了"游戏作为一种媒介"的特征,给青少年带来不同形式的来自虚拟空间关系和行为的满足感。其中,享乐型与社交型的游戏使用的满足感都对青少年游戏的持续使用意愿具有显著影响。自我体验的中介效应中,游戏中享乐型满足增强了自尊感,不过自尊感负向预测游戏的持续使用意愿起到了遮掩作用;同样,自我效能感在享乐型满足对持续使用意愿的影响中起到遮掩作用,可见,积极的自我体验感均缓和了游戏的持续使用意愿。根据上述调研的发现,研究从影响个体发展的"个体—环境"关系(Individual-Context Relations)的动态机制出发,针对游戏主体的认知和心理特征、竞技类手游的分级管理可能性、游戏开发者,以及游戏主体的家庭和社会传播环境等展开讨论。

(一)注重游戏使用主体积极心理资本的培育,提升其自我效能和韧性

既往对于青少年使用游戏的干预机制,多注重于外部规制

与影响要素,在"堵"与"疏"的二元对立中寻求均衡,而忽视了青少年作为游戏主体的内在驱动力和心理机制。积极心理资本(PsyCap)是指在成长过程中,个体逐渐培养和表现出的某些积极心理状态,包括自我效能、自尊感等[26],有助于个体在面对负性媒介信息、负面情绪和社交关系时,产生充足的自信、正确的归因和更强的心理韧性。研究表明,心理资本也与积极的态度和良好的绩效呈正相关[27]。在本研究中,积极心理资本中的自尊感在享乐型满足和持续使用意愿之间起到遮掩作用,自尊感有可能避免青少年玩家游戏沉迷。同样,自我效能感在青少年游戏使用的享乐型满足和持续使用意愿之间起到遮掩作用。当然,通过适度游戏的使用,达到兴趣与乐趣的满足无可厚非,但是过度逃避现实、回避负面情绪,从游戏的"持续性使用"滑向"问题性使用"(Problematic Use),则是通常意义上所谓的"游戏沉迷"(Gaming Disorder)的开始。可见,青少年游戏使用程度同样可以划分为不同阶段,而面对不同阶段的使用特征和使用程度的临界点,干预机制和方案也应有所不同[28]。自我效能感、自尊感等积极心理资本的培育,可以提升青少年的情绪调节能力、正视困难和解决问题的能力以及心理韧性,进而从起始的内驱力层面降低沉迷发生的可能性。

因此,需要提倡游戏治理形式上的"元治理"。一方面,要守住"红线",发挥法律规制"有形的手"的约束作用;另一方面,还需要适度发挥市场"无形的手"的调节作用,从整体和未来的视角,构建"家庭—学校—媒体—社会"教育四位一体的系统工程,由"堵"到"疏"再到"自组织",注重青少年的创新和发展培育,营造自信和成功的示范效应。同时,增强青少年在网络环境中的参与感、实践感与满足感。这种满足感不仅是单一的享乐型满足、"杀时间"的选择,而是更加注重虚实融合空间中青少年亲社会化的培养、个体人格的完善,倡导功能型满足的正面经验,提供青少年健康成长的媒介素养知识,引导青少年健康发展的内驱力和创造力。

(二)超越治理视角,充分发挥游戏媒介的可供性

当前随着技术更迭愈加智能和复杂的媒介环境"既是富媒体(Rich Media)也是复媒体(Poly Media)"[29],在"人—媒介"这一关系中,个体对于媒介环境更加依赖,而重度的媒介使用也带来媒介可供性的变迁。同样,游戏作为一种媒介,也在不断扩展其承载的媒介形态、呈现的感官通道和满足人们需求的功能谱系。

首先,注重游戏设计品类的平衡和多样性,兼顾技术扩散和社会接受度,避免评价指标的单一化。在此基础上,探讨游戏分级管理的精细度与适配度,一方面从纵向视角,对个体的认知水平、年龄、受教育程度进行游戏分级管理;另一方面从横向视角,根据游戏激活的不同技能、情感态度、多元认知等进行分级,不再将沉迷与否作为唯一的指标,倡导评判标准的多元化,有侧重地发挥益智类、学习类功能游戏的正向作用和传播引导作用。

其次,社交需求是游戏设计吸引人的关键和核心竞争力。当然,我们并不提倡青少年将游戏作为虚拟社会情绪、行为和关系建立的唯一出口,避免造成"游戏媒介依赖"。不过,适度游戏可以成为缓解压力事件和负面情绪的出口,也会成为社交情感的满足和代偿,享乐型满足和社交型满足同样具有其实践意义上的价值。在这个层面上同样有助于超越治理的两难困境,创造适度的心流体验,打造适宜的分级标准,探索游戏使用的临界点。未来,由于游戏化社会和游戏化思维的普及,甚至可能会造成青少年对于游戏的"脱敏",就如同万物皆媒的时代,媒介反而如同空气和水一般,成为人们生存不可或缺却又

习以为常的事物,打通技术、产业、组织之间的壁垒。此外不可忽视的是,虚拟游戏社会的社交模式同样是现实空间权力结构的"投射"。因此,打造游戏的"文化内核",避免青少年游戏社交中形成不恰当的虚拟权力感;在游戏设计中注重文化多样性设计,形成新的"文化接触区域",避免文化和性别偏倚[30],同样尤为重要。

再次,探讨游戏媒介可供性的想象力。当前,游戏在实践中不再展现出单一的娱乐和消遣面向,而兼具娱乐、学习、社交、自我实现等多种功能。社会文化意义上,有研究提出"媒介的水平维度",即不同社会人群对于不断发展中的媒介,其功能定位和情感定位有很大的差异,比如有些人认为发邮件效率更高、避免即时沟通的打扰,而有些人则认为邮件会误事[31]。同样,对于游戏的理解也是如此。不同级别如职业选手、业余玩家、非玩家,不同角色如家长、青少年、教育者、游戏设计者和管理者等,对于游戏的认知和定位都不尽相同。研究发现,动机是行动的根源,不同个体即便使用同一种游戏媒介,其使用带来的效果也可能是不同的[32]。因此,寻求不同诉求之间共识的同心圆,避免对于游戏"一刀切"的污名与排斥或者完全放任,增进协商,是一方面;而扩大游戏的功能性谱系,分析不同动机取向之下的使用行为表现,增益其功能性价值,则是更重要的另一方面。

最后,从青少年游戏体验的视角,探讨"功能性游戏"发展的可能性。功能性游戏,既是针对某类知识和技能的学习,也是一种"对于学习方式的学习"(Learning to Learn)。前者目前已有很多研究的实证,大多集中于某种特定的游戏。例如,通过针对儿童的依恋游戏有效增强其认知模式的形成、有效的情绪表达,以及合作行为和心理自立[33];通过模拟仿真冲突游戏,训练城市突发事件应急全面决策和快速响应的思维、模式[34],等等。后者指的则是,功能性游戏并非提供了某种特定知识和技能的学习,而是帮助使用者在游戏环境中培养总结规律、应对问题、自主学习的能力,也就是说,通过游戏的方式可以帮助我们锻炼和习得学习的模式,促进学习的泛化[35]。未来,功能性游戏的发展,如礼仪课、交规课等知识类的课程,帮助青少年了解社会规则;团队游戏,帮助青少年了解团队协作精神;益智类游戏,增加智性和知性的学习;VR 等技术的加入,增加丰富多彩的场景体验,等等,有可能成为青少年游戏"使用—持续使用—问题性使用"分层分级的针对性干预产品。此时,"认知+体验""知识技能+学习模式"将成为功能性游戏最大的特点,充分寓教于乐趣、寓学于场景,真正契合与满足青少年的成长需求和未来发展的可能性。

注释

[1] 中国互联网络信息中心:《2020 年全国未成年人互联网使用情况研究报告》,2021 年 7 月 20 日,来源:https://pic.cyol.com/img/20210720/img_960114c132531c521023e29b6c223e438461.pdf,2022 年 5 月 4 日。

[2] 邓剑:《MOBA 游戏批判——从"游戏乌托邦"到"游戏梦工厂"的文化变奏》,《探索与争鸣》2020 年第 11 期。

[3] Yee N. (2006). Motivations for Playing Online Games. *Cyberpsychology & Behaviour*. 9(6).

[4] Sherry J. L., Greenberg B. S., Lucas K., et al. (2012). Video Game Uses and Gratifications as Predictors of Use and Game Preference. In P. Vorderer & J. Bryant(Eds), *Playing Video Games*. New York: Routledge, pp. 248 - 262.

[5] Li H., Liu Y., Xu X., et al. (2015). Modeling Hedonic is

Continuance Through he Uses and Gratifications Theory: An Empirical Study in Online Games. *Computers in Human Behavior*. 48.

[6] Bueno S. , Gallego M. D. & Noyes J. (2020) Uses and Gratifications on Augmented Reality Games: An Examination of Pokémon Go. *Applied Sciences*. 10(5).

[7] Green C. S. & Bavelier D. (2003). Action Video Game Modifies Visual Selective Attention. *Nature*. 423(6939).

[8] Feng J. , Spence I. & Pratt, J. (2007). Playing an Action Video Game Reduces Gender Differences in Spatial Cognition. *Psychological Science*. 218(10).

[9] Boot W. R. , Kramer A. F. , Simons D. J. , et al. (2008). The Effects of Video Game Playing on Attention, Memory, and Executive Control. *Acta Psychologica*. 129(3).

[10] Bediou B. , Adams D. M. , Mayer R. E. , et al. (2018). Meta-Analysis of Action Video Game Impact on Perceptual, Attentional, and Cognitive Skills. *Psychological Bulletin*. 144(1).

[11] Powers K. L. , Brooks P. J. , Aldrich N. J. , et al. (2013). Effects of Video-Game Play on Information Processing: A Meta-Analytic Investigation. *Psychonomic Bulletin & Review*. 20(6).

[12] Boot W. R. , Blakely D. P. & Simons D. J. (2011). Do Action Video Games Improve Perception and Cognition? *Frontiers in Psychology*. 2.

[13] Kökönyei G. , Kocsel N. , Király O. , et al. (2019). The Role of Cognitive Emotion Regulation Strategies in Problem Gaming Mong Adolescents: A Nationally Representative Survey Study. *Frontiers in Psychiatry*. 10.

[14] Caillois R. (2001). *Man, Play, and Games*. Champaign: University of Illinois Press, p.17.

[15] Allan J. D. (2010).*An Introduction to Video Game Self-Ef*

ficacy. *Doctoral* *Dissertation.* Chico: California State University, pp. 70 - 72.

[16] Harter S. (1988). *Causes Correlates and the Functional Role of Global Selfworth, A Life-Span Perspective.* New York: New Heaven, p. 18.

[17] Colwell J., Grady C. & Rhaiti S. (1995). Computer Games, Self-Esteem and Gratification of Needs in Adolescents. *Journal of Community & Applied Social Psychology.* 5(3).

[18] Huang C. L., Yang S. C. & Chen A. S. (2015). Motivations and Gratification in an Online Game: Relationships among Players' Self-Esteem, Self-Concept, and Interpersonal Relationships. *Social Behavior and Personality: An International Journal.* 43(2).

[19] 张婷丹、喻承甫、许倩等:《亲子关系与青少年网络游戏成瘾:自尊的中介作用》,《教育测量与评价(理论版)》2015 年第 2 期。

[20] Sharma T. G., Hamari J., Kesharwani A., et al. (2020). Understanding Continuance Intention to Play Online Games: Roles of Self-Expressiveness, Self-Congruity, Self-Efficacy, and Perceived Risk. *Behaviour & Information Technology.* 41(2).

[21] Trepte S. & Reinecke L. (2011). The Pleasures of Success: Game-Related Efficacy Experiences as a Ediator between Player Performance and Game Enjoyment. *Cyberpsychology, Behavior, and Social Networking.* 14(9).

[22] 中国互联网络信息中心:《第 49 次中国互联网络发展状况统计报告》,2022 年 2 月 25 日,来源:http://www. cnnic. net. cn/NMediaFile/old_ attach/P020220721404263787858. pdf, 2022 年 5 月 15 日。

[23] Blascovich J., Tomaka J., Robinson J. P., et al. (1999). Measures of Self-Esteem. *Measures of Personality and Social Psychological Attitudes.* 1.

［24］Schwarzer R. & Jerusalem M. Generalized Self-Efficacy Scale. In J. Weinman, S. Wright & M. Johnston(Eds.), *Measures in Health Psychology: A User's Portfolio*. Windor, UK:Nfer-Nelson, pp.35 - 37.

［25］王才康、胡中锋、刘勇:《一般自我效能感量表的信度和效度研究》,《应用心理学》2001 年第 1 期。

［26］张阔、张赛、董颖红:《积极心理资本:测量及其与心理健康的关系》,《心理与行为研究》2010 年第 1 期。

［27］Luthans F., Avolio B. J., Avey J. B., et al. (2007). Psychological Capital: Measurement and Relationship with Performance and Satisfaction. *Personnel Psychology*. 60 (3).

［28］Liu S., Xu B., Zhang D., et al. (2022). Core Symptoms and Symptom Relationships of Problematic Internet Use Across Early, Middle, and Late Adolescence: A Network Analysis. *Computers in Human Behavior*. 128.

［29］杨雅、陈雪娇、杨嘉仪等:《类脑、具身与共情:如何研究人工智能对于传播学 与后人类的影响》,《学术界》2021 年第 8 期。

［30］姬德强、蒋效妹、朱泓宇:《游戏研究:历史建构、产业劳工及学术想象》,《新闻与写作》2022 年第 9 期。

［31］董晨宇、段采薏:《我该选择哪种媒介说分手——复媒体时代的媒介意识形态与媒介转换行为》,《新闻与写作》2018 年第 5 期。

［32］罗一君、孔繁昌、牛更枫等:《压力事件对初中生抑郁的影响:网络使用动机与网络使用强度的作用》,《心理发展与教育》2017 年第 3 期。

［33］凌辉、宁柳、刘佳怡等:《依恋游戏促进中班幼儿心理自立养成的实验研究》,《中国临床心理学杂志》2022 年第 4 期。

［34］陈彬、高峰:《基于战争游戏思维的突发事件应急管理情报分析应用研究——以城市洪涝灾害为例》,《情报理论与实践》2022 年第 8 期。

［35］Bavelier D., Green C. S., Pouget A., et al. (2012). Plasticity Through the Life Span: Learning to Learn and Action Video Games. *Annual Review of Neuroscience*. 35.

Reshaping Players: A Mediation Study of Self-Efficacy and Self-Esteem on the Adolescents' User Experience of MOBA Games

YANG Ya, SU Fang, WU Di, LI Fan

Abstract: As a virtual space behavior, online games have been widely embedded in the social and life arenas of adolescent users to a certain extent; the game form also serves as a connective intermediary platform that reconstructs the spatiotemporal scenes and adolescent social relationships. This paper focused on teenagers' self-experience including self-esteem and self-efficacy, gaming gratifications, and continuance intention, with a questionnaire recruiting a sample of 1602 teenagers across the country. It found that, first, adolescent players used games frequently and for a long period, and MOBA games contained strong social attributes; second, teenagers were more inclined to pay for games and obtain virtual power in gaming, while less likely to be aware of the marketing purposes and privacy risks of games; third, the gratifications of hedonic, utilitarian, and sociality significantly predicted the continued intention of gaming, but different types of gratifications impacted with different mechanisms and effects. The mediating effect of self-experience indicated that gaming hedonic satisfaction enhanced self-esteem, but self-esteem negatively predicted continuance intention, which played a suppressing effect. Similarly, self-efficacy played a suppressing role in the impact of hedonic satisfaction on continued game usage. It can be seen that positive self-experience alleviated the adolescents' gaming continuance intention. Therefore, the study proposed, on the one hand, to focus on the cultivation of positive psychological capital of game users to enhance self-efficacy and resilience, from the dynamic mechanism of the individual-environment relationship that affects individual development, and, on the other hand, to advocate a meta-governance on online games, which explores the grading standard and threshold of problematic game use, gives full play to the availability of game media, expands the spectrum of game functions, and the possibility of developing functional games from the perspective of adolescents' game experience.

Key words: Adolescents; MOBA (Multiplayer Online Battle Arena) Competitive Mobile Games; Gratifications; Continuance Intention; Self-Efficacy; Self-Esteem; Suppressing Effect

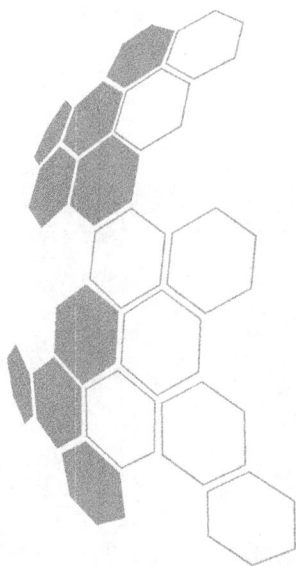

传媒从业者研究

创新氛围支持与情感认同:新生代新闻从业者创新行为影响因素研究

董开栋

摘要 新时代做好舆论工作的关键在于媒体融合创新,新生代新闻从业者的力量不可忽视。为研究新生代新闻从业者创新行为的影响因素,本文选取 362 名新闻从业者配额抽样,进行实证分析。结果表明,同事支持、组织支持和情感承诺对新生代新闻从业者创新行为具有显著的正向影响,主管支持、目标导向和连续承诺的影响不显著,而新生代与非新生代新闻从业者创新行为的影响因素明显不同。主管支持分别与绩效证明取向、绩效回避取向和连续承诺的交互作用对新生代新闻从业者创新行为的影响显著。基于以上结论,本文提出具体建议,以期对媒体融合创新产生积极影响。

关键词 新闻从业者 创新行为 媒体融合

自中央全面深化改革领导小组第四次会议审议通过《关于推动传统媒体和新兴媒体融合发展的指导意见》以来,从中央到地方的主流媒体融合步伐不断加快,提出了"中央厨房""县级融媒体中心"等一系列具有中国特色的媒体融合创新模式[1],但从总体来看,我国媒体融合创新的整体优势还没有充

作者简介 董开栋,男,广州大学新闻与传播学院讲师。研究方向:数字新闻业、新媒体用户行为、媒介管理。电子邮箱:dkdo1234@163.com。

分发挥出来。新闻从业者创新能力关乎新闻工作者队伍建设成效，也关乎新型主流媒体的影响力和竞争力。作为最富活力、最具创造性的青年群体，"80后""90后"新生代新闻从业者理应走在媒体融合创新的前列。

新生代新闻从业者是新闻人才队伍的重要部分，新生代新闻从业者创新也是媒体融合创新的重要来源。新生代新闻从业者创新发生在新闻组织内部，会受到行业环境、组织环境与个体因素等的综合影响。那么，新生代新闻从业者创新行为的影响因素有哪些？鉴于此，本研究以新闻从业者群体作为研究对象，通过对广东 362 名新闻从业者的问卷调查，实证探究新生代新闻从业者创新行为影响因素，以期为新闻融合创新与人才管理变革提供参考。

一、文献回顾与研究假设

习近平总书记在党的十九大报告中指出，青年兴则国家兴，青年强则国家强。青年一代有理想、有本领、有担当，国家就有前途，民族就有希望。作为中国劳动力市场的主力军，以"80后""90后"为代表的新生代员工肩负创新的重任[2]。

员工创新行为研究是当前组织行为学和人力资源管理研究领域的热点议题，已取得一系列较为成熟的成果。目前，管理学界对于员工创新行为影响因素的研究大致可以分为三种视角：一是个体视角，如个体智力、情绪、动机、认知风格、目标取向等；二是组织环境视角，如工作自主性、挑战性、团队学习行为、领导风格、创新氛围等；三是个体与组织环境双向的交互视角[3]。总体来看，组织与创新有关的环境特征作为一个环境变量，通过影响个体的认知、能力和态度、动机进而影响个体的创新行为。

互联网对新闻业产生深刻影响，新生代新闻从业者正参与到媒体融合创新的进程中。新闻创新主要体现为新闻业应对新技术过程中的创新能动性[4]，已有的研究有助于理解新闻创新发生的具体场景以及这一过程中的组织和制度因素[5]。相比新闻创新关注新闻组作为主体的创新过程及其结果，新闻从业者创新将聚焦新闻从业者个体对某一创新技术、理念的采用和实践。

新闻从业者创新也会受到其成长背景的影响，不同代际的新闻从业者工作特征可能存在差异。有研究指出，与老一代相比，新生代员工多为独生子女，接触互联网早，他们的成就导向较高，强调工作的自主、平等和公平，但可能存在缺乏耐心、忠诚度低等问题[6]。因此，新闻从业者创新研究要充分考虑代际因素的影响。本文中的新生代新闻从业者创新行为主要指"80后""90后"新闻从业者结合自身优势、组织实际和对新兴媒体发展规律的认知，基于互联网思维，在内容、渠道、平台、经营、管理等方面产生、引进和应用的创新构想和创新行动。其中，创新构想指新闻从业者为了媒体融合产品、技术、工作流程以及服务的提升，广泛地寻找、发现创新的机会，针对这些机会产生构想或解决方案，并对它们的可行性进行试验等表现；创新行为包括新闻从业者为了实现创新构想，积极调动资源、说服及影响他人支持创新、敢于挑战与冒风险以及通过个人的努力，使创新常规化成为主流媒体组织日常运作的一部分等行为表现[7]。

本文结合主流媒体融合创新实践的现实情境，引入创新氛围、目标取向与组织承诺三个变量，从组织环境视角、个体视角及其交互视角研究新生代新闻从业者创新行为的影响因素。

创新氛围是与创新活动相关的组织氛围，是员工对工作环境创新支持程度的感知，包括同事支持、主管支持和组织支持三个维度[8]。创新氛围对员工创新行为的支持作用已被大多数研究证实[9]。但也有研究指出两者之间的关系并不明确[10]。面对政策、市场和技术等环境,主流媒体机构纷纷提出创新转型的口号,调整不适应新兴新闻发展趋势的"建制"和常规,这种"从上到下"营造创新氛围的努力能否激发新生代新闻从业者的感知和推动创新行为,有待进一步观察和检验。因此,我们提出假设1:

假设1:创新氛围对新生代新闻从业者创新行为具有显著正向影响。

假设1a:同事支持对新生代新闻从业者创新行为具有显著正向影响。

假设1b:主管支持对新生代新闻从业者创新行为具有显著正向影响。

假设1c:组织支持对新生代新闻从业者创新行为具有显著正向影响。

目标取向是个体对于实现成就追求条件的感知、理解和行为[11]。目标取向对个体有重要影响,但不同目标取向的影响有差异,如有研究发现学习目标取向对销售绩效有正向影响,绩效证明取向没有影响,绩效回避取向对绩效有负向影响[12],但也有学者指出学习目标取向和绩效证明取向对员工创新行为产生正向影响,绩效回避取向具有负向影响[13]。在新兴新闻的冲击下,传统新闻从业者队伍的离职现象有所增加。在此背景下,新生代新闻从业者工作的目标取向可能对其创新行为产生影响,抱持学习和争胜心态的个体更可能产生创新想法与执行创新行动,而不想看到失败结果的个体可能会维持现状。基于此,我们提出假设2:

假设2:目标取向对新生代新闻从业者创新行为具有显著影响。

假设2a:学习目标取向对新生代新闻从业者创新行为具

有显著正向影响。

假设 2b：绩效证明取向对新生代新闻从业者创新行为具有显著正向影响。

假设 2c：绩效回避取向对新生代新闻从业者创新行为具有显著负向影响。

组织承诺指个体对组织在心理上的依恋感与认同感。多数研究已经证明，组织承诺与员工在组织中的行为表现呈正相关关系，但不同维度的影响有所差异。有研究者将组织承诺分为情感承诺、持续承诺和规范承诺三个维度，发现情感承诺正向影响员工绩效，持续承诺负向影响创新绩效，规范承诺与创新绩效没有关系[14]。也有学者将组织承诺分为情感承诺和连续承诺两个维度，其中情感承诺发挥正向驱动作用，而连续承诺却阻碍员工创新的发生[15]。新闻创新的探索不是易事，愿与组织共进退的新生代新闻从业者更有可能激发自身的创新热情，而那些与组织仅仅是雇佣关系的个体可能不会"出圈"尝试合作和积极构想。基于此，我们提出假设 3：

假设 3：组织承诺对新生代新闻从业者创新行为具有显著影响。

假设 3a：情感承诺对新生代新闻从业者创新行为具有显著正向影响。

假设 3b：连续承诺对新生代新闻从业者创新行为具有显著负向影响。

新生代与非新生代新闻从业者的成长经历明显不同，两个群体创新行为影响因素的比较也是本研究关注的重点。因此，我们进一步提出以下问题：

RQ1：创新氛围、目标取向与组织承诺对新生代和非新生代新闻从业者创新行为的影响是否存在差异？

此外，本研究也探索创新氛围作为组织因素、目标取向与

组织承诺作为个体因素的交互作用对新生代新闻从业者创新行为的影响。因此,我们提出假设:

假设 4:创新氛围与目标取向的交互作用对新生代新闻从业者创新行为具有显著影响。

假设 5:创新氛围与组织承诺的交互作用对新生代新闻从业者创新行为具有显著影响。

二、研究设计

(一) 样本与数据来源

新闻从业者主要指主流媒体中实际从事新闻采编的人员,涵盖报刊、广电、电脑和移动端等。本研究数据来自广东省主要媒体新闻从业者的问卷调查,在广州日报报业集团、广州广播电视台和深圳报业集团中采用配额抽样方法遴选新生代与非新生代样本,通过纸质问卷的方式进行调查,最终成功收集有效问卷 362 份。样本的基本特征为:男 94 人,女 268 人;"80 后""90 后"(新生代)181 人,非"80 后""90 后"(非新生代)181 人;普通员工 215 人,基层管理者(科室主任)88 人,中层管理者(部门主任)43 人,高层管理者(编委及以上)16 人;在当前主流媒体机构工作年限在 2 年以内的有 44 人,2 年到 5 年的有 85 人,5 年以上的有 233 人。

(二) 变量测量

1. 创新氛围

本研究采用了刘云和石金涛在 KEYS 量表基础上修改之后的创新氛围量表[16],涵盖同事支持、主管支持、组织支持三个维度,包括 12 个题项:"工作中,我的同事们相互支持和协助""工作中,我的同事们乐意分享彼此的方法和技术""我的同事们经常就工作中的问题进行交流和探讨""当我有新创意时,我的同事们会积极发表意见""我的主管尊重和容忍下属提异议""我的主管鼓励下属提案以改善生产或服务""我的主管会支持与帮助下属实现工作上的创意""我的主管是一个很好的创新典范""组织倡导进行新的尝试,通过错误来不断学习""组织认可创新和进取的员工""组织通常会奖励员工创新行为""组织提倡自由开放与创新变革"。各题项均采用李克特5级量表进行测量。经检验,上述12个题项KMO值为0.927,球形度检验P值为0.000。主成分因子分析结果表明可以提取出3个因子,特征根值均大于1,这3个因子经旋转后的方差解释率分别为30.282%、24.325%和18.294%,旋转后累积方差解释率为72.901%。受访者对创新氛围的评价为12道题目得分加总的平均值(Cronbach's α=0.941)。

2. 目标取向

本研究采用了范德维尔(Vande Walle)设计的专门针对企业员工的目标取向量表[17],涵盖学习目标取向、绩效证明取向和绩效回避取向三个维度,包括12个题项:"我会选择有更多学习机会的挑战性任务""我经常寻找机会来开发新的技能和知识""我喜欢能学到新技能的有挑战性的工作任务""我认为发展工作能力很重要,愿为此承担风险""我喜欢表现出比同事更好地完成工作""我想知道怎样才能在工作中证明自己""对于同事知道我工作得很出色,我感到高兴""我喜欢从事可以向他人证明能力的工作""我尽量回避有可能显得自身能力不足的新任务""在我看来,避免显得能力不足比学习新技能更加重要""我很担心接到可能会暴露我能力不足的新任务""在工作中我尽量回避可能使我表现不好的情形"。各题项均采用李克特5级量表进行测量。经检验,上述12个题项KMO值为0.912,球形度检验P值为0.000。主成分因子分析结果表明可以提取出3个因子,特征根值均大于1,这3个因子经旋转后的方差解释率分别为 29.281％、26.825％和24.379％,旋转后累积方差解释率为 80.485％。受访者对目标取向的评价为12 道题目得分加总的平均值(Cronbach's α＝0.902)。

3. 组织承诺

本研究采用盖玉妍在梅耶(Meyer)等人设计的三维组织承诺量表基础上修改之后的量表[18],涵盖情感承诺和连续承诺两个维度,包括 12 个题项:"我非常乐意在这家单位一直待下去""我非常乐意与圈外的人讨论这份工作的优点""我强烈感受到组织的问题就是我的问题""我感受到自己是组织的一分子""我感受到我对组织有特别情感""组织让我有归属感""即使找不到另外的工作,现在离职也没什么大不了""如果马上离职,我的生活将会陷入困境""现在与这家单位断绝关系尽管有必要,但很困难""不管愿不愿意,目前我都得留住这份工作""我留在这家单位,因为很难找到更好的工作""我留在这家单位的原因是其他单位并不能提供我现在的待遇"。各题项均采用李克特 5 级量表进行测量。经检验,上述 12 个题项KMO 值为 0.961,球形度检验 P 值为 0.000。主成分因子分析结果表明可以提取出 2 个因子,特征根值均大于 1,这 2 个因子经旋转后的方差解释率分别为 39.827％和35.576％,旋转后累积方差解释率为 75.403％。受访者对组织承诺的评价为 12道题目得分加总的平均值(Cronbach's α＝0.935)。

4. 新闻从业者创新行为

本研究采用了斯科特(Scott)和布鲁斯(Bruce)设计的员工创新行为的单维度量表[19],并结合新闻从业者创新情境进行了修改,包括 6 个题项:"在工作中,我会主动应用新的技术、流程及方法""我经常会产生有创意的点子或想法""我经常与同事、领导沟通并分享自己的新想法""为了实现新想法,我会想办法争取所需要的资源""为了实现新想法,我会积极地制订合适的计划和规划""整体而言,我是一个有创新性和创造性的人"。各题项均采用李克特5级量表进行测量。经检验,上述6个题项 KMO 值为 0.945,球形度检验 P 值为 0.000。主成分因子分析结果表明可以提取出1个因子,特征根值为 4.472,旋转后的方差解释率为 72.816%。受访者对新闻从业者创新行为的评价为6道题目得分加总的平均值(Cronbach's α=0.931)。

三、实证分析

(一)描述性统计

本文采用 SPSS 19.0 软件对 181 份新生代新闻从业者样本数据进行描述性统计(见表1)。同事支持、主管支持和组织支持的均值均大于3.8,表明新生代新闻从业者对组织创新氛围的评价处于中等偏上水平。学习目标导向和绩效证明导向的均值大于3.8,而绩效回避导向的均值小于3,表明新生代从业者的目标导向存在差异,更倾向于学习新技能和证明自身能力,害怕失败而不想"出圈"的比例没那么高。情感承诺和连续承诺的均值大于3.5,表明新生代新闻从业者的组织承诺处于中等以上水平。创新行为的均值为3.76,表明新生代新闻从业者对自身创新能力的评价较高。

表 1　变量的描述性统计

变量	均值	标准差	方差
同事支持	3.87	0.79	0.62
主管支持	3.85	0.84	0.70
组织支持	3.88	0.81	0.66
学习目标导向	3.92	0.79	0.63
绩效证明导向	3.86	0.83	0.69

（续表）

变量	均值	标准差	方差
绩效回避导向	2.99	1.01	1.03
情感承诺	3.73	0.87	0.76
连续承诺	3.53	0.93	0.87
新生代新闻从业者创新行为	3.76	0.84	0.70

（二）相关性分析

为验证各变量的相关性，本文对新生代新闻从业者创新行为与创新氛围、目标导向和组织承诺变量各维度进行皮尔逊（Person）相关性分析，得出的相关系数和显著性水平如表2所示。根据表中数据可知，各变量维度与创新行为的相关关系均为正数，且在0.05水平上呈现显著性，表明各变量维度与创新行为之间具有显著的正相关关系。

（三）线性回归分析

为了验证研究假设，分析新生代新闻从业者创新行为的影响因素，本文进行回归分析，得出的结果如表3所示。逐步回归的结果显示，模型的调整R^2为0.756，说明回归模型拟合效果较好。各变量的VIF值均小于10，说明变量之间不存在严重的多重共线性。

模型验证了同事支持、组织支持和情感承诺对新生代新闻从业者创新行为的影响。数据显示，同事支持的回归系数是0.563，组织支持的回归系数是0.163，情感承诺的回归系数是0.239，且达到并超过0.05的显著性水平。这表明，当新生代新闻从业者感受到了更多来自身边同事的支持、获得了更多来自组织资源的支持和对组织有了更多归属感，自身的创新行为就会增加。

模型剔除了主管支持、目标导向、连续承诺等变量维度，表明这些因素对新生代新闻从业者创新行为没有显著影响。

表 2　各变量 Person 相关性分析结果

	同事支持	主管支持	组织支持	学习目标导向	绩效证明导向	绩效回避导向	情感承诺	连续承诺	创新行为
同事支持	1								
主管支持	0.859**	1							
组织支持	0.844**	0.832**	1						
学习目标导向	0.820**	0.798**	0.762**	1					
绩效证明导向	0.808**	0.849**	0.801**	0.838**	1				
绩效回避导向	0.329**	0.297**	0.329**	0.338**	0.374**	1			
情感承诺	0.725**	0.787**	0.743**	0.770**	0.800**	0.295**	1		
连续承诺	0.558**	0.611**	0.585**	0.538**	0.646**	0.446**	0.765**	1	
创新行为	0.848**	0.798**	0.787**	0.771**	0.777**	0.258**	0.763**	0.562**	1

注：** 代表 0.05 水平的显著性。

表3 新生代新闻从业者创新行为影响因素逐步回归结果

变量	非标准化系数	标准系数	t 值	Sig.	VIF	调整 R^2
常数	0.059					
同事支持	0.563	0.528	6.836	0.000	3.993	
情感承诺	0.239	0.247	3.994	0.000	2.560	
组织支持	0.163	0.157	2.080	0.039	3.831	
总模型						0.756

本文也采用逐步回归的方法分析了非新生代新闻从业者创新行为的影响因素,结果如表4所示。模型的调整 R^2 为0.751,说明回归模型拟合效果较好。各变量的 VIF 值均小于10,说明变量之间不存在严重的多重共线性。模型验证了学习目标导向、主管支持和连续承诺对非新生代从业者创新行为的显著正向影响,剔除了同事支持、组织支持、绩效证明导向与绩效回避导向的影响。可以看出,新生代与非新生代新闻从业者创新行为的影响因素明显不同。

表4 非新生代新闻从业者创新行为影响因素逐步回归结果

变量	非标准化系数	标准系数	t 值	Sig.	VIF	调整 R^2
常数	0.030					
学习目标导向	0.441	0.429	2.893	0.006	3.719	
主管支持	0.368	0.371	2.458	0.019	3.851	
连续承诺	0.179	0.201	2.341	0.024	1.239	
总模型						0.751

（四）交互作用分析

本研究采用 Univariate Analysis of Variance 方法进行交互作用检验。我们将创新氛围的三个维度(同事支持、主管支持、组织支持)分别与目标取向的三个维度(学习目标导向、绩效证明取向、绩效回避取向)和组织承诺的两个维度(情感承诺、连续承诺)对新生代创新行为的影响进行交互作用分析,结果发现,主管支持与绩效证明取向的交互作用显著($F=2.417$,sig$=0.001$),主管支持与绩效回避取向的交互作用显著($F=1.699$,sig$=0.017$),主管支持与连续承诺的交互作用显著($F=1.864$,sig$=0.007$),其余的交互作用均不显著。

四、研究结论

本文以新生代新闻从业者创新行为为研究对象,通过实证研究方法探究了创新氛围、目标导向和组织承诺对新生代新闻从业者创新行为的影响,并就这些因素对新生代与非新生代新闻从业者创新行为中的影响效应进行了比较,得出以下结论:

1. 同事支持与组织支持对新生代新闻从业者创新行为具有显著的正向影响,同事支持的作用尤为突出,但主管支持没有显著影响,即假设1a、1c成立,假设1b不成立。创新氛围对新生代新闻从业者创新行为的影响中,同事支持与组织支持的作用显著,同事支持的回归系数为0.563,组织支持的回归系数是0.163,主管支持的作用不显著。

2. 目标导向对新生代新闻从业者创新行为没有显著影响,假设2(2a、2b、2c)不成立。目标导向对新生代新闻从业者创新行为的影响中,学习目标导向、绩效证明导向和绩效回避导向的作用都不显著。

3. 情感承诺对新生代新闻从业者创新行为具有显著的正向影响,连续承诺没有显著影响,即假设3a成立,3b不成立。组织承诺对新生代新闻从业者创新行为的影响中,情感承诺的作用显著,回归系数为0.239,连续承诺的作用不显著。

4. 学习目标导向、主管支持和连续承诺对非新生代新闻从业者创新行为有显著的正向影响，这些因素与新生代新闻从业者创新行为的影响因素（同事支持、组织支持和情感承诺）存在明显不同，因此 RQ1 的回答为"是"。

5. 主管支持分别与绩效证明取向、绩效回避取向、连续承诺的交互作用对新生代新闻从业者创新行为的影响显著，其他维度之间的交互作用不显著，即假设 4 部分成立，假设 5 部分成立。

五、建议

基于以上结论，本文就主流媒体的人才管理提出几点具体建议：

其一，主流媒体机构应积极建立跨部门、跨团队的创新队伍，让传统的采、写、编、评、摄等人才与新兴的技术、设计、营销等人才进行交流互动，发挥多学科背景的优势，将内容与多元新闻场景对接，实现数字化技术与新闻的深度融合创新。主流媒体机构也要适当地开展一些员工分享会、创新公开课等活动，为有创新构想和有意愿合作的员工提供沟通机会，也为创新构想进一步落实为创新行动提供意见参考。

其二，主流媒体机构应营造宽松和谐的组织氛围，提供有利于创新的一切资源和条件。鼓励创新、宽容失败，让新生代新闻从业者放下戒备和后顾之忧，大胆探索新闻实践的新样态新模式。部门间和部门内部的关系要和谐团结，不因一己之利伤害他人或其他部门的正常利益。主流媒体机构也要积极争取来自政府的优惠政策、社会力量的合作，为有创新想法的新生代新闻从业者提供政策、资金、技术和营销等方面的强大资源支撑。

其三,主流媒体机构应树立良好的组织形象,成为员工的精神家园。主流媒体机构不应仅仅是新生代新闻从业者的工作单位,还应是具备社会责任感和使命感的文化企业。主流媒体机构应在内部和外部不断提升自身的品牌形象,成为大众心目中的著名新闻品牌和员工最满意的雇主品牌。人人皆有麦克风的今天,新生代新闻从业者的职业荣誉感意识更要引起重视,主流媒体机构作为员工精神家园的作用更需明晰和落实。

新生代新闻从业者肩负媒体融合深化创新的重任。以往的研究多从宏观视角总结新闻从业者在媒体融合创新中的关键作用,从微观视角探讨新闻从业者创新行为的研究较为薄弱,而新生代新闻从业者创新行为的相关研究更为缺乏。本研究借鉴员工创新行为理论,从组织环境因素(创新氛围)和个体因素(目标取向、组织承诺)等方面对新生代新闻从业者创新行为影响因素进行实证研究,拓展了媒体融合创新研究的经验取向,深化了新生代新闻从业者作为新闻创新竞争潜在力量的认识。

六、研究不足与未来研究

本研究也存在以下不足有待改进:首先,本研究的样本属于配额(非随机)抽样,因此研究结论对于整体新生代新闻从业者创新行为的解释效度不足,有待通过随机抽样的方式进行弥补;其次,研究结论表明新生代与非新生代新闻从业者影响因素存在明显不同,但这种差异的原因解释有待通过深度访谈等质性研究方法的加入;最后,本研究从交互视角分析新生代新闻从业者创新行为的影响因素,发现了一些有价值的结论,未来可继续加强中介效应、调节效应分析以扩展新闻从业者创新行为的影响机制研究。

注释

[1] 黄楚新:《开启"十四五"媒体融合发展新征程》,《人民论坛》2020年第36期。

[2] 颜爱民、胡仁泽、徐婷:《新生代员工感知的高绩效工作系统与工作幸福感关系研究》,《管理学报》2016年第4期。

[3] 刘云、石金涛:《组织创新气氛与激励偏好对员工创新行为的交互效应研究》,《管理世界》2009年第10期。

[4] 白红义:《从技术创新到新闻创新:重塑新闻业的探索性框架》,《南京社会科学》2016年第10期。

[5] 王辰瑶:《新闻创新:不确定性的救赎》,2016年5月5日,来源:http://news. cssn. cn/zx/bwyc /201605/t20160505 _ 2995913. shtml,2016年5月5日。

[6] 王兴、张辉、徐红罡:《酒店员工工作价值观对工作投入和满意度的影响——代际差异的调节作用》,《旅游学刊》2017年第12期。

[7] 董开栋:《主流媒体"创新创业者":概念、特征及管理体制初探》,《新传播》2019年第3期。

[8] 刘云、石金涛:《组织创新气氛与激励偏好对员工创新行为的交互效应研究》,《管理世界》2009年第10期。

[9] 顾远东、彭纪生:《组织创新气氛对员工创新行为的影响:创新自我效能感的中介作用》,《南开管理评论》2010年第1期。

[10] 王雁飞、朱瑜:《组织创新气氛的研究进展与展望》,《心理科学进展》2006年第1期。

[11] Dweck C. S. & Leggett E. L. (1988). A Social-Cognitive Approach to Motivation and Personality. *Psychological Review*. 95(2).

[12] Vande W. D., Brown S. P., Cron W. L., et al. (1999). The Influence of Goal Orientation and Self-Regulation Tactics on Sale Performance: A Longitudinal Field Test. *Journal of Applied Psychological*. 2(12).

[13] 王艳子、罗瑾涟:《目标取向对员工创新行为的影响研究——基于知识共享的中介效应》,《科学学与科学技术管理》2011年第5期。

[14] 韩翼、杨百寅、张鹏程:《组织承诺会导致创新:目标定向的调节作用》,《科学学研究》2011 年第 1 期。

[15] 周倩:《人力资源管理实践、组织承诺与员工创新行为的关系研究》,浙江师范大学硕士学位论文,2017 年。

[16] 刘云、石金涛:《组织创新气氛与激励偏好对员工创新行为的交互效应研究》,《管理世界》2009 年第 10 期。

[17] Vande W D. (1997). Development and Validation of a Work Domain Goal Orientation Instrument. *Educational and Psychological Measurement*. 6(12).

[18] 盖玉妍:《酒店关怀型伦理氛围对员工组织承诺的影响机制研究》,南开大学博士学位论文,2013 年。

[19] Scott S. G. & Bruce R. A. (1994). Determinants of Innovative Behavior: A Path Model of Individual Innovation in the Workplace. *Academy of Management Journal*. 3(6).

Innovation Atmosphere Support and Emotional Identification: Research on the Influencing Factors of the Innovative Behavior of the New Generation of Journalists

DONG Kaidong

Abstract: The key to public opinion work in the new era lies in media integration and innovation, and the strength of the new generation of journalists can't be ignored. In order to study the influencing factors of the innovative behavior of the new generation of journalists, 362 journalists were selected for empirical analysis. The results show that colleague support, organizational support and emotional commitment have a significant positive impact on the innovative behavior of the new generation of journalists, while supervisor support, goal orientation and continuous commitment have no significant impact, while the influencing factors of the innovative behavior of the new generation and non-new generation of journalists are significantly different. The interaction of supervisor support with performance proof orientation, performance avoidance orientation and continuous commitment has a significant impact on the innovation behavior of the new generation of journalists. Based on the above conclusions, this paper puts forward specific suggestions in order to have a positive impact on media convergence innovation.

Key words: Journalists; Innovative Behavior; Media Convergence

角色偏差与赋能：数字新闻时代的人工智能与记者

胡晓娟　耿祎晴　崔可欣

　　摘　要　记者的行动模式与内容书写逻辑在数字新闻时代面临新的变化。本研究通过对22位记者的深度访谈，意欲探讨身处数字新闻时代，作为新闻行动者和主体的记者如何认知与定位自己的角色，以纠正偏差，重新赋能。研究发现，人工智能对记者的工作岗位、专业素养、身份定位造成了多维冲击，把关人角色弱化，中立者角色消解，记者角色亟待转型。记者理想中对职业角色的憧憬，一方面注重榜样的力量，另一方面特别强调职业责任与伦理，但现实中依然会面临角色分化、角色错位、角色冲突、角色越位、角色异化等问题。数字新闻时代的记者角色定位重在转换思维，做好转型，成为真正的事实求证者、意见引领者和深度解读者。

　　关键词　记者角色　人工智能　数字新闻　角色偏差

　　在数字新闻研究的核心议题中，研究者普遍关注新闻从业

　　作者简介　胡晓娟，女，大连理工大学人文与社会科学学部讲师，硕士生导师，文学博士。研究方向：新闻职业群体。电子邮箱：xiaojuan@dlut.edu.cn。耿祎晴，女，大连理工大学人文与社会科学学部硕士研究生。崔可欣，女，大连理工大学人文与社会科学学部硕士研究生。
　　基金项目　国家社科基金青年项目"人工智能时代记者的角色定位与价值重构研究"（编号：18CXW008）

者的变化,特别是外界技术对记者的影响[1]。丁方舟和韦路的研究发现了社会化媒体使用程度与记者角色认知之间的关联,微博使用程度越高的人越认同"倡导公正"这一职业角色[2]。周睿鸣等通过深度访谈,探究新闻从业者的数字化转型,将新闻共同体的特质提炼为"液态的连接"[3]。通过对转型期新闻从业者职业权威的研究,唐铮发现,新闻从业者"独立"的身份被新的生产机制所改变,他们更加希望建立起清晰的职业身份[4]。

记者的行动模式与内容书写逻辑在数字新闻时代面临新的变化,特别是在当前不确定、不平衡和不平等的新闻实践语境下,对记者的角色认同和职业规范的讨论较多[5]。本文通过对 22 位记者的深度访谈,意欲探讨身处数字新闻时代,面临人工智能等前沿技术的冲击,作为新闻行动者的记者如何认知自己的职业角色,实现新闻创新与角色转型。

总体上看,被访者所从业的媒体类型涵盖报纸、广播、电视、新媒体,媒体级别既有中央媒体也有地方媒体,报道领域比较广泛。岗位类型统一划分为记者和编辑两大类。其中,既有资深从业者,也有进入新闻领域的新人,从业年限跨度 1—35 年。样本的多样性为研究提供了不同的视角。受访者信息按照接受访谈的时间顺序排列,统一编号如下(见表 1)。

表 1　受访者信息一览表

编号	媒体级别	岗位
JC01	省级媒体	编辑
LYH02	中央媒体	编辑
ZY03	中央媒体	编辑
LH04	省级媒体	编辑
ZYF05	中央媒体	记者

（续表）

编号	媒体级别	岗位
LS06	市级媒体	主播
LWY07	中央媒体	记者
ZJW08	门户网站	编辑
FJ09	门户网站	记者
YF10	中央媒体	主编
WMH11	市级媒体	记者
LY12	省级媒体	记者
GL13	中央媒体	编辑
LSY14	中央媒体	记者
DY15	中央媒体	编辑
CLH16	省级媒体	记者
ZXR17	门户网站	编辑
ZJW18	中央媒体	编辑
CYN19	中央媒体	编辑
ZXW20	中央媒体	编辑
TYT21	中央媒体	编辑
DQ22	杂志媒体	编辑

一、文献综述

（一）职业角色

职业角色与职业认同、职业意识相联系，马亚宁认为新闻从业者对自己的角色的看法与认同，是了解新闻职业意识发展状况的重要依据[6]。

对于新闻从业者职业角色的研究最早开始于 20 世纪 60 年代，科恩（Cohen）注意到观察者、参与者或催化剂是媒体在报道外交政策时经常扮演的角色[7]。邓恩(Dunn)将记者角色划分为政府的翻译与解释者、政策制定的参与者、中立的信息传递者、大众的代表[8]。

到了 20 世纪 70 年代,关于新闻从业者对职业角色认知的实证研究开始出现,约翰斯通(Johnstone)、斯拉夫斯基(Slawski)、鲍曼(Bowman)通过对全美新闻工作者的调查,将其划分为中立和参与两大类,并设计出职业角色认知测量量表[9]。韦弗(Weaver)和维尔霍特(Wilhoit)先后做的两次调查中,以解释者、传播者和对立者建立媒介角色认知系统的不同维度[10]。乔纳森(Hassid Jonathan)将中国记者区分为四种理想类型:党的从业者、倡导式从业者、美国式从业者、普通记者[11]。

国内对职业角色的研究中,姜红和於渊渊在社会空间、职业空间、职业角色三个层面观照四位新闻名记者的职业认同与身份认同的变化[12]。李金铨曾区分 20 世纪中国记者的三种职业角色:儒家模式、毛泽东模式和市场化模式[13]。陆晔和潘忠党则根据中国新闻改革的话语场域梳理了不同记者类型的传统,分别是知识分子型记者、喉舌型记者和独立型记者[14]。陈阳按照宣传者、参与者、营利者和观察者的划分,梳理了当下中国记者职业角色的变迁轨迹[15]。

此外,还有学者的研究发现了职业角色的回归趋势以及代际差异。陈力丹、江陵发现记者的社会角色认知虽然经历了巨大的变化,却开始逐渐回归新闻记者职业本身[16]。陈颂清等发现对于职业观念的应然状态和实际状态,角色认可度由高到低顺序不同,体现出当代中国新闻从业者复杂的角色认同结构[17]。

新闻从业者如何扮演职业角色,很大程度上表现为他在新闻实践中怎样实现自身对角色的期望。而对于自我认同的理解,又会深刻影响到如何扮演记者的职业角色。

（二）人工智能与记者角色

人工智能涉及信息科学、认知学、计算机、心理学等多学科，在传媒领域的应用，使得新闻生产步入"智媒"时代。

新技术对新闻业的冲击，传媒变局的"不确定性"，新闻从业者的迷茫与困惑，如何寻找和确定方向，激发了学界和业界的丰富言说。一大批业余新闻从业者，草根记者，尤其是机器人"记者"，正在成为传播的"新行动者"。

这是一个"液态"的新闻业，一方面，新闻从业者的身份正在液化，不同情境下，同一个主体具备生产新闻、接受新闻、消费新闻的多重角色并相互转换；另一方面，也带来新闻职业共同体的"液化"[18]。

人工智能技术引入新闻业，变革了生产关系，使新闻生产格局发生了巨大变化，为新闻传播领域注入新的活力，提升了新闻生产和传播的速度、精准度、个性化，同时也对记者形成了不小的冲击。因而有人担忧人工智能在新闻业中的应用所带来的威胁，尤其引发了人类记者能否被代替的隐忧。

有研究认为写作机器人的出现会导致记者岗位需求的下降，记者的信心减弱，带来岗位、性别比例和年龄比例的调整[19]。金观涛在认识论层面审视人工智能的实质，认为人工智能领域的一大误区是简单地把生物的本能等同于人类智能[20]。AI在社会和精神维度的能力还谈不上，在物质维度仅限于执行工作，在理性思维维度，不能提出问题，无法延伸算法，难以基于不完全信息进行推理[21]。

人工智能的算法推荐具有工具理性，目的至上，却忽略了价值理性中的尊严、意识、美等信念层面[22]。技术被当成获取利益的主要方式，其作为生产力的纯洁性悄然消逝。此外，算法设计中对利益的倾向直接影响自动化新闻生产的科学性和透明度[23]。

"机器人记者"更多适用于金融、体育等报道领域,无法完成评论、深度报道题材。新闻属于精神产品,最重要的是创新性,这是记者不能被人工智能取代的根本原因[24]。

在探索记者如何融入智能化生产的问题上,有研究认为要处理生产与运营、技术理性与新闻价值、专业范式与传媒生态这三对关系[25]。

二、人工智能对记者的挑战

(一) 记者职业工作的改变

1. 工作岗位的让位

机器人新闻几乎能够全天 24 小时工作运转,且获取新闻数据时间短、速度快,节省人力物力,记者不必到达新闻现场,通过对数据库的采集,即可获取采访信息,尤其是突发性新闻、灾难性新闻这种以时效取胜的新闻,在完成新闻写作的同时,还能最大限度地保证记者的人身安全。机器人新闻写作代替记者采写分发,一些岗位甚至被取而代之,在未来的新闻业格局中,新闻从业者不得不让位于效率更高能的机器人新闻。

2. 专业素养的冲击

人工智能的嵌入颠覆了传统的新闻生产流程,对传统的记者产生了不同层次的影响,无法适应新技术的初级记者意味着被专业岗位淘汰。从以往新闻生产模式 PGC+UGC,到 Web 3.0 的新阶段,AAC、PGC、UGC 的"三足鼎立";从记者主动寻找新闻热点,以新闻生产中核心地位的姿态告诉人们"写什么",到人工智能抓取网络热点关键词,告诉记者应该"写什么",这种从现场获取信息到记者只需轻点鼠标即可获取采访内容的方式的转变,将记者最引以为豪的能力进一步弱化,无疑是对记者的一种打击。除了自动化常规报道以外,人工智能技术目前还转变了报道的呈现方式,短视频报道、AI 合成主播,AR、VR 沉浸式新闻,进一步提升了记者的门槛。新闻报道已经不再依赖于记者传统的现场信息采集能力,而是更多依赖于记者的智能技术或者经验。

3. 身份地位的改变

传统的新闻生产模式中,记者处于"核心"的地位,策、采、编、发,新闻的每一环节该怎么做是由记者自身所决定的。而智能化新闻生产模式中,记者更像是智能机器的操纵者,新闻工作者不再是传统意义上的记者或编辑,设置程序或者编写代码,让机器依靠数据等智能算法自发完成,记者从"前台"的工作重心逐渐转移到"后台",身份从"内容生产者"逐渐转变到了"后台程序员"。

(二)记者角色定位的冲击

1. "无冕之王"地位被颠覆,"把关人"角色弱化

传统媒体时代,新闻记者具有"无冕之王"的地位,牢牢掌握基于信息把控所带来的话语权和影响力。而新媒体和人工智能技术的出现,让数字时代的受众可以通过各种平台和渠道,随时随地接收信息,甚至可以通过可穿戴的设备身临其境地感受新闻发生的现场。所有人对所有人的传播,使得传统媒体和记者以往积累起来的优势不再。不仅如此,智能化的信息传播机制能快速实现用户与信息的精准匹配,每个个体和算法都可能充当一个把关人,数据算法、语义与图像识别、知识图谱技术成为网络新闻的分发人与把关人,机器 AI 则可以帮助筛选和处理信息,传统记者、编辑面临的工作更为繁杂并且更具挑战性。传统媒体时代下的"把关人"角色在新媒体时代逐渐被弱化,人工记者编辑与人工智能技术的结合将会成为未来新闻传播内容把关的主要形态。

2. 机械性工作面临全面取代,记者"中立者"角色被消解

人工智能技术是媒体生态重塑的重要推手,在简单采写编方面,大部分记者都面临着被机械重复性更高的人工智能取代的风险。此外,不仅功能性的地位受到影响,记者在专业中的角色也面临动摇的风险。新闻专业主义要求记者做客观公正的报道,推崇中立者的角色,不偏不倚。而相比之下,公民新闻会有鲜明的情感表达和清晰的人设立场,带来强烈的剧情冲击与感染力。人工智能也会将事件发展变化及真相层层推进,排除人类情感因素的干扰,呈现效果上更为中立、客观。而对于专业新闻生产中的"中立者"角色所带来的情感冷漠,更多人所持的是一种诘责、批判的态度[26]。由此,记者"中立者"角色逐渐被消解。

3. 技术优势加持新闻采写,记者角色亟待转型

机器人新闻写作,无论在效率还是准确性上都具有一定的优势。而且人工智能技术也在不断精进,拟人化发展趋势正在不断克服机械而缺乏创造性的诟病。新闻记者的"意见领袖"和"议程设置者"的角色不断弱化[27]。因此,未来机器人参与到新闻生产的角色分工中,专注于数据新闻领域,而新闻记者则向有灵感、有创意、有深度、有温度的知识产品、智力产品领域发力。充当参与者与新型把关人角色,专注于后续的核实、润色与提升[28]。

三、数字新闻时代记者的角色定位

(一)职业角色的理想丰富且坚定

对于记者角色认知的研究,需要深入了解其心理,才能更好地理解、还原他们的真实想法以及认知状态。

对记者应该是什么,有很多不同的看法。结构功能主义者

说其是"航船瞭望者"，承担社会有机体的一种功能，对社会"平衡"负责；在符号互动论者眼中，记者更主要是文化工作者，他们使用着社会共同拥有的符号，并且在传播当中，不断创造新的语词、符号、概念体系等，促进社会的进步；对社会交换论者来说，记者和社会上其他一切职业一样，新闻工作只是多种选择中，最大化自己的利益的最优抉择……

但受访者普遍表达了对于这种职业的角色预期与情怀。对于记者的角色预期，一方面是客观常态下的一个普通缩影。在这样的一个前提之下，记者仅仅是一个职业而已，传递信息（ZYF05）。记者其实没什么特殊的，做好一个事件的忠实记录者（CLH16）。

JC01认为记者的职业角色，一是敬业的新闻劳动者，二是专业的舆论建设者。按照体制内、体制外的角度可以将中国媒体及从业者分为两种形象。一种是老一辈的体制内记者，比如《人民日报》和新华社的老一辈记者；另一种就是体制外的记者，普遍得到认可的形象是老《南方周末》的一批人。这也是两类不一样的理想的记者形象（FJ09）。

另一方面的角色预期，则是在理想召唤下的有所作为。即对记者一直有一种理想化的坚持，最主要的职责是"铁肩担道义"（FJ09）。的确，不管世事如何变化，新闻业仍然是大海航行中的灯塔（ZXW20）。记者应该了解受众需求，笔下有是非曲直（GL13）。记者应该是社会的观察家、监督员、减压阀，通过客观真实的报道反映出社会的方方面面，进而引发大众的关注，影响人们的决策，促进问题的解决（ZXR17）。记者还应该是社会的监督者、瞭望者，为国家、民族和社会的命运负责，能够用理想主义支持自己的工作（LWY07）。DY15更是直接用"书生报国一支笔"来诠释完美的新闻人形象，他们应该推动社会进步，热爱民主自由。

CYN19 认为以"为天地立心，为生民立命，为往圣继绝学，为万世开太平"，也就是传统意义上"士"的使命、抱负与精神，来形容他眼中的记者再恰当不过了。LSY14 认为，记者的底线应该是不说假话，该说真话时必须说真话的人，不"犬儒"也不能"愤青"，做一个温和、睿智、从容，能推动社会进程的人。

在 TYT21 看来，记者还是要事无巨细都能承担。首先，记者应该是"人"，而非一个写稿机器。也只有作为一个人，才会有记者所担负的社会责任感。其次，记者应该是独立的。人格独立，避免个人崇拜，避免成为金钱、权力的附庸。再次，记者应该是有道德、有责任感的。铁肩担道义，妙手著文章，这个同样适用于记者。最后，记者应该是博学的、能写好文章的。

无论角色认知的现状如何，在记者的内心构思和价值期待中，都会保存对于职业角色的理想和期待。

（二）角色定位的现实困惑与偏差

对于新闻业和记者应该是什么的回答，呈现出记者的理想认同期许。然而在现实中，是否都能做到理想中的期待呢？

有的人可以信誓旦旦地回答，做到了理想中的期待，他们无论在任何情况下都可以守住底线，从未写过有违基本新闻准则的稿件（LYH02）。他们在新闻业务上能独当一面，在管理上也毫不逊色，能得到别人的认同（LH04）。他们基本算是做到了，体现在所写报道的类型、影响力和报酬上（DQ22）。LWY07 坦言，虽然自己只经历了纸媒兴盛的晚期，却曾经用报道推动过社会进步，也在社会上引起过轰动。

然而，大部分的人仍然遗憾地宣称，并没有做到理想中的期待，或者只是部分实现了理想，还在摸索中。

1. 角色分化

从传统媒体步入数字新闻时代之后，全民记者冲击着记者的传统地位和角色定位，某种程度上来说，记者的角色很难划定为职业的抑或是公民的,角色定位出现了分化现象,此时专业优势显得尤为重要。LY12认为自己离理想中的从业人员还有差距。具体表现在经济、法律、生物、政治等多个方面的专业知识,还要不断学习补充。LSY14也坦言,自己的新闻敏感度和文字表达水平不够。CLH16认为,记者也是一个要磨炼专业技能的职业,从文本来说,要提高的还有很多。

在媒介深度融合的今天,原来媒体与新闻记者在新闻传播活动中的垄断权被消解得非常严重,记者对信息把关的权威性、专业新闻记者的身份和形象也不再处于核心地位。CYN19的工作理想是在既有的岗位上,成为某一领域的专家。TYT21回顾了自己的两个工作经历——交通行业记者编辑、财经类记者编辑,伤感于离期待还是很远的。

2. 角色错位

数字新闻时代下的新闻报道与信息传播是十分复杂的,导致许多新闻记者在实际工作中极易出现角色定位上的失误。ZJW08认为,大部分的人或许不是从小立志做记者,却在这个行业内慢慢发现和感受到新闻的重要性与情趣。很多受访者从专业能力和素质角度,反思了现实与理想的差距。ZYF05认为达到理想中的状态,必须对某一个行业和领域的事情很精通,要具备迅速判断真伪的能力。

有些新闻记者在采访时,与受访对象交谈中会出现言语不尊重或居高临下的审问态度,导致受访者过于害怕而不敢说出事情真相,过于紧张而无法准确客观地表达自己的观点,这会严重影响新闻采访的真实性、客观性,同时也会降低新闻报道的效果。此外,有些记者在采访时会出现情绪失控、过于融入现场气氛的现象,无法以旁观者、中立者的身份进行客观的报道,或是无法根据报道背景、实际报道情况对题材进行适当调整,同样会影响新闻报道效果。

3. 角色冲突

在新闻记者成为一种社会公认的职业之后,各种信息传播活动才得以规范化运转,传播媒介的功能才会最大限度地发挥。新闻记者扮演着双重社会角色:既是社会中的普通个体,同时又是一个特殊的职业群体,肩负着新闻传播的职能。从实际角度考量,记者还是多元社会角色的扮演者,既是众多社会成员中的个体,又是市场经济的参与者,同时也是职业的新闻工作者,这就存在着各种角色权利、义务、行为、认知等方面的协调问题。如果三种角色难以调和,就容易引发角色冲突,这也是记者角色认知偏差的重要表现。

"事业单位,企业化管理"使得新闻从业者在市场经济浪潮中备受掣肘,除了政治的诉求以外,还有经济的诉求和新闻专业主义的诉求,以及社会不同群体的种种期待。这其中,有现实因素制约的无奈。ZXW20认为,一些想报道的内容没能呈现,可能漏掉一些新闻,同时许多网络和社会热点因种种原因没有报道。ZXR17指出,现在的新闻报道受环境因素影响很大,离客观真实地呈现社会面貌的要求还差得很远。新闻媒介正处在一个众多社会利益博弈的过程之中。处于社会转型期的中国,各种社会角色和社会关系亟待重建,社会对记者角色的认知还没有达成共识,不免加重记者的角色冲突。虽然部分从业者很坚定自身的理想,也知道如何能够达到,却并非易事。

4. 角色越位

记者"角色越位"包含态度、言语、行为等方面的介入、干涉与越位,充当了不该充当的角色。"媒介审判"凌驾于司法之上,干预和影响司法的进程,就是非常典型的记者"角色越位"和新闻媒体"职能越位"现象,究其根本,在于记者角色定位认知的偏差,当然这也与社会公众对于记者的角色期待有很大关系。DY15透露只有在做舆论监督的时候,达成理想的感觉才会特别强烈。

WMH11从具体的报道内容和领域加以区分，第一种是专门从事调查性报道，揭黑记者，这是记者应该做的，也是有成就感的事情。另一种是做有温度的记者，传递正能量。在社会公众对于记者角色定位的期望中出现了一些偏差，公众认为新闻记者应该是"包青天"，记者是正义、公道的主持者和评判者，他们希望记者并不仅仅要真实、准确、客观地报道事实真相，还应该去干预新闻事件进程并去直接解决问题，这实际上是社会公众对记者角色定位的误读。

5. 角色异化

新闻记者的"角色异化"是指记者逐渐脱离了社会对其职业角色的约束和规范。随着传媒产业化进程的加快，媒体行业市场化运作不断成熟，很多新闻媒体加快了自身商业化的步伐，激烈的媒体行业竞争之下，为了自身生存和发展的需要，出现了商业经济利益与新闻专业主义之争（ZJW08）。他们或许是科班出身，痴迷于新闻专业主义，做过许多力所能及的调查性报道，但是仍觉得只达成了一半的理想，未来正面临着怎样让自己的能力和在新闻界的影响力提升的最大瓶颈（FJ09）。还有的人，囿于媒体性质、节目定位、专业能力等方面的问题，加之存在的诸多现实原因和限制，离理想状态还有一定差距。

尤其是新媒体时代，多元价值观对主流意识形态的冲击、碎片化传播对新闻价值的侵蚀、娱乐化消费对社会认同的消解，使得新闻记者面临角色认知偏差与转换之痛。ZY03从事新闻行业接近35年，她认为自己还在朝着理想不断努力，还在路上。因为一个媒体人在院校时所有的想法都是很单纯很理想化的，随着从事媒体工作的不断深入与变化，对于媒体的认知和媒体的职责认识也在不断变化。新闻监督权在这种环境下往往容易被"异化"，原本新闻媒介的"社会公器"却沦为个人牟取私利的私人工具,严重损害了新闻的客观性、真实性乃至新闻自由。

总之,记者的理想中对于职业角色是有憧憬和预期的,对角色的认知中,一方面注重榜样的力量,另一方面特别强调职业责任与伦理。希望能够尽可能地独立于政治、经济、文化之外,从人性角度做新闻,当好社会的瞭望者、观察家、监督员和减压阀。

现实中,存在着职业角色与社会角色的冲突和调和,社会角色认知经历了巨大变化之后开始出现回归新闻记者职业本身的趋势,记者更倾向于将职业角色定位为传播者和推动者,而非营利者或宣传者。这就是一种混合式职业认同,记者如何扮演职业角色,很大程度上表现为他在新闻实践中怎样实现自身对角色的期望。而对于自我认同的理解,又会深刻影响到如何扮演记者的职业角色。职业记者常常面对作为一个"社会人"与代表其所在媒体的"媒体人"双重身份的矛盾所带来的尴尬,只能选择适当地扩大自己的价值体系中与媒介价值观重合的那一部分。

路虽远,行则将至;事虽难,做则必成。虽然很多人表示理想中的新闻从业状态并没有完全做到,但至少从未放弃过努力。在理想的召唤下,对于记者角色的预期更符合"铁肩担道义"。

四、数字新闻时代记者角色的重新赋能

（一）记者角色定位转变的趋势

1. 由信息的采集者到事实的求证者

现如今,信息的采集和发布已不单单是记者的专属特权,但"人人皆传播"往往对信息缺少辨别分析,新闻的真实性和可

靠性存在极大风险。因此,在这种情况下新闻记者就要发挥专业优势,对信息进行甄别和求证,把握住职业宗旨,发挥事实求证者的作用。

新闻记者不仅是社会舆论的喉舌,更是公众所聚焦问题的搜集者与传播者,是时事新闻的求证者。新媒体时代的到来打破了传统媒体把持舆论导向的局面,督促记者使用灵敏的嗅觉去发现隐藏在新闻事件背后的真相。基于新闻记者的使命与责任,持续跟进民生热点,从中找出更多有价值的观点,消除误解、破除谣言、正确引导舆论。

2. 由信息的传播者到意见的引领者

注意力经济时代,求新求快,海量的信息在转载和再传播过程中难免会出现新闻失实现象。作为社会舆论的引导者,记者的媒介素养更为重要,要杜绝盲目转载,识别和筛选有价值的新闻信息,帮助公众了解真相,及时阻止虚假信息的传播,维护社会团结稳定。同时,记者也要对网络上的负面情绪、群体极化状况予以疏导,营造积极健康的网络舆论环境,面对不同利益群体的意见交锋与多元诉求,更应做好新闻意见和舆论走向的引导者。在当下的数字化时代,信息传播的真实与质量,舆论引导的及时与有效,仍是记者的重要责任,要做好新闻意见的引领者,在碎片化、非理性、话语狂欢的包围中,重建新闻价值。

3. 由单纯的宣传者到深度的解读者

现如今,媒体和记者面对的压力越来越大,"公民记者"和"公民新闻"的出现,使得媒体和记者与公民争夺新闻时效、抢独家新闻越来越困难。身处开放、多元、共享的信息时代,媒体和新闻记者不再是信息的唯一提供者、传播者,反而媒介体制外有影响力的草根意见领袖越来越占据传播优势。此外,媒介技术的介入,也使得新闻生产与制作变得更为快销与便利,容易忽略深度信息的挖掘。

受众面对多元化的信息,变得非常挑剔,需求逐渐增多且变化莫测。在传统媒体时代,受众主要关注事实本身,即发生了什么事情,但现在人们还关注为什么和怎么样,新闻事件的前因后果,相关评价和态度都纳入受众的考量之中。然而,越是信息纷繁复杂,对于受众来说,高质量且具有深度的新闻产品越是具有强大的吸引力。新闻记者承载着记录时代发展的重任,要把好新闻传播关,避免过度娱乐化、商业化,以此彰显出主流新闻媒体的价值、责任与品质。深刻领悟新闻传播规律与信息生产要求,从信息产品的深度出发,创新视角,在内涵与厚度上下功夫,才能更好地满足受众需求,获得长远发展。

(二)记者角色定位的创新

1. 认知:转换思维

首先,数字新闻时代记者应在角色树立中认清人机关系。实际上,人机交互式新闻就本质而言是一种技术媒介对社会的参与,不同主体之间是相对独立又彼此联系的,但其核心关系仍然是人与人之间的关系,记者依然是新闻生产全过程的核心主体。

不仅如此,在人机协同的过程中,记者的角色定位不再是集采写编于一身的传统型记者,要更多地通过"人+机器"、机器帮人、不断更迭的大数据闭环去提高和利用人工智能技术,使自身的角色和能力更加顺应时代的发展,进而实现工具理性与价值理性的互通共融。

其次,随着社会和时代的发展,记者这一职业更多地成为集社会担当、专业能力、职业素养、时代需求等多层面于一身的角色。记者应坚守其在新闻中的人文主义精神,以马克思主义新闻观为指导方向,践行新时代的新闻舆论主张。将自身角色逐渐向挖掘事实真相、开展深度协作、提高人文情怀等方面转换。

最后,人工智能在新闻伦理道德和人文环境等方面表现出来的局限,成为记者解构和重构自身价值及职业素养的新切入点。

2. 实践:做好转型

未来的新闻记者将不再是独立的个人。在人机协同的模式下,新闻的制作更多地依靠一个综合性的团队,需要发挥群体智慧。例如,人工智能程序先完成初步的数据挖掘与整合,新闻记者进行调整与修改,加入个性化与主观性分析,融合新闻伦理、社会道德、意识形态、文化观念等。专业新闻采编团队致力于新闻业的小众化、精英化发展态势[29]。

首先,在创造力和价值把控方面,由大众化的传统意见领袖向小众、精英化的意见领袖过渡,注重新闻生产深度性和情感性,增强深度挖掘真相的能力,着力构造人工智能技术无法取代的价值链,与技术合力打造高质量、高技术含量的新闻作品。

其次,与人工智能相比,记者最大的优势就是能独立思考,能够理解和感悟数据、信息背后的真相或因果关系,能够以他人的立场、角度感悟事实的意义和当事人的情绪,进而最大限度地避免新闻在观念上的偏颇,避免理性思考的缺位。对记者而言,要善于运用自身的优势,不断加强对新闻内容的理解阐释,进而彰显记者独有的价值理念和思维方式。尤其面对一些灾难事件的报道,人工智能技术虽然在信息和数据的抓取分析方面更具优势,但怎样报道、选取什么角度、力度尺度的把握,更多地在考验记者作为人在理性和感性交织中的选择,这种主观和情感上的思维方式是机器所无法比拟的。

最后,社会的快速发展使新闻传播活动不仅仅是简单信息的传播,更加成为对社会知识的一个重构过程,涉及越来越多的领域和综合性内容。在这样的时代要求下,需要记者将以往采集信息简单报道的职能不断丰富拓展,坚守作为知识生产者的使命,努力提升自己的人文素养,展开有追求有信念的新闻创作。

五、结语

人工智能的浸入并不代表技术动摇了记者在人机交互中的核心地位。人机交互新闻并不会因为对技术的依赖而降低人的地位,相反,会更加凸显"人"的主体地位和指导作用。记者的角色定位一方面应顺应人工智能时代的变化,为新的新闻传播生态重新赋能;另一方面也应始终恪守作为记者本身所必需的人文精神和专业价值,纠正角色偏差。在这场磨合当中,技术并非洪水猛兽,不能也不会取代记者在新闻活动中的价值,相反,应利用技术的优势重构自身的价值,进而找到更加高效高质的角色定位,为未来规模化、专业化、高质量的新闻生产打下坚实基础。数字新闻时代记者的角色转型可以为职业认同、行业变革以及新传媒生态的向好发展提供新的方向。

注释

[1] 白红义、张恬、李拓:《中国数字新闻研究的议题、理论与方法》,《新闻与写作》2021 年第 1 期。

[2] 丁方舟、韦路:《社会化媒体时代中国新闻从业者的认知转变与职业转型》,《国际新闻界》2015 年第 10 期。

[3] 周睿鸣、徐煜、李先知:《液态的连接:理解职业共同体——对百余位中国新从业者的深度访谈》,《新闻与传播研究》2018 年第 7 期。

[4] 唐铮:《能动的在场:融合背景下的职业权威性——对近百位中国媒体从业者的深度访谈》,《国际新闻界》2019 年第 6 期。

[5] 常江:《身份重塑:数字时代的新闻从业者职业认同》,《编辑之友》2019 年第 4 期。

[6] 马亚宁:《美国新闻从业者专业角色观念考察——从 20 世纪 70

年代至 90 年代》,《新闻大学》2004 年第 4 期。

[7] Cohen A. P. (2001). *The Symbolic Construction of Community*. London: Taylor & Francise-Library, p. 115.

[8] 潘忠党、陈韬文:《从媒体范例评价看中国大陆新闻改革中的范式转换》,《新闻学研究》2004 年第 78 期。

[9] Johnstone W. C., Slawski E. J., Bowman W. W. (1976). *The News People—A Sociological Portrait of American Journalists and The Work*. Chicago: University of Illinois Press, p. 116.

[10] Weaver D. H. & Wilhoit G. C. (1986). *The American Journalist—A Portrait of U.S News People and Their Work*. Bloomington: Indiana University Press, p. 112.

[11] Jonathan H. (2011). Four Models of the Fourth Estate: A Typology of Contemporary Chinese Journalists. *The China Quarterly*. 208.

[12] 姜红、於渊渊:《从"名士"到"报人":近代中国新闻人职业身份认同的承续与折变》,《新闻与传播评论》2010 年第 1 期。

[13] 杨冰柯:《评李金铨〈超越西方霸权〉》,《新闻研究导刊》2015 年第 4 期。

[14] 陆晔、潘忠党:《成名的想象:中国社会转型过程中新闻从业者的专业主义话语建构》,《新闻学研究》2002 年第 4 期。

[15] 陈阳:《当下中国记者职业角色的变迁轨迹——宣传者、参与者、营利者和观察者》,《国际新闻界》2006 年第 12 期。

[16] 陈力丹、江陵:《改革开放 30 年来记者角色认知的变迁》,《当代传播》2008 年第 6 期。

[17] 陈颂清、夏俊、柳成荫:《全国新闻从业人员现状分析——以"60后"、"70 后"、"80 后"的代际比较为视角》,《新闻大学》2014 年第 4 期。

[18] 陆晔、周睿鸣:《"液态"的新闻业:新传播形态与新闻专业主义再思考》,《新闻与传播研究》2016 年第 7 期。

[19] 匡文波:《记者会被机器人取代吗》,《新闻与写作》2017 年第 9 期。

[20] 金观涛:《反思"人工智能革命"》,《文化纵横》2017 年第 4 期。

［21］王彦雨：《学界关于"超级 AI"的论争及其实现的可能路径》，《未来与发展》2017 年第 8 期。

［22］陈昌凤、石泽：《技术与价值的理性交往：人工智能时代信息传播》，《新闻战线》2017 年第 9 期。

［23］许向东、郭萌萌：《智媒时代的新闻生产：自动化新闻的实践与思考》，《国际新闻界》2017 年第 5 期。

［24］文远竹：《智能传播的伦理问题：失范现象、伦理主体及其规制》，《中国编辑》2021 年第 9 期。

［25］熊国荣、李贤秀：《"机器人记者"对新闻记者就业的冲击及应对》，《编辑之友》2016 年第 11 期。

［26］赵国宁：《新媒体环境下记者角色转型》，《新闻研究导刊》2015 年第 6 期。

［27］傅一晟：《人工智能视阈下记者角色的嬗变与升级》，《新闻传播》2020 年第 11 期。

［28］张治中、倪梅：《"新闻机器人"与记者角色转型》，《中国社会科学报》2018 年 3 月 8 日(第 3 版)。

［29］赵熙敏、任志明：《人工智能时代新闻记者的能力挑战与价值重塑》，《传媒》2021 年第 5 期。

Role Bias and Empowerment: AI and Journalists in the Age of Digital Journalism

HU Xiaojuan, GENG Yiqing, CUI Kexin

Abstract: Journalists' action mode and content writing logic are facing new changes in the digital news era. Through in-depth interviews with 22 journalists, this study aims to explore how journalists, as news actors and subjects, recognize and position their roles in the digital news era, so as to correct deviations and re-empower them. It is found that artificial intelligence has caused multi-dimensional impact on journalists' work position, professional quality and identity positioning. The role of gatekeeper is weakened, the role of neutral person is eliminated, and the role of journalist is in urgent need of transformation. In the ideal vision of the professional role of journalists, on the one hand, the power of example is emphasized, and on the other hand, professional responsibility and ethics are especially emphasized. However, in reality, there are still some problems such as role differentiation, role dislocation, role conflict, role offside and role alienation. In the era of digital news, the role of journalists lies in changing their thinking, making a good transformation, and becoming a true fact-seeker, opinion leader and in-depth reader.

Key words: The Role of Journalists; Artificial Intelligence; Digital News; Role Deviation

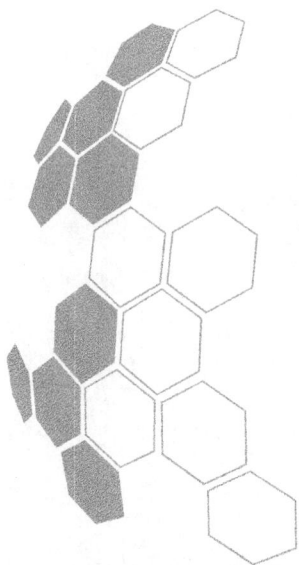

传媒企业研究

区块链技术应用对文化传媒
上市公司效率的影响
——基于 DEA 和协整检验分析

孙骊超

摘　要　本文以我国 A 股区块链指数中的文化传媒上市公司为样本,运用 DEA 效率评价和协整检验方法,分析不同区域内区块链技术应用对于文化传媒上市公司产业效率的影响。研究发现:区块链技术应用对文化传媒上市公司有着一定程度的长期影响。经济资源、科研实力、人力资源的客观差距会导致不同区域的文化传媒公司显示出不同的关联影响状态。京津、珠三角、长三角东部沿海发达地区的区块链技术生产效率相较于其他地区在资产规模、人力资源、资本水平、技术研发实力等方面关联度更高,生产效率更具备优势。因此,通过不断提高企业资产规模、人力资源水平、资本水平和技术研发实力,提升文化传媒公司应用区块链技术效率,最终将使区块链技术深度融入文化产业,为文化产业发展开辟新的道路。

关键词　文化传媒公司　区块链　DEA　协整检验

一、引言

文化传媒产业是我国的朝阳产业,区块链作为新时代的革

作者简介　孙骊超,男,南京财经大学讲师。研究方向:文化产业经济。电子邮箱:czsunlichao@163.com。

新性技术正向文化领域拓展与延伸,迅速变革着产业经济发展结构。区块链技术和文化创意的融合将构成新型产业发展的强大推动力。习近平总书记在 2019 年 10 月 24 日主持中共中央政治局集体学习时强调"要把区块链作为核心技术自主创新的重要突破口,加快推动区块链技术和产业创新发展"。区块链技术应用对我国文化产业发展的重大意义在于可有力地推进文化传媒公司加速发展,推动我国产业经济结构的加速转型。而深入剖析区块链应用与文化传媒产业的融合机制原理,有助于我们充分利用技术变革为文化传媒产业发展所带来的新机遇。

区块链技术能够为文化传媒产业活动参与者建立安全高效的数字文化内容版权认证环境,为数字文化作品平台版权交易和作品增值服务提供有效保证。区块链技术作为不同节点下运行的分布式加密公共账本,其独有的加密程序使产品在所有数据块上都能加载唯一的加密时间戳,用于发布全网,确保了文化传媒作品的真实性、原创性。

同时区块链技术由于去中心化、加密化、可溯源等特点,具有集体维护、不可篡改性等技术优势,授权操作可以规定数字文化作品的适用范围和使用场景,一旦数字文化作品的归属权在区块链系统上被授权确认,该作品的传播全程都可纳入追踪智能化的数字版权流通生态、价值流通体系和版权保护机制;这简化了文化产品从创作到流通的中间流程,降低了文化传媒产品的交易、流通成本,同时有效解决了困扰文化传媒行业的作品版权保护难题。通过对文化活动全部参与主体的信息公开,精准溯源,能够建立起文化活动各个参与主体相互之间公开透明的信用约束机制。

由此,近年来在新闻、广告、艺术、影音、动漫游戏等众多文化领域中,区块链技术应用不断涌现,推动着区块链技术在文化传媒产业的应用布局、创新。区块链的应用为文化传媒领域塑造拓展了诸多新型业态，也推动了数字文化产品内容 IP 价值最大化。

综上所述，区块链技术对于促进文化传媒产业的发展，提高文化传媒公司生产、运营效率有十分重要的意义。因此，本文针对区块链技术应用对不同经济区域的文化传媒公司生产效率的影响进行协整关系研究，比较各经济区域的区块链技术生产效率结果，验证区块链技术应用对各地区文化传媒公司长期协整关系的影响，并提出建议。

二、文献回顾

关于文化传媒产业 DEA 指标模型的研究文献，研究的层次主要包括微观文化传媒公司、中观省市文化产业以及宏观全国范围内文化产业效率研究三个不同层面。

在微观文化传媒公司研究方面，刘璐采用因子分析方法建立 DEA 指标模型，测算 2012 年文化传媒产业上市公司的效率，研究显示各子行业间的效率差异明显，通过业务的跨界整合，可以实现公司资源的再配置，提高生产与规模效率。其中文章选取了固定资产净值、总股本、主营业务成本、期间费用、应付职工薪酬作为输入指标，营业总收入、利润总额、营业利润、净利润作为产出指标。采用 DEA 分析方法，由多个输入、输出指标来综合反映上市公司经营绩效[1]。虽然刘璐的研究在 DEA 模型中采用了 5 个输入指标与 2 个输出指标，但研究数据只采用了 2012 年的横截面数据，并不能较全面地反映所研究公司的效率水平的动态变化趋势。

与刘璐的研究有所区别，在刘璐研究的横截面数据模型基础上，郭淑芬等通过建立 Malmquist 指数模型，研究 2011—

2012 年文化传媒产业上市公司的绩效。郭淑芬等分别选取 2 个输入与 2 个输出指标，输入指标为主营业务成本和总资产，体现了企业的资源配置和运用情况，输出指标为主营业务收入和净利润，反映了企业总体的盈利水平，体现公司的生产效率及管理水平。该研究结果表明，技术进步率降低促使了公司平均全要素生产率下降；文化传媒产业上市公司技术效率提升达到 8.3%[2]。但该研究应用的仍然是 2011—2012 年的短面板数据，其变动虽然反映公司的成长趋势，然而输入与输出指标总数相对较少，对其动态研究结果会产生相应误差。因此，针对刘璐、郭淑芬等研究中样本数据统计跨度短的问题，为弥补研究数据数量上的不足，本文还需要尽可能增加研究数据年份长度，选取 4 个年份以上长度的数据，使文章结论更具可靠性。

此外，在微观研究层面，李葳和李丹对文化传媒公司的 DEA 指标模型研究，创造性地应用了科技创新效率指标。李葳和李丹运用 DEA 方法，对我国 30 家文化传媒类上市公司的科技创新效率进行实证研究分析。该研究选用的输入指标包括企业人力资源投入资金、科技资源研发资金，输出指标包括主营产品年产值和关联产品年收入。通过构建 CCR 模型，他们将文化传媒类上市公司综合效率具体分解为纯技术效率和规模效率，较全面地反映了文化传媒类企业的科技创新效率差异，对不同企业间的科技创新效率进行了比较[3]。李葳和李丹在研究模型中的输入指标设置虽然更为具体，包括企业人力资源资本、科技资源研发资金两个层面，但总体输入指标设置数量同样偏少，且在输出指标上对技术创新效率的反映并不充分。而本文将参照李葳和李丹的相关研究方法，创造性地将科研资金纳入模型研究，并进一步补充文化传媒公司资产规模、公司研发支出、公司营业成本、公司员工人数指标，纳入区块链技术生产效率输入指标，更全面地反映文化传媒公司在人力、资金及相关资源上对区块链技术项目的应用与配置；并且为提升输出指标的关联性，在公司营业收入基础上，加入区块链相关项目专利申请数量指标，考量区块链技术的生产效益和经济收益，在指标设置中更加突出反映区块链技术应用与文化传媒产业效率水平的关联性。

在中观研究层面，侯艳红通过建立 DEA 和 EVA 模型，从中观方面实证研究分析了天津市文化产业产出效果不佳的原因，并提出了相关建议，研究针对中观层次的文化产业 DEA 绩效评价模型的输入指标，选用了从业人员数量、资产总值、固定资产投资总额，输出指标包括产业增加值、产业总产出、上缴利税。同样，该研究由多个输入、输出指标来综合反映天津市的文化产业绩效[4]。研究比较综合地反映了天津市文化产业在人力、资金及相关资源上的配置。相较于郭淑芬等的研究，文章选取的多个指标使得该研究在分析模型基础上更具有准确性与全面性。

在宏观研究层面上，张桂玲使用三阶段 DEA 分析方法对我国的 31 个省市、自治区的文化传媒产业投、融资效率进行实证研究分析。文章选用的输入指标包括：文化产业从业人数、资产总额、固定资产总额、所有者权益总额、负债总额。而文化产业输出指标包括：文化产业营业总收入、增加值、利润总额、净利润额。其中，从业人员数量作为人力投入，资产总额作为投资输入指标，负债总额与所有者权益总额衡量文化产业融资效率。输出指标包括产业增加值和利润总额。指标选取整体反映了产业产出的主要因素，即人力、物力、财力三方面[5]。与张桂玲的研究有所不同，郑世林和葛珺沂则应用了跨期面板数据，通过 DEA-Malmquist 模型研究了我国文化产业区域发展水平不平衡，东、西部地区之间差距较大的现状。该研究认为中西部地区文化产业体制和管理的落后，使得文化产业效率处于低效状态,要弥平地区文化产业效率的差距,应加大中西部地区文化体制改革力度[6]。各地区在人力、资金及相关资源上存在差距,因此,在参考张桂玲、郑世林和葛珺沂研究的基础上,本文有必要针对研究区域进行划分,并对各个区域的指标模型进行协整检验,验证区块链技术应用对各地区文化传媒公司的长期影响的不同程度,确保所得研究结论更为有效。

从上述文献可以看出,关于文化传媒产业 DEA 绩效评价及影响因素的研究目前已有完善的成果。数据包络分析法则是目前研究文献中使用较广泛的对企业效率指标的衡量方法,通过选用多个公司输入输出指标,才能更为有效地描述公司生产效率状况。因此,本文将采用数据包络分析方法,针对区块链技术应用对于文化传媒企业绩效及影响因素进行指标量化、分析。由于目前区块链技术发展还处于起步阶段,专门涉及区块链技术对于文化传媒企业效率影响的模型研究仍有待探索,本文将针对区块链技术对文化传媒企业绩效影响的相关方面研究作出相应补充。

三、模型设计与验证

本研究应用 DEA 模型,对我国文化传媒公司的生产效率进行衡量,检验区块链技术应用对文化传媒公司生产效率的长期影响,验证文化传媒公司协整关系结果关联于不同地理区位、科研水平、资金规模的水平,并用协整分析方法对各经济区域的公司区块链技术生产效率的长期动态均衡关系进行指标关联分析。

需要说明的是,由于区块链技术在文化传媒产业的应用当前还处于初步阶段,未来技术演化方向不确定性大;因此本研究着力于区块链技术应用对文化传媒公司效率水平的影响,在模型测算时重点验证文化传媒公司生产效率各个变量之间的协整关系，而不强调检验各变量间方程关系。同时由于数据包络分析只需要假定计量的输入单元指标能够关联到输出单元指标，两者之间存在关联关系，不需要确定地显示表达式。因此，考虑研究数据的完备性，对文中数据指标之间侧重于关联关系检验，不构建具体的数值公式。

1. DEA 分析方法

数据包络分析（DEA）是一种通过线性规划构造前沿面的非参数方法，适用于多输入、多输出的效率评价，其理论产生于法瑞尔（Farrell）的研究，认为技术效率体现了一定时期内企业能够实现的最大产出能力[7]。查莫斯（Charmes）、库珀（Cooper）在此研究基础上假设规模报酬不变（CRS），提出 DEA 模型；之后凯福斯（Caves）、法尔（Fare）等对 DEA 进行了更深入的研究，建立了规模报酬可变（VRS）以及 Malmquist 模型[8]。

而查莫斯和库珀提出"相对效率"概念，并提出了根据多指标投入和产出对相同类型的单位进行相对有效性或效益评价的一种系统分析方法。根据 DEA 中评价决策单元技术和规模综合效率的 C2R 模型，被评价的独立的决策单元（DMU），每个单元均有固定 m 个输入和 p 个输出，根据相关数据包络模型，每个决策单元的效率评价指数可以定义为：

$$h_i = \frac{\sum_{r=1}^{p} u_r y_{rj}}{\sum_{i=1}^{m} v_i x_{ij}} (j=1,2,\cdots,n)$$

第 j_0 个决策单元的相对效率优化评价模型为：

$$\max h_{j0} = \frac{\sum_{r=1}^{p} u_r y_{ri0}}{\sum_{i=1}^{m} v_i x_{ij0}}$$

$$s.t \begin{cases} \dfrac{\sum\limits_{r=1}^{p} u_r y_{rj}}{v_i x_{ij}} (j=1,2,\cdots,n) \\ v_i, v_r \geqslant 0 (i=1,2,\cdots,m; r=1,2,\cdots,p) \end{cases}$$

以上 x_{ij}、y_{rj} 为已知量，v_i、u_r 为变量。其模型意义是指以权系数 v_i、u_r 为变量，以全部决策单元的效率指标 h_j 为约束，以第 j_0 个决策单元的效率指标为对象，相对于其他决策单元，进行检验第 j_0 个决策单元的效率指标是否有效。

2. 指标选取及数据来源

通过应用数据包络分析方法对区块链技术生产效率的影响进行测算。输入指标包括公司资产规模、公司研发支出、公司营业成本、公司员工人数，输出指标包括公司区块链相关技术项目专利申请数和公司营业收入（见表1）。

表1 文化传媒公司区块链技术生产效率评价指标

输入指标	输出指标
公司资产规模(亿元) 公司研发支出(亿元) 公司营业成本(亿元) 公司员工人数(百人)	区块链相关项目专利申请数(个) 公司营业收入(亿元)

接下来从 2021 年东方财富归纳的沪深 A 股中区块链成分指数中选取相关文化传媒类上市公司作为本文研究对象，由于区块链技术的相关应用集中出现在 2016 年以后，考虑到研究的有效性，因此本文研究数据的时间区间设置为 2017 年到 2020 年。同时在去除 ST 公司和 2017 年后才上市的公司之后，筛选得到 30 家文化传媒公司作为本文模型分析样本。选取的 30 家文化传媒上市公司中的 24 家主要分布在京津、长三角、珠三角东部沿海发达地区，另外其他 6 家公司则主要分布在中西部等地区。

然后再从 WIND 数据库上选取以上文化传媒公司的相关

财务数据,并从国家知识产权局网站统计、整理各个公司年度的区块链项目专利项目数量,最后统一整理得到 2017—2020 年区块链指数中所选取的文化传媒上市公司的相应评价指标,构建出包括时期、横截面和变量三维信息的相关面板数据 DEA 模型。

3. DEA 生产效率测度结果

通过使用 DEAP 软件并采用 VRS 规模收益可变的 DEA 模型测度文化传媒公司技术生产效率,最后得到测算结果(见表2)。

表 2 各区域文化传媒公司技术生产效率 DEA 结果一览表

经济区域	公司名称	DEA 得分	有效单位数	平均值	标准差
京津地区	二六三	0.821			
	华扬联众	0.833			
	人民网	0.826			
	蓝色光标	0.753			
	新华网	0.995			
	昆仑万维	1	5	0.915182	0.0944
	创业黑马	1			
	中文在线	1			
	数码视讯	0.839			
	视觉中国	1			
	天音控股	1			
长三角地区	金科文化	1			
	苏宁易购	0.973			
	利欧股份	1			
	美盛文化	1	4	0.94025	0.0747
	浙数文化	1			
	金桥信息	0.882			
	天玑科技	0.873			
	联络互动	0.794			

(续表)

经济区域	公司名称	DEA 得分	有效单位数	平均值	标准差
珠三角地区	美盈森	1	4	0.9994	0.0012
	劲嘉股份	1			
	中青宝	1			
	方直科技	0.997			
	省广集团	1			
其他地区	辉煌科技	1	2	0.776333	0.16243
	新华文轩	1			
	吉宏股份	0.623			
	美亚柏科	0.658			
	普联软件	0.74			
	浙文互联	0.637			

由表 2 可以看出,2017—2020 年,京津地区 11 家文化传媒上市公司中,有 5 家公司的技术生产效率值为 1,说明 5 家公司达到了 DEA 有效。6 家公司得分小于 1,为非 DEA 有效。

长三角地区的 8 家文化传媒上市公司中,有 4 家公司的技术生产效率为 1,即 DEA 有效,同时,4 家公司得分小于 1,即非 DEA 有效。

珠三角地区 5 家文化传媒上市公司中,有 4 家公司的技术生产效率为 1,DEA 有效,仅 1 家公司得分小于 1,即非 DEA 有效。

其他地区家 6 家文化传媒上市公司中,有 2 家公司的技术生产效率为 1,DEA 有效,另外 4 家公司得分均小于 1,即非 DEA 有效。

在以上四个经济区域的检验结果中,按有效单位比例划分,珠三角地区有效样本比例最高,其次是京津和长三角地区,最低的是其他地区。区块链技术生产效率珠三角地区优于京津、长三角地区,而后两者则优于其他经济地区。珠三角地区的文化传媒公司区块链技术生产效率达到了各个区域最高水平,在表 2 中结果显示,珠三角地区的 5 个文化传媒公司中有 4 个是绝对有效的,DEA 平均得分达到 0.9994,标准差仅为 0.0012,体现着该地区的区块链技术生产效率的优势地位。

京津地区的文化传媒公司区块链技术生产效率达到较高水平,DEA 平均得分达到 0.915182。标准差为 0.0944,该地区样本结果离散程度较小。

长三角地区的文化传媒公司区块链技术生产效率达到较高水平,DEA 平均得分达到 0.94025。平均得分低于珠三角地区,但略高于京津地区,标准差为 0.0747,该地区样本结果同样整体离散程度较小。

而在其他地区有效样本比例偏低,相较于以上 3 个地区,在其他经济地区的文化传媒公司区块链技术生产效率 DEA 平均得分仅为 0.776333,标准差为 0.16243。除了出现 2 个有效单位之外,其他公司的 DEA 得分都低于 0.75,且标准差偏高,说明该样本的总体区块链技术生产效率水平不高且各公司之间差距较大,该地区样本结果离散程度较大,样本中高效率层和低效率层呈现两极分化。并且通过观察相应的生产方式分析,该样本中效率单位高可能是资源配置较少所导致。

总体来说,其他地区样本中效率得分有效比例明显低于珠三角、京津、长三角地区,区块链技术生产效率并不理想;样本中各公司需优化资源配置,整体的生产效率有待提高。可见,在我国其他经济区域,尤其是经济欠发达的中西部地区的文化传媒公司中,区块链的技术生产效率还存在较大的提升空间。同时,表 2 结果也显示出我国主要经济区域中最为发达的东部沿海地区,无论是公司数量、总体资产规模还是人力资源素质、技术科研水平,相较于其他地区均处于优势地位。因此珠三角、京津、长三角地区的 DEA 得分均较高,样本内部各公司差异也较小,上述地区资源配置方式整体均衡,技术生产效率也相对更高。

4. 协整检验变量选取

1987 年恩格尔(Engle)和格兰杰(Granger)提出协整概念,为描述检验两个或多个序列之间的长期均衡关系。本文对区块链技术应用对文化传媒公司效率的影响进行分析,通过建立多个变量的协整关系进行检验,所以采用 Engle-Granger 协整检验法对序列间关系进行检验。

为了通过协整检验来分析区块链技术应用对于文化传媒公司的生产效率的影响,前文中经过测算,已得出 2017 年至 2020 年间技术生产效率。本文接下来在协整检验中将该技术生产效率确定为被解释变量(Y),并且分别选择解释变量为文化传媒公司资产规模(X1)、文化传媒公司研发费用支出(X2)、文化传媒公司营业成本(X3)和文化传媒公司员工人数(X4),从资产规模、专业技术资金、运营发展水平、人力资源四个方面反映文化传媒公司技术效率的量化指标。

5. 协整检验

在协整检验前需要首先进行单位根平稳性检验,确定所检验序列为同阶单整,从而防止伪回归现象,以满足协整检验假设条件。在协整检验过程中,本文仍按前述经济区域划分,分别对京津、长三角、珠三角及其他地区进行地区间的比较实证检验。

(1)京津地区

对各个变量进行单位根检验后,表 3 结果显示京津地区文化传媒公司区块链技术生产效率(Y)与各个变量不满足同阶单整,再通过对各个变量同时进行一阶差分,DY 与 DX1、DX2、DX3、DX4 经检验均为同阶单整,因此可进行协整检验。

表 3　京津地区序列平稳性检验

京津地区	ADF		PP		LLC		是否平稳
	统计量	P 值	统计量	P 值	统计量	P 值	
Y	30.5755	0.0611	33.4393	0.0302	−14.6123	0.0000	否
X1	21.4286	0.4944	23.514	0.3732	−3.24868	0.0006	否
X2	39.7077	0.0117	44.222	0.0033	−6.7275	0.0000	是
X3	40.4936	0.0095	48.1176	0.001	−23.9265	0.0000	是
X4	36.595	0.0262	46.1773	0.0019	−2.00071	0.0227	是
DY	71.228	0.0000	71.228	0.0000	−16.1722	0.0000	是
DX1	45.7647	0.0021	45.9358	0.002	−7.00362	0.0000	是
DX2	53.7669	0.0002	53.9399	0.0002	−42.0002	0.0000	是
DX3	64.4177	0.0000	64.0218	0.0000	−19.7168	0.0000	是
DX4	53.8132	0.0001	56.9633	0.0000	−7.26322	0.0000	是

根据单位根检验结果,可以对京津地区文化传媒公司区块链技术生产效率(Y)和公司资产规模(X1)、公司研发支出(X2)、公司营业成本(X3)、公司员工人数(X4)是否存在长期稳定关系进行协整检验。原假设为相互之间不存在协整关系,根据表 4,Panel - PP 以及 Panel - ADF 的值均小于 0.0005,因此拒绝原假设,证明被解释变量 Y 与各个变量间存在长期均衡关系。

表 4　京津地区协整检验结果

京津地区	PANEL - PP		PANEL - ADF		是否协整
	统计量	P 值	统计量	P 值	
Y - X1	−3.46688	0.0003	−3.46688	0.0003	是
Y - X2	−5.57697	0.0000	−5.57697	0.0000	是
Y - X3	−4.21746	0.0000	−4.21746	0.0000	是
Y - X4	−2.66186	0.0039	−2.66186	0.0039	是

（2）长三角地区

对各个变量进行单位根检验后，表5结果显示长三角地区的文化传媒公司区块链技术生产效率（Y）与各个变量不满足同阶单整。再对各个变量同时进行一阶差分，经检验 DY 与 DX3、DX4 均为同阶单整，可进行协整检验。而 DY 与 DX1、DX2 不符合同阶单整，因此不满足协整检验前提。

表5　长三角地区序列平稳性检验

长三角地区	ADF		PP		LLC		是否平稳
	统计量	P 值	统计量	P 值	统计量	P 值	
Y	15.6462	0.3355	16.7849	0.2678	−5.76044	0.0000	否
X1	14.8618	0.5348	22.5019	0.1277	2.28898	0.989	否
X2	11.8356	0.7552	17.6108	0.3472	−2.98412	0.0014	否
X3	23.0752	0.1117	37.5531	0.0018	−4.83918	0.0000	否
X4	17.2741	0.3681	25.7374	0.0578	−0.13287	0.4471	否
DY	49.8519	0.0000	48.9485	0.0000	−10.4121	0.0000	是
DX1	22.8434	0.118	23.7781	0.0945	26.4644	1	否
DX2	23.617	0.0982	23.2846	0.1063	−2.80544	0.0025	否
DX3	36.9619	0.0021	42.7816	0.0003	−2.68372	0.0036	是
DX4	32.2586	0.0093	33.9276	0.0056	−0.64537	0.2593	是

长三角地区协整检验结果（见表6），显示长三角地区文化传媒公司区块链技术生产效率（Y）与公司营业成本（X3）、公司员工人数（X4）之间存在长期均衡关系。

表6　长三角地区协整检验结果

长三角地区	PANEL - PP		PANEL - ADF		是否协整
	统计量	P 值	统计量	P 值	
Y - X3	−6.30283	0.0000	−6.31879	0.0000	是
Y - X4	−4.14464	0.0000	−4.16048	0.0000	是

（3）珠三角地区

对各个变量进行单位根检验后，表7结果显示珠三角地区文化传媒公司区块链技术生产效率（Y）和公司资产规模（X1）、公司研发支出（X2）为同阶单整，而公司营业成本（X3）、公司员工人数（X4）结果则不符合同阶单整条件，因此对Y和X3、X4进行一阶差分，后再进行ADF检验，DY与DX3、DX4符合同阶单整，因此Y与X1、X2、X3、X4均满足协整检验前提假设。

表7 珠三角地区序列平稳性检验

珠三角地区	ADF		PP		LLC		是否平稳
	统计量	P值	统计量	P值	统计量	P值	
Y	15.6581	0.1098	15.6581	0.1098	−8.28238	0.0000	是
X1	20.7554	0.0229	27.554	0.0021	−21.5668	0.0000	是
X2	23.5867	0.0088	30.9987	0.0006	−17.8959	0.0000	是
X3	7.89839	0.6388	7.80304	0.6481	0.61366	0.7303	否
X4	10.7372	0.3784	16.2204	0.0935	−4.15659		否
DY	42.694	0.0000	42.694	0.0000	−12.3191	0.0000	是
DX1	26.4295	0.0032	27.3009	0.0023	−13.5759	0.0000	是
DX2	34.7726	0.0001	34.559	0.0001	−21.4682	0.0000	是
DX3	24.0562	0.0075	23.8282	0.0081	−1.44912	0.0737	是
DX4	18.5276	0.0467	18.2791	0.050	−4.3441	0.0000	是

根据表8，Panel-PP以及Panel-ADF的值均等于0.0000，因此拒绝原假设，证明被解释变量珠三角地区文化传媒公司区块链技术生产效率（Y）和公司资产规模（X1）、公司研发支（X2）、公司营业成本（X3）、公司员工人数（X4）存在长期稳定关系。

表 8　珠三角地区协整检验结果

珠三角地区	PANEL - PP		PANEL - ADF		是否协整
	统计量	P 值	统计量	P 值	
Y - X1	-4.75546	0.0000	-4.75546	0.0000	是
Y - X2	-5.43319	0.0000	-5.43319	0.0000	是
Y - X3	-6.66906	0.0000	-6.83912	0.0000	是
Y - X4	-4.34435	0.0000	-4.34435	0.0000	是

（4）其他地区

对各个变量进行单位根检验后，表 9 结果显示其他地区文化传媒公司区块链技术生产效率（Y）与各个变量不满足同阶单整，再通过对各个变量同时进行一阶差分后，经检验 DY 仅仅与 DX1 为同阶单整，可进行协整检验。而 DY 与 DX2、DX3、DX4 均不符合同阶单整，因此不满足协整检验前提。

表 9　其他地区序列平稳性检验

其他地区	ADF		PP		LLC		是否平稳
	统计量	P 值	统计量	P 值	统计量	P 值	
Y	10.8057	0.5456	10.2794	0.5915	-1.34152	0.0899	否
X1	17.6279	0.1275	22.8253	0.0292	-4.73114	0.0000	否
X2	9.01348	0.7018	11.2451	0.508	2.64892	0.996	否
X3	6.89105	0.8647	10.8706	0.54	-1.44245	0.0746	否
X4	5.52999	0.8531	8.52939	0.5773	-2.3527	0.0093	否
DY	34.9192	0.0005	34.9192	0.0005	-7.6868	0.0000	是
DX1	26.559	0.0089	26.14	0.0103	-4.99174	0.0000	是
DX2	19.54	0.0763	18.8142	0.0931	0.43676	0.6689	否
DX3	12.6308	0.3964	12.307	0.4214	-1.37742	0.0842	否
DX4	12.5807	0.2481	12.5908	0.2475	-1.97329	0.0242	否

根据其他地区协整检验结果（见表 10），其他地区文化传

媒公司区块链技术生产效率（Y）与公司资产规模（X1）之间存在长期均衡关系。

表 10　其他地区协整检验结果

其他地区	PANEL - PP		PANEL - ADF		是否协整
	统计量	P 值	统计量	P 值	
Y - X1	-3.46688	0.0003	-3.46688	0.0003	是

四、结论与建议

研究表明，区块链技术应用在一定程度上对文化传媒公司的技术生产效率产生着长期影响。在区块链技术迅速在文化传媒产业推广且生产效率逐步提升的状态下，各地区文化传媒公司技术生产效率具有不同的动态水平。

首先，由于地理位置、经济发展水平、科研技术条件、人力资源水平等不同，各个地区的生产效率存在一定差异。东部沿海地区由于区位条件、经济发展规模、技术科研水平条件领先，具有产业集群的规模效应、政策扶持优惠力度大等优势，使得东部沿海地区的文化传媒公司生产效率更具优势。而在其他地区，尤其是中西部地区，对区块链技术的应用水平则明显偏低。导致这些地区文化传媒公司收入及技术项目效率偏低，资源利用不合理，前期研发技术未能有效提升生产效率，其中一部分公司存在资源配置浪费或冗余的问题。

其次，珠三角和京津地区通过对该地区区块链技术应用程度的改变，反映在公司资产规模、公司研发支出、公司营业成本和公司员工规模等方面，会对文化传媒公司生产效率产生长期稳定影响。在长三角地区，公司营业成本、公司员工规模也会对文化传媒公司生产效率产生长期稳定影响。其他地区公司资产规模会对文化传媒公司生产效率产生长期稳定影响。

从以上四个地区的协整检验结果可以看出,各区域之间的长期稳定影响因素有所不同,地区在经济资源、科研实力、人力资源等方面的客观差距会对不同区域的文化传媒公司显示出不同的关联影响状态(见表11)。

表 11   各经济区域区块链技术对文化传媒行业的长期影响因素分析

地区	公司资产规模	公司研发支出	公司营业成本	公司员工规模
京津	是	是	是	是
长三角	否	否	是	是
珠三角	是	是	是	是
其他	是	否	否	否

东部沿海发达地区在资产规模、人力资源、资本水平、技术研发实力等方面在一定程度上对文化传媒公司区块链技术生产效率产生长期稳定的影响,相较于其他区域,尤其是中西部地区则更加明显。

结果验证了区块链技术应用对各地区文化传媒公司有着不同程度的长期影响。虽然区块链技术应用具有较高的技术和资金要求,企业在技术开发、应用期间还需要承担一定的研发及运营风险,但是区块链技术在文化产品项目确权、存证、版权管理等各方面存在着广阔前景,有利于激发文化传媒企业发展新动能。由于我国的区块链技术发展相对较晚,技术理论以及应用实践都仍处于探索时期,所以文化传媒公司要将区块链技术和文化传媒项目及产品融合仍需要经历长期的探索实践。因此本文依据研究结论提出相关建议:

1. 推动产业资源集聚,区域合理分工合作

研究结果显示,目前东部沿海地区无论是文化传媒企业整体数量、规模还是区块链技术应用效率都明显优于其他地区,

因此在区域产业分工上应发挥政府主导作用。加快东部沿海各地区资金、人力、技术资源集聚，培育区块链技术应用领军文化企业。积极推进文化传媒产业集聚，扩大文化传媒与区块链技术产业规模，发挥规模经济效应。同时加快扶持中西部地区，弥补中西部地区技术、资金等相应资源的不足。提高文化传媒产业技术研发、应用水平与产业化管理能力。

2. 完善法律制度建设，统一市场规划

研究结果显示，区块链技术对各地区均有不同程度的长期稳定影响，因此国家应制定完善区块链信息技术及文化传媒版权保护的相应法律、法规及政策。从长远角度规范市场竞争秩序，营造良性市场竞争环境，打破区块链技术针对产业运用的市场、行政壁垒。引导市场有序竞争，促进东、中、西部各区域间良性合作。

3. 深化文化传媒企业与区块链技术产业链融合

通过构建文化传媒与区块链有效的技术契合作用机制，加深两者在产业链、价值链上的深度融合，实现两者互补，提高文化传媒公司产品整体项目运作的效率。将文化传媒项目内容的设计创作、生产、传播、交易等各个产业应用环节与区块链技术融合起来，利用区块链技术节省文化产品生产创作工序，降低中介流通成本，推动文化传媒公司的升级。

注释

[1] 刘璐:《我国文化产业上市公司经营绩效研究》,《时代金融》2013年第 7 期。

[2] 郭淑芬、郝言慧、王艳芬:《文化产业上市公司绩效评价——基于超效率 DEA 和 Malmquist 指数》,《经济问题》2014 年第 2 期。

[3] 李葳、李丹:《文化传媒类上市公司科技创新效率研究》,《科技与管理》2013 年第 6 期。

［4］侯艳红:《文化产业投入绩效评价研究》,天津工业大学博士学位论文,2008 年。

［5］张桂玲:《基于 DEA 的文化产业投融资效率研究》,《会计之友》2016 年第 21 期。

［6］郑世林、葛珺沂:《文化体制改革与文化产业全要素生产率增长》,《中国软科学》2012 年第 10 期。

［7］Farrell M. J. (1957). The Measurement of Productive Efficiency. *Journal of the Royal Statistical Society*. 120.

［8］Caves D. W., Christensen L. R. & Diewert W. E. (1982). The Economic Theory of Index Numbers and the Measurement of Input, Output and Productivity. *Econometrica*. 50.

The Impact of Blockchain Technology Application on the Efficiency of Cultural Media Listed Companies
—Based on DEA and Cointegration Test Analysis

SUN Lichao

Abstract: This paper takes the cultural media listed companies in China's A-share blockchain index as samples, and uses DEA efficiency evaluation and cointegration test methods to analyze the impact of blockchain technology application in different regions on the industrial efficiency of cultural media listed companies. The research finds that the application of blockchain technology has a certain degree of long-term impact on cultural media listed companies. The objective gap in economic resources, scientific research strength and human resources will show different related influence on cultural media companies in different regions. Compared with other regions, the developed coastal areas in the east of Beijing Tianjin, Pearl River Delta and Yangtze River Delta have higher correlation with blockchain technology production efficiency in terms of asset scale, human resources, capital level and technology research and development strength, and have more advantages in production efficiency. Therefore, by continuously improving the scale of enterprise assets, the level of human resources, the level of capital, and the strength of technology research and development, the cultural media companies can improve the technical efficiency of blockchain application, and ultimately integrate blockchain technology into the cultural industry, which will open up a new development path for the cultural industry.

Key words: Cultural Media Corporation; Blockchain; DEA; Cointegration Test

政府补助对影视上市公司的
社会与经济绩效影响研究

王欣羽　江　虹

摘　要　影视产业的发展对于提高居民文化消费水平、促进产业结构优化升级有重要意义。近年来,政府通过财政补助、税收优惠、人才支持等多种复合型激励政策推动影视产业的发展。但政府补助是否真正对影视公司产生正向影响,还需进一步研究。本文以2016—2021年在沪深两地上市的中国影视上市公司为样本,利用面板数据回归模型探讨政府补助对影视公司社会绩效和经济绩效的影响。研究表明,政府补助对影视上市公司的社会绩效有正向的影响,且这种正向影响具有一定的持续性;但是政府补助对影视公司的经济绩效却有负向影响,且这种负面效应显著影响了国有影视上市公司,而对非国有影视上市公司的影响则不显著。

关键词　政府补助　影视上市公司　社会绩效　经济绩效

作者简介　王欣羽,女,华南理工大学新闻与传播学院硕士研究生。江虹,男,华南理工大学新闻与传播学院副教授,硕士生导师。研究方向:传媒经济与管理。电子邮箱:jhong.scut.edu.cn。
基金项目　华南理工大学中央高校基本业务费资助重点项目"媒体融合背景下中国传媒企业并购绩效研究"(x2xc/C2191340)

影视产业在经济方面承担了带动整体经济发展和推动经济结构改革的功能，在文化方面承载着传承民族文化、推动跨文化传播桥梁的作用，并因此已经成为国家文化强国战略中的重要部分。不过，由于影视业素有高风险、轻资产、资本回笼周期长的特点，影视公司的经营常常面临融资困难和资金周转困难等问题。在这种情况下，政府作为"有形的手"，会为影视公司提供针对性补助，以期改善影视创作环境，缓解影视公司的经营困境。

然而，政府补助的效果一直以来都是学界争议的问题。持政府补助正向效果观点的学者认为，政府补助能够优化资源配置，弥补市场缺陷[1][2]，具有引导产业结构转型和发展的功能[3][4]。相反地，也有学者认为信息不对称性的存在意味着企业传递虚假信号骗取补助的可能[5]；法律和市场机制不健全的情况下存在企业政府补助利用的寻租风险[6][7]；政府补助还可能让企业产生依赖性，失去市场竞争动力。

本研究拟采用实证研究方法，从经济绩效和社会绩效两方面出发，研究政府补助对影视上市公司绩效的影响。

一、文献综述和假设提出

（一）政府补助与企业社会绩效

企业社会绩效，亦可被称为"企业社会责任表现"，指企业的社会责任原则、社会回应过程以及与企业社会关系有关的可观察到的结果的总和，它是企业社会责任概念的延伸与具体化，侧重体现企业承担社会责任的影响和结果[8]。企业社会责任的概念最早由博文（H.R.Bowen）在 1953 年于《商人的社会责任》中提出，并逐渐明确了企业社会责任的对象是与企业经营活动紧密相关的利益相关者[9]。企业社会责任相关议题被讨论的根源在于，企业在日常经营活动中会优先追求自身经济利益的最大化，从而损害利益相关者的福利，产生负的外部性[10][11]。庇古指出，政府向外部经济生产者发放补贴是一种调节私人产值和社会产值的方式，能改善企业对社会责任的忽视导致的外部不经济，进而提升社会绩效。此外，社会交换理论认为，企业与政府之间存在着互惠关系，政府希望获得补助的企业承担社会责任，企业也会为了获得资助更好地承担社会责任，从而实现社会绩效的改善[12]。唐鑫、陈永丽和曾繁荣、吴蓓蓓分别以农业上市公司和制造业上市公司为样本进行研究，发现政府补助对两类产业公司的社会绩效均有显著的正向效应[13][14]。陈晓珊发现政府补助会显著促进民营企业履行社会责任，提升社会绩效[15]。因此，本文提出：

假设 1：当期的政府补助对当期的影视上市公司社会绩效具有正向的影响。

同时，还需注意的是，影视上市公司获得政府补助后，可能将补助用于人才引进、作品研发和技术创新等方面，这些方面的提升对于影视上市公司社会绩效的积极影响可能能够持续一段时间。从社会交换理论的视角看，企业为了持续性获得政府补助，也会敦促自身不断提升社会绩效，这意味着政府补助的积极影响可能不仅体现在当期的社会绩效上，也会正向影响后期的社会绩效。王理想、姚小涛发现国有企业获得的政府补助与体现社会绩效的社会捐赠正相关，捐赠成为企业回馈政府的一种方式[16]。唐清泉、罗党论和孔东民、李天赏的研究均发现，当期的政府补贴对下一期的上市公司社会绩效具有正向促进作用[17][18]。因此，本文提出：

假设 2：当期政府补助对下一期的影视上市公司社会绩效具有正向的影响。

（二）政府补助与经济绩效

关于政府补助对公司经济绩效的影响，学者们观点不一。持政府补助有用论的学者认为，政府补助不仅能够作为一种无偿的转移支付为企业提供直接的资金[19]，还能够发挥信号传递作用[20][21]，提升公司投资效率，降低投资不确定性[22]，在一定条件下也能提升企业为获取高额利润承担风险的意愿水平[23][24]，直接或间接地增加企业的内外部融资，缓解企业存在的融资约束问题。从这一视角看，政府补助对于公司的经济绩效具有正向的影响。然而，政府补助也可能带来公共资源的错配[25]，资源错配意味着大量资源集中于非生产领域，可能会导致对生产性活动（如研发投入、创新投资）的挤出效应[26][27]。如赵宇恒、孙悦指出企业内部存在用政府补助向高管发放薪酬的行为，政府补助未能有效改进企业绩效[28]；刘萍、胡欣荷发现政府补助对新能源企业长期的业绩提升产生了负向影响[29]；秦莉、丁方正研究发现相较未获补助的上市公司，获得补助的上市公司绩效显著降低[30]。考虑到在影视产业中，市场需求和公共事业的意识形态需求并不总是一致的，政府补助的社会效益提升目的往往优先于经济效益提升目的。与此同时，社会效益的评价指标却不如经济效益指标一样明确清晰，意味着企业在争取补助时可能有更多的寻租空间。因此，本文提出：

假设3：政府补助对影视上市公司的经济绩效具有负向的影响。

此外，不同所有制的企业在利用政府补助方面可能具有一定的差异性。国有企业与政府有着更强的关联性，在获得政府补贴方面有着较强的优势，反而可能产生对政府补贴的依赖性，进而导致资源的扭曲错配；相比国有企业，民营企业获得补助的难度更大，这也就意味着民营企业会更好地利用政府补助提升生产效率与经营绩效。陈维等研究发现,政治关联所带来的政府扶持对企业的绩效有负面的影响[31];张天舒等以 ST 公司为研究样本发现,政府补助对民营公司绩效的提升优于国有企业[32];曹阳、易其其以生物医药企业为研究样本发现,政府补助对非国有企业的研发投入和绩效提升的激励效果更为显著[33]。因此,本文提出:

假设 4:政府补助对不同所有制影视上市公司经济绩效的影响有显著的差异。

二、研究设计

(一)样本与数据来源

本文选择了 2016—2021 年间在深、沪两市上市的影视公司为研究样本。为保证数据的完整性和准确性,本文剔除了在研究期间不能提供连续完整数据的影视公司和曾经被 ST 过的影视公司,最终确定了 17 家影视公司作为研究样本。企业社会绩效通过对各项财务指标的计算获得,政府补助、公司治理和财务指标的相关数据均来自国泰安(CSMAR)数据库,对于数据库中数据不完整的公司,通过手工整理其公司年报获得。

(二)变量的选取

1. 企业社会绩效

基于利益相关者理论,企业履行社会责任的过程就是满足利益相关者需求的过程[34]。相应地,企业行为满足利益相关者需求的程度,就能够反映指向企业履行社会责任结果的企业社会绩效水平[35]。本文借鉴肖海林、薛琼的研究,将企业社会责任的对象主体定义为客户、员工、供应商、政府、股东和社会,并相应选取现金流量表和利润表中的五项指标来衡量企业行为满足这些主体的程度,这五项指标相加即为社会绩效贡献总和[36]。其中,主营业务收入来源于影视上市公司客户的购买与消费,体现出影视上市公司在满足客户文化消费需求方面的贡献;支付给员工以及职工的现金体现出影视上市公司在满足职工获得薪资报酬需求方面的贡献;购买商品、接受劳务所付的现金流向了影视上市公司的供应商,体现出影视上市公司在满足供应商获得经济收益需求方面的贡献;分配股利、利润或偿付利息支付的现金流向了影视上市公司的股东,体现出影视上市公司在满足股东获得投资收益需求方面的贡献;各项税收是影视上市公司向政府缴纳的税款,体现出影视上市公司在满足政府公共财政需求方面的贡献;社会捐赠则体现出影视上市公司在满足社会公益需求方面的贡献。另外,社会绩效贡献率＝社会责任贡献总和/总资产,亦即企业单位资产所承载的社会绩效贡献度。上述关系可写作以下公式:

社会绩效贡献总和＝主营业务收入＋支付给员工以及职工的现金＋购买商品、接受劳务所付的现金＋分配股利、利润或偿付利息支付的现金＋各项税收＋社会捐赠

社会绩效贡献率＝主营业务收入/总资产＋支付给员工以及职工的现金/总资产＋购买商品、接受劳务所付的现金/总资产＋分配股利、利润或偿付利息支付的现金/总资产＋各项税收/总资产＋社会捐赠/总资产

由于各社会绩效指标对总体社会绩效的贡献程度不尽相同,这里加入指标权重来计算,得出修正后的社会绩效贡献率公式:

修正后的社会绩效贡献率＝主营业务收入×主营业务收入/社会绩效贡献总和/总资产＋支付给员工以及职工的现金×支付给员工以及职工的现金/社会绩效贡献总和/总资产＋

购买商品、接受劳务所付的现金×购买商品、接受劳务所付的现金/社会绩效贡献总和/总资产＋分配股利、利润或偿付利息支付的现金×分配股利、利润或偿付利息支付的现金/社会绩效贡献总和/总资产＋各项税收×各项税收/社会绩效贡献总和/总资产＋社会捐赠×社会捐赠/社会绩效贡献总和/总资产

2. 企业经济绩效

企业经济绩效主要指企业在生产经营活动中获取经济利益的效率。参考赵璨等、郑飞等的研究,本文选择了净资产收益率(Roa)和经营活动现金流(Cfp)作为衡量企业经济绩效的指标[37][38]。Roa 的计算方法为净利润/总资产,可衡量每单位资产所创造出的净利润;Cfp 的计算方法为经营现金流量净额/总资产,可衡量每单位资产所创造出的经营现金流净额。

3. 政府补助

以影视上市公司财务报表附注中政府补助的实际金额为基础,为了消除公司规模对政府补助金额和政府补助效果的影响,采用政府补助/总资产的方式处理政府补助指标。

4. 控制变量

参考彭中文等和吴成颂、黄送钦的研究,选择了股权集中度、独立董事持股比例、成长性、两职合一和公司规模作为回归模型的控制变量[39][40]。同时,文章还控制了模型中的年度虚拟变量。各研究变量的具体定义如表 1 所示。

表 1　变量定义表

变量类型	变量名称	符号	定义
被解释变量	社会绩效	Csr	企业社会绩效得分
	总资产负债率	Roa	净利润/总资产
	总资产经营现金流比例	Cfp	经营现金流净额/总资产

（续表）

变量类型	变量名称	符号	定义
解释变量	政府补助	Sub	政府补助/总资产
控制变量	股权集中度	Top1	第一大股东持股比例
	独立董事比例	Inde	独立董事比例
	成长性	Growth	当期主营业务收入－上期主营业务收入－本期主营业务收入
	两职合一	Dual	董事长和总经理为同一人赋值1,否则为0
	公司规模	Size	Ln 总资产
	年份	Year	年份固定效应

（三）模型构建

为检验政府补助与影视上市公司社会绩效的关系,本文构建以下模型:

模型 1：$Csr_{it} = \beta_1 Sub_{it} + \beta_2 Top1_{it} + \beta_3 Inde_{it} + \beta_4 Growth_{it} + \beta_5 Size_{it} + \varepsilon_{it}$

模型 2：$Csr_{it+1} = \beta_1 Sub_{it} + \beta_2 Top1_{it} + \beta_3 Inde_{it} + \beta_4 Growth_{it} + \beta_5 Size_{it} + \varepsilon_{it}$

其中,i 代表样本企业,t 代表时间,Csr 代表企业的社会绩效,Sub 表示政府补助与总资产之比,Top、Inde、Growth 和 Size 分别代表股权集中度、独立董事占比、成长性和公司规模,ε_{it} 为随机误差项。模型1检验政府补助对当期影视公司社会绩效的影响,模型2检验政府补助对下一期影视公司社会绩效的影响。

为检验政府补助与影视上市公司经济绩效的关系,本文构建以下模型:

模型 3：$Roa_{it} = \beta_1 Sub_{it} + \beta_2 Top1_{it} + \beta_3 Inde_{it} + \beta_4 Growth_{it} + \beta_5 Size_{it} + \varepsilon_{it}$

模型 4：$Cfp_{it} = \beta_1 Sub_{it} + \beta_2 Top1_{it} + \beta_3 Inde_{it} + \beta_4 Growth_{it} + \beta_5 Size_{it} + \varepsilon_{it}$

其中，i 代表样本企业，t 代表时间，Roa 和 Cfp 代表影视上市公司的经济绩效，sub 表示政府补助与总资产之比，Top1、Inde、Growth 和 Size 分别代表控制变量股权集中度、独立董事占比、成长性和公司规模。ε_{it} 为随机误差项。

三、实证分析

（一）描述性统计

表 2 是变量的描述性统计分析。从表中可以看出，影视上市公司企业社会绩效的平均水平为 0.247，最小值为 0.044，最大值为 0.873，说明影视上市公司的社会绩效差异较大，且总体水平较低，有进一步提升的空间。衡量企业经济绩效的总资产负债率和经营现金流总资产比率的均值均为负数，说明影视上市公司近几年的经济绩效较差。政府补助与总资产的比值均值为 0.005，最小值为 0.000，最大值为 0.019，说明我国对影视上市公司的政府补助力度不强。

表 2　变量描述性统计

变量	样本数	均值	标准差	中位数	最小值	最大值
Csr	102	0.247	0.159	0.218	0.044	0.873
Roa	102	−0.028	0.156	0.030	−1.020	0.126
Cfp	102	−0.010	0.161	0.044	−1.019	0.178
Sub	102	0.005	0.004	0.004	0.000	0.019
Top1	102	0.338	0.185	0.273	0.072	0.692
Inde	102	0.362	0.071	0.333	0.214	0.571
Dual	102	0.206	0.406	0.000	0.000	1.000

（续表）

变量	样本数	均值	标准差	中位数	最小值	最大值
Growth	102	0.120	0.669	0.062	−2.721	2.125
Size	102	22.632	0.829	22.865	21.031	24.096

（二）相关性分析

由 person 相关性分析（见表 3）可知：（1）政府补助与 Csr 在 1% 的水平上正相关。（2）政府补助与代表经济绩效的 Roa 和 Cfp 负相关，但相关性不显著，与原假设部分不完全一致。可能是因为在分析政府补助与经济绩效关系时缺失了相关变量，因此需要加入控制变量构建模型进一步分析。（3）各模型内部变量间的相关性均小于 0.6，说明各模型内部不存在明显的多重共线性。

表 3　变量相关性分析

	Sub	Top1	Inde	Dual	Growth	Size
Csr	0.509***	0.464***	0.010	−0.197**	0.194**	−0.198**
Roa	−0.002	0.243**	0.226**	−0.022	0.365***	0.160
Cfp	−0.005	0.215**	0.174*	−0.021	0.409***	0.172*
Sub	1.000	0.494***	0.082	−0.255***	−0.039	0.013
Top1	0.494***	1.000	−0.037	−0.039	−0.034	0.378***
Inde	0.082	−0.037	1.000	−0.019	−0.050	0.101
Dual	−0.255***	−0.039	−0.019	1.000	−0.007	−0.083
Growth	−0.034	−0.034	0.050	−0.093	1.000	0.063
Size	0.013	−0.034	0.101	−0.083	0.063	1

注：*** 表示 $P < 0.01$，** 表示 $P < 0.05$，* 表示 $P < 0.1$。

（三）回归分析

1. 政府补助对影视上市公司社会绩效的影响

表 4 是采用模型 1 和模型 2 借助数据分析软件 Stata 21.0 进行分析的结果。回归结果显示，当期政府补助对当期影视上

市公司社会绩效的影响在 1% 的水平上正向显著,影响系数约为 13.078;当期的政府补助对下一期的影视上市公司社会绩效的影响也在 1% 的水平上正向显著,影响系数约为 13.476。可以看出,政府补助对影视上市公司社会绩效具有积极影响,这种积极影响还具有一定的延续性。从影响系数和显著性上来看,下一期的积极影响要略优于当期的积极影响,假设 1 和假设 2 均得到证实。

表 4 政府补助对影视上市公司社会绩效影响的回归结果

变量	Csr	
	T	T+1
Sub	13.078 ***	13.476 ***
	(0.001)	(0.000)
Top1	0.198 *	0.1846 **
	(0.052)	(0.048)
Inde	0.018	−0.176
	(0.918)	(0.225)
Growth	0.041 **	0.033 **
	(0.032)	(0.044)
Dual	−0.058 *	−0.049 *
	(0.067)	(0.052)
Size	−0.032	−0.042 **
	(0.114)	(0.022)
Constant	0.879 *	1.167 ***
	(0.058)	(0.006)
年份	控制	控制
Observation	102	85
R^2	0.536	0.675

注:*** 表示 $P < 0.01$,** 表示 $P < 0.05$,* 表示 $P < 0.1$。

2. 政府补助对影视上市公司经济绩效的影响

表 5 是采用模型 3 和模型 4 借助数据分析软件 Stata 21.0

进行分析的结果。回归分析结果显示,政府补助对影视上市公司经济绩效的影响在 5% 的水平上显著为负,这说明政府补助对于提升影视公司的经济绩效不但没有帮助,还存在负向的消极影响,假设 3 得到证实。在影视上市公司中,确实存在政府补助利用效率低,没能有效流向生产性领域的问题。此外,政府补助对国有影视上市公司的经济绩效分别在 5% 和 10% 的水平上显著为负,政府补助对非国有影视上市公司的经济绩效则没有显著的影响,假设 4 得到证实。

表 5　政府补助对影视上市公司经济绩效影响的回归结果

变量	Roa			Cfp		
	全样本	国有企业	民营企业	全样本	国有企业	民营企业
Sub	−9.798**	−9.934***	−13.006	−8.210**	−6.622*	−13.794
	(0.016)	(0.004)	(0.136)	(0.047)	(0.075)	(0.121)
Top1	0.321***	0.289***	0.103	0.289***	0.222***	0.104
	(0.000)	(0.000)	(0.675)	(0.001)	(0.008)	(0.679)
Inde	0.472**	0.277	0.831**	0.444**	0.253	0.815**
	(0.013)	(0.165)	(0.013)	(0.024)	(0.256)	(0.018)
Growth	0.063***	0.006	0.088**	0.061**	0.006	0.085**
	(0.008)	(0.823)	(0.023)	(0.012)	(0.840)	(0.033)
Dual	−0.023	−0.154**	0.048	−0.019	−0.163**	0.045
	(0.496)	(0.013)	(0.457)	(0.580)	(0.020)	(0.500)
Size	0.022	0.018	0.094**	0.029*	0.025	0.102**
	(0.167)	(0.243)	(0.038)	(0.073)	(0.129)	(0.027)
常数项	−0.672*	−0.469	−2.390**	−0.827**	−0.647*	−2.549**
	(0.066)	(0.150)	(0.022)	(0.026)	(0.067)	(0.016)
年份	控制	控制	控制	控制	控制	控制
样本数	102	49	53	102	49	53
R^2	0.394	0.623	0.439	0.385	0.559	0.454

注:*** 表示 $P<0.01$,** 表示 $P<0.05$,* 表示 $P<0.1$。

四、结论与讨论

本文基于深、沪两市 18 家上市影视公司的数据,实证分析了政府补助的效果。主要结论如下:首先,政府补助对于影视上市公司的社会绩效具有正向的影响,政府补助对于影视上市公司履行社会责任、提升企业的社会绩效是有助益的,且这种正向的积极效果具有一定的持续性,当期的政府补助对影视公司社会绩效的积极影响能够持续到下一期。其次,政府补助对于影视上市公司的经济绩效有负向的消极作用。进一步地,考虑到不同所有制企业对政府补助利用方式的不同,将样本分为国有企业和民营企业,发现政府补助仅对国有影视上市公司经济绩效有负向影响,对非国有影视上市公司经济绩效没有显著影响。

政府补助对影视上市公司的社会绩效具有连续性的正向影响。这是因为作为"理性经济人",影视上市公司参与社会活动、履行社会责任会理性衡量其风险与收益,以不损害自身利益为前提[41],而政府补助能够为影视上市公司参与社会活动提供资金,降低企业履行社会责任的风险与负担,进而提升影视上市公司的社会绩效。此外,政府补助在使得影视上市公司获得资金的同时,也会提升政府对影视上市公司的控制力[42]。为了获得持续性的政府补助,影视上市公司也会不断提升自己承担社会责任的能力,政府因此可以对影视上市公司的社会责任承担提出更多要求,更好地发挥政府补助的社会作用。这种持续性的正向影响也与影视产品生产周期较长,产品附加值大,可以反复生产、多次销售的特性有关[43]。

政府补助对影视上市公司的经济绩效具有负向的影响。这与政府补助作为干预手段没能正确按照市场需要配置资源有关。政府补助通过非经营手段直接增加了企业的利润,会掩盖企业存在的真实问题与经营困境,使企业难以及时进行内部治理、重新合理配置资源[44]。这种资源的错配导致了效率的低下,带来了经济绩效的下降。政府补助对国有影视上市公司的经济绩效有负向影响。政府不仅是国有影视上市公司的社会管理者,也是国有影视上市公司的股东,某种程度上,对国有影视上市公司的政府补助可以被理解为政府股东对其投资公司的资源注入,政府与国有影视公司存在先天的基因联结[45],国有影视上市公司更容易获得政府补助,也就更容易对政府补助产生依赖效应,这样反而对有利于影视公司提升经济绩效的生产经营和创新性活动产生了一定的"挤出"效应,导致资源的错配与经济绩效的下降。

基于以上分析,本文提出如下建议:要进一步发展影视产业,为影视上市公司提供各种必要的政府补助,促进影视上市公司社会和经济绩效的提升;要通过政策激励以及社会绩效指标评价的制度化、标准化的方式,引导影视上市公司将获得的补助用于改善社会绩效;要加强对政府补助资金利用的监督,谨慎选择政府补助发放的对象与数额,减少对公共资源的浪费与错配;要平等地为国有影视上市公司和非国有影视上市公司创造机会、提供资源,应以影视上市公司能够创造的综合效益为基础提供补助,而不应该因为政治关联与体制原因进行资源倾斜。

注释

[1] Arrow K. J. (1962). Economic Welfare and the Allocation of Resources for Invention. in Nelson R. (ED). *The Rate and Direction of Inventive Activity: Economic and Social Factors*. Princeton: Princeton University Press, pp. 609 - 626.

［2］Cordes J. J. (1999). Reconciling Normative and Positive Theories of Government. *The American Economic Review*. 87(2).

［3］Wren C. & Waterson M. (1991). The Direct Employment Effects of Financial Assistance to Industry. *Oxford Economic Papers*. 43(1).

［4］Bergstorm F. (2000). Capital Subsidies and the Performance of Firms. *Small Business Economics*. 14(3).

［5］安同良、周绍东、皮建才：《R & D 补贴对中国企业自主创新的激励效应》,《经济研究》2009 年第 10 期。

［6］魏志华、吴育辉、曾爱民：《寻租、财政补贴与公司成长性——来自新能源概念类上市公司的实证证据》,《经济管理》2015 年第 1 期。

［7］江新峰,张敦力：《企业寻租与政府补助利用效率——来自企业投资活动的经验证据》,《投资研究》2017 年第 3 期。

［8］Wood D. J. (1991). Social Issues in Management: Theory and Research in Corporate Social Performance. *Journal of Management*. 17(2).

［9］Clarkson M. E. (1995). A Stakeholder Framework for Analyzing and Evaluating Corporate Social Performance. *Academy of Management Review*. 20(1).

［10］苏冬蔚、贺星星：《社会责任与企业效率：基于新制度经济学的理论与经验分析》,《世界经济》2011 年第 9 期。

［11］金乐琴：《企业社会责任：推动可持续发展的第三种力量》,《中国人口·资源与环境》2004 年第 2 期。

［12］Aronson E., Wilson T. D. & Akert R. M. (2005). *Social Psychology*. London: Prentice Hall, pp.236-289.

［13］唐鑫、陈永丽：《财税补贴与企业社会责任履行——基于沪市 A 股农业上市公司的经验证据》,《财会月刊》2016 年第 3 期。

［14］曾繁荣、吴蓓蓓：《政府补助的社会与经济绩效研究》,《财会通讯》2018 年第 24 期。

［15］陈晓珊：《政府补助与民营企业社会责任》,《财贸研究》2021 年

第 1 期。

[16] 王理想、姚小涛:《嵌入与回馈:国有企业的隶属级别、政府补助与慈善捐赠》,《当代财经》2019 年第 4 期。

[17] 唐清泉、罗党论:《政府补贴动机及其效果的实证研究——来自中国上市公司的经验证据》,《金融研究》2007 年第 6 期。

[18] 孔东民、李天赏:《政府补贴是否提升了公司绩效与社会责任?》,《证券市场导报》2014 年第 6 期。

[19] 倪国爱、左汪芹:《政府补助、融资约束与企业绩效》,《铜陵学院学报》2018 年第 6 期。

[20] 傅利平、高歌:《政策关注度与企业创新——基于政府资助的传导机制》,《中国科技论坛》2021 年第 6 期。

[21] 陈璐、张彩江、贺建风:《政府补助在企业创新过程中能发挥信号传递作用吗?》,《证券市场导报》2019 年第 8 期。

[22] 李燃、王安圆:《政府补助、不确定性与公司投资效率》,《财会通讯》2018 年第 15 期。

[23] 毛其淋、许家云:《政府补贴、异质性与企业风险承担》,《经济学(季刊)》2016 年第 4 期。

[24] 双琦、李嘉明、唐朝永:《政府补助提高了企业风险承担吗——基于企业生命周期视角》,《会计之友》2020 年第 6 期。

[25] Bernini C. & Pellegrini G. (2011). How are Growth and Productivity in Private Firms Affected by Public Subsidy? Evidence from a Regional Policy. *Regional Science and Urban Economics*. 41(3).

[26] Brou D. & Ruta M. (2013). Rent-Seeking, Market Structure, and Growth. *Journal of Economics*. 115(3).

[27] 李万福、杜静、张怀:《创新补助究竟有没有激励企业创新自主投资——来自中国上市公司的新证据》,《金融研究》2017 年第 10 期。

[28] 赵宇恒、孙悦:《政府补助:补助了企业还是高管》,《现代财经(天津财经大学学报)》2014 年第 10 期。

[29] 刘萍、胡欣荷:《政府补助对新能源上市公司绩效的影响》,《财会月刊》2015 年第 33 期。

[30] 秦莉、丁方正：《治理环境、政府补助与公司绩效——基于电力行业上市公司的经验数据》，《财会通讯》2019 年第 27 期。

[31] 陈维、吴世农、黄飘飘：《政治关联、政府扶持与公司业绩——基于中国上市公司的实证研究》，《经济学家》2015 年第 9 期。

[32] 张天舒、黄俊、崔鸶：《股权性质、市场化进程与政府补助——基于 ST 公司的经验证据》，《投资研究》2014 年第 1 期。

[33] 曹阳、易其其：《政府补助对企业研发投入与绩效的影响——基于生物医药制造业的实证研究》，《科技管理研究》2018 年第 1 期。

[34] Freeman R. E. (1984). *Strategic Management: A Skateholder Approach*. London: Pitman Publishing Inc, p.21.

[35] Ulmann A. A. (1985). Data in Search of a Theory: A Critical Examination of the Relationships among Social Performance, Social Disclosure, and Economic Performance of US Firms. *The Academy of Management Review*. 10(3).

[36] 肖海林、薛琼：《公司治理、企业社会责任和企业绩效》，《财经问题研究》2014 年第 12 期。

[37] 赵璨、王竹泉、杨德明等：《企业迎合行为与政府补贴绩效研究——基于企业不同盈利状况的分析》，《中国工业经济》2015 年第 7 期。

[38] 郑飞、申香华、卢任：《政府补贴对企业绩效的异质性影响——基于产业生命周期视角》，《经济经纬》2021 年第 1 期。

[39] 彭中文、王媚华、倪佳杰：《政治关系、经营业绩与企业社会责任——基于高端装备制造业上市公司的面板数据》，《软科学》2015 年第 3 期。

[40] 吴成颂、黄送钦：《基于企业社会责任视角的政府补贴效果研究——来自中国沪市 A 股制造业的经验证据》，《南京审计学院学报》2015 年第 2 期。

[41] Nikolaeva R. & Bicho M. (2011). The Role of Institutional and Reputational Factors in the Voluntary Adoption of Corporate Social Responsibility. *Journal of the Academy of Marketing Science*. (39).

[42] 林润辉、李娅、李康宏等：《政治关联、制度环境与中国新上市企

业的市场表现：基于中国境内外上市公司的比较》，《预测》2016 年第
2 期。

[43] 邹波：《论影视产业的风险资本偏向——基于民族文化传媒产
品转化的分析》，《传媒》2016 年第 20 期。

[44] 杨毅、张琳、王佳：《政府补贴对数字内容产业绩效影响的实证
研究——基于我国上市影视公司的全业态数据分析》，《中国文化产业评
论》2017 年第 1 期。

[45] 滕飞、辛宇、舒倩等：《股价崩盘风险时的政府"扶持之手"——
基于政府补助及产权性质视角的考察》，《会计研究》2020 年第 6 期。

A Study on the Impact of Government Subsidies on the Social and Economic Performance of Film and Television Listed Companies

WANG Xinyu, JIANG Hong

Abstract: The development of film and television industry is of great significance for improving the level of residents' cultural consumption and promoting the optimization and upgrading of industrial structure. In recent years, the government has promoted the development of the film and television industry through a variety of complex incentive policies, including financial subsidies, tax incentives and talent support. However, whether government subsidies really have a positive impact on film and television companies needs further research. Taking the Chinese film and television listed companies listed in Shanghai and Shenzhen from 2016 to 2021 as a sample, this paper empirically explores the impact of government subsidies on the social and economic performance of film and television companies by using the panel data regression model. Studies have shown that government subsidies have a positive impact on the improvement of the social performance of listed film and television companies, and this positive impact has a certain degree of sustainability. However, government subsidies have a negative impact on the economic performance of listed film and television companies, and this negative effect has a significant impact on state-owned listed film and television companies, but not on non-state-owned listed film and television companies.

Key words: Government Subsidies; Listed Film and Television Company; Social Performance; Economic Performance

打破 IP 神话：
IP 对影视投资效率的影响分析

闫心玥　邓向阳

摘　要　中国影视产业发展至今，IP热一直没有衰退。影视公司将IP作为招商引资的灵丹妙药，但IP是否对影视公司的投资效率起到了积极作用仍缺乏实证检验。本研究以理查德森(Richardson)投资效率模型为基础构建两个基本模型，以23家影视上市公司2015—2020年的数据为样本，采用线性回归和二元Logit回归方法实证检验IP持有量对影视投资效率的影响。研究结果显示，影视公司IP持有量越高越可能导致投资非效率，即针对IP的投资表现为投资过度。根据研究结论，影视公司需清醒认识到IP的局限性，警惕IP泡沫化现象，适当降低对IP持有量的偏好，将目光投向其他可持续的增长点。

关键词　IP　影视投资效率　理查德森模型　投资过度　泡沫化

作者简介　闫心玥，女，湖南大学新闻与传播学院硕士研究生。邓向阳，男，湖南大学新闻与传播学院教授，博士。研究方向：传媒经济学、文化产业理论与政策。电子邮箱：hudaxy@hnu.edu.cn。
基金项目　国家社会科学基金项目"要素扭曲对传媒产业供给质量的影响机制研究"(18BXW048)

IP 全称为"Intellectual Property"，即知识产权，用来指代那些有高专注度、强影响力并且可以被再生产、再创造的创意性知识产权[1]。在互联网资本所鼓吹的商业文化和知识经济盛行的今天，IP 概念得到了极大延伸。狭义 IP 是指那些能够改编为其他文化产品的网络原创内容[2]。广义 IP 概念延伸到网络文学领域，是指拥有一定粉丝基础，具有较大影响力且可被再生产、再创造的网络文学作品版权，即"可供多维度开发的文化产业产品"。随着 IP 改编影视作品的热映，影视 IP 成为投资人眼中的富矿，影视项目一旦与 IP 沾边，就如同获得了收视或票房保证，自招标之日起就源源不断地吸引投资。热钱涌向 IP 的同时，高溢价估值也催生了 IP 泡沫，而与行业健康发展相悖的是，影视行业对 IP 神话的信奉正加速 IP 泡沫的破灭。越来越多的影视公司以 IP 为诱饵，为投资方架构出比 IP 本身更诱人的红利幻象；投资人也坚信，利用成熟 IP 开发影视作品是降低投资风险的捷径[3]。但是，随着 IP 投资热潮的高涨，IP 投资效率问题开始受到关注。从近几年的市场表现来看，超级大 IP 被过度开采，明星 IP 必定大卖的黄金铁律正在失效，比如 6 年 14 部的"盗墓笔记"系列和 2021 年推出的《盗墓笔记：云顶天宫》。本研究立足于分析 IP 持有量对影视上市公司投资效率的影响，即 IP 持有量的增加会导致效率投资还是非效率投资？如果是非效率投资，IP 持有量越高越可能导致投资不足还是投资过度？

一、文献回顾与研究假设

投资效率指上市企业项目投资成功转化为收益或收入的能力，反映的是上市企业募集资金投资项目的收益能力[4][5]。投资效率可以用企业的实际投资额偏离理想状态的程度来表示。学术界把投资规模偏离最优水平的现象定义为非效率投资。根据偏离方向不同,非效率投资可分为过度投资和投资不足。实际投资额低于理想状态,则为投资不足;实际投资额高于理想状态,则为过度投资。投资不足和过度投资,统称为投资失效。投资失效的程度越大,投资效率越低[6][7]。

学界对企业投资效率,包括单一变量对投资效率的影响分析,有较为广泛而深入的研究。但大多数学者重在研究公司治理、股权结构、管理层权力和现金流等变量与投资效率的关系,鲜有研究讨论无形资产与投资效率的关系,而针对影视行业的此类研究成果更少。文化传媒行业作为软资产、轻服务部门,对市场敏感度极高,正确的、高效率的投资决策对企业而言非常重要[8]。影视传媒企业作为复合型企业,拥有独特的意识形态属性、商品经济属性以及轻资产属性[9],无形资产在企业生产运营中起着至关重要的作用。

在文化产品市场中,知识产权更多地体现为版权。由于内容是影视产业的核心竞争力,IP 热的实质就是对优质版权内容的争夺,IP 价值的内核就是版权机制。但是版权价值只是 IP 价值的一种外在体现,版权机制难以衡量的特性让 IP 价格出现虚高的泡沫现象[10]。现有的 IP 估值大多采用对网文 IP 转换成影视后的版权评估模型,但事后评估对于 IP 转化前价格并没有提出明确的交易模型,其核心是混淆了 IP 价值和 IP 转化价值,IP 价值是宏观的品牌价值,而 IP 转化价值才是实际交易中需要衡量的价值[11]。硬性指标体系的缺失使得 IP 在实际交易中往往享受着远高于公允价值的高估值,也就是所谓的 IP 泡沫化现象。优质作者"品牌效应"的催化、影视公司过高的收益承诺、投资方对大 IP 的盲目乐观、下游受众市场的"粉丝经济"与"羊群效应",导致投资额水涨船高,一旦收益难以达到预期,就可能导致投资过剩。

与此同时,影视产业并没有完善的 IP 投资风险控制机制与之匹配,多为制片方的经验性判断,缺少科学全面的评估维度和指标,从而无法为影视投资方提供良好的决策服务[12]。一些影视上市企业囤积大量 IP,以此吸引外部投资,但流量演员的高薪酬和制作团队的低质量可能会导致重复、盲目的非效率投资行为,比如制作成本过高但收视或票房过低的情况。高投入、低产出就是投资过度的典型特征。

随着政策导向的转变和产业结构的调整,中国影视生产长期受制于资金不足的弊端逐步得到缓解,影视产业的资本富裕度不断提高。但是,资本的涌入又给中国影视产业带来新的问题:现有的剧本资源难以满足汹涌而来的资本需求,因此,IP 成为资本关注和抢夺的对象[13]。那么,IP 是否能够成就影视佳作,是否能够带来与慷慨投资匹配的收益? 根据上述推论和猜想,本研究提出以下两个研究假设:

假设 1:IP 持有量对影视上市公司的非效率投资有显著正面影响。

假设 2:若假设 1 成立,IP 持有量对影视上市公司的过度投资有显著正面影响。

二、研究设计

(一)模型构建

本研究的实证部分由两个模型构成:

模型 1(公式 1):将 IP 作为自变量,以非效率投资为因变量,加入控制变量,建立回归方程。

$$UNIV = a_0 + a_1 IP + a_2 Growth + a_3 Lev + a_4 Cash + a_5 Ind + a_6 Pay + a_7 Adm + a_8 M\_SHDS + a_9 Orecta + \varepsilon \quad (公式 1)$$

模型 2(公式 2):以 IP 为自变量,非效率投资为因变量。模型中的非效率投资为哑变量,即投资不足和投资过度分别记为 0 和 1,加入控制变量,建立回归方程。

$$UnderInv=0, OverInv=1$$

$$(0,1)=a_0+a_1 IP+a_2 Growth+a_3 Lev+a_4 Cash+a_5 Ind+$$
$$a_6 Pay+a_7 Adm+a_8 M\_SHDS+a_9 Orecta+\varepsilon \quad (公式 2)$$

(二)变量选择(见表 1)

表 1　变量及变量定义

		变量符号	变量名称	变量定义
解释变量		IP	IP 持有量	无形资产/总资产
被解释变量	模型 1	UINV	非效率投资	Richardson 模型求出的非零残差绝对值
	模型 2	OverInv	投资过度	Richardson 模型中残差大于 0 的样本
		UnderInv	投资不足	Richardson 模型中残差小于 0 的样本
控制变量		Growth	企业成长性	营业收入增长率
		Lev	资产负债率	负债总额/资产总额
		Cash	现金持有量	货币资金/资产总计
		Ind	独立董事比例	独立董事人数/董事会人数
		Pay	高管薪酬	ln(董事、监事、高级管理人员薪酬总额)
		Adm	管理费用率	管理费用/主营业务收入
		M_SHDS	管理层持股比例	管理层持股数/总股数
		Orecta	大股东占款比率	其他应收款/总资产

1. 解释变量

IP 持有量为核心解释变量。向显湖、刘天认为,受现行会计准则的限制,除知识产权资产外,其余的企业无形资产都被排除在财务会计系统之外,体现为表外无形资产[14]。新会计准则规定,无形资产是指企业拥有或控制的没有事物形态的非货币性资产。按照该准则定义,只有知识产权类无形资产能够转化为无形资产。根据上述讨论,本研究使用表内"无形资产"来替代"知识产权",并借鉴王忠、宋少婷的观点,选择"无形资产占总资产比重"来衡量 IP 持有量[15]。

2. 被解释变量

模型 1 的被解释变量为非效率投资(UNIV),模型 2 的被解释变量为投资不足(UnderInv)或投资过度(OverInv)的 0—1 分类变量。被解释变量非效率投资值用 Richardson 模型求得的非零残差的绝对值来表示,残差大于 0 即投资过度,残差小于 0 即投资不足。不论是投资过度还是投资不足,绝对值越大说明离投资的理想状态越远。投资不足或投资过度的 0—1 分类变量为根据残差值而设置的虚拟哑变量,若残差值小于 0,样本编码为 0;残差大于 0,样本编码为 1。

Richardson 模型是量度企业投资效率的常用工具[16][17][18]。Richardson 运用财务数据建立了一个企业正常资本投资支出的估计模型,通过估计企业年度实际投资支出与其理想投资支出的偏离情况来刻画企业的投资效率[19]。Richardson 模型用模型回归残差来表示偏离程度。根据影视产业的产业特征和影视上市公司的数值可获取性,并参考国内学者对 Richardson 模型的修正[20],本研究对 Richardson 投资支出估计模型进行了修改(公式 3)。

$$\text{Invest} = a_0 + a_1 \text{Growth} + a_2 \text{Lev} + a_3 \text{Cash} + a_4 \text{Age} +$$
$$a_5 \text{Size} + a_6 \text{Return} + a_7 \text{Investlag} + a_8 \text{Herf\_5} + a_9 \text{Ind} +$$
$$a_{10} \text{Adm} + a_{11} \text{Orecta} + a_{12} \text{Pay} + \varepsilon \qquad (公式 3)$$

在修改后的 Richardson 投资效率模型中,因变量是 Invest,其余 12 个变量为自变量。变量 Invest 和 Investlag 分别为上市公司当年和上一年度的投资支出。Growth、Lev、Cash、Size、Return、Age、Herf_5、Ind、Adm、Orecta、Pay 分别代表企业上一年度的成长机会、资产负债率、现金持有量、企业规模、股票回报、上市年限、股权集中度、管理费用率、大股东占款比率和高管薪酬。为消除不同年度投资水平带来的差异,模型中控制了影视公司上市年限,因此不设置年度哑变量。由于本研究仅关注影视行业的投资效率问题,因此不需引入行业哑变量。

3. 控制变量

为控制其他因素对影视上市公司的影响,本研究从投资机会、资本结构、现金存量、内部治理、股权结构等五个方面设置了 8 个控制变量。

(1) 投资机会(Growth)

许多学者采用托宾 Q 来测度企业的投资机会。托宾 Q 值的定义是企业资产和市场价值与重置成本之比。但由于我国的资本市场具有弱有效性,尚不成熟,上市公司股票市场的价格并不能有效反映出其市场价值,使用托宾 Q 值来度量企业的投资机会容易造成误差[21]。加速系数投资理论认为,企业销售的增长会促进经理层加大投资规模,企业的销售状况对其投资有显著影响。因此,本文采用营业收入增长率这一成长性指标来衡量企业的投资机会,并作为该模型中的控制变量之一。

(2) 资本结构(Lev)

资本结构对于投资水平的影响主要由资本负债率实现。国内外学者普遍认为债务融资对于投资水平将产生约束,融资约束增加了获取外部融资的成本,因此企业倾向于在企业内部寻找融资方式。McCab 发现,债务杠杆受到股权集中度的影响,从而间接影响投资效率。故本研究选择资本负债率为控制变量[22]。

（3）现金存量（Cash）

自由现金流假说认为企业的投资主要取决于其内部融资,投资规模可能受到内部资金的约束。同时,企业的利润积累还会影响公司资本支出的决策。经营者与股东之间存在利益冲突,在企业存在大量现金流的情况下,企业经营者为了扩大生产经营,宁愿将资金进行低效率投资,也不愿进行分红,发放给股东或偿还债务,由此损害了股东权益,并且降低了投资效率。本研究借鉴马国臣等的观点,将现金存量作为控制变量[23]。

（4）内部治理（Ind、Pay、Adm）

委托代理理论认为,现代企业建立在所有权和经营权相互分离的基础上,股东对企业拥有所有权,管理人员对企业拥有经营权,两权分离的情况产生了委托代理关系[24]。企业所有者的目的是实现利益最大化,而管理者追求公司的长期稳定给自身带来稳定收益,两者的差异导致经营理念上的冲突。不仅股东与管理者存在利益冲突,大股东和中小股东之间也存在利益冲突。Claessens 发现,在股权集中模式之下,控股大股东通过双重投票权、交叉持股等方式,控制公司的现金流和运营,在公司的投资项目中做出利己决策,对中小股东的利益产生侵害,使公司投资活动与收益目的相背离,从而产生非效率投资行为[25]。本文选择独立董事比例、高管薪酬、管理费用率为控制变量。

（5）股权结构（M_SHDS、Orecta）

信息不对称理论认为,在市场经济活动中,不同主体对信息的了解程度对其经济活动具有影响。一般来说,掌握充分信息的人处于有利地位。在外部融资情况下,企业的管理层相对于外部融资者掌握更多关于企业治理、财务及风险管理的信息,以及对于投资项目的信心[26]。Jensen提出资产替代的问题,指出当企业投资项目具有高收益时,股东将获得大部分收益。当企业投资项目处于亏损时,债权人承担的损失远高于股东[27]。在此背景下,股东更有动力去投资一些高风险项目,而理性债权人会提出更高的资本回报率门槛来降低股东不理性投资的概率,从而导致融资成本上升。故本研究选择管理层持股比例、大股东占款比率为控制变量。

（三）样本选择和数据来源

在我国A股深、沪两市的公司中,依据证监会2012年行业分类,一级类目"文化、体育和娱乐业"下属的二级类目"广播、电视、电影和录音制作业"共25家影视上市公司。本研究剔除ST股和退市的公司后,选择了23家影视上市公司为样本[28]。样本数据来源于国泰安数据库2015—2020年的相关财务数据。数据处理和统计分析使用Excel函数分析组块和SPSS软件。对于其中存在的数据空缺,SPSS默认采用个案剔除法将其删去。

三、实证结果分析

（一）变量描述性统计

表2提供了研究变量的描述性计值。知识产权均值为0.018629,最大值为0.186538,最小值为0,中位数0.00653小于均值,说明样本公司的知识产权持有量存在较大差异,且IP持有量存在个别较高值影响了均值。同理,非效率投资的均值

为 0.026286,最大值为 0.105586,最小值为 0.000235,说明样本公司的非效率投资存在较大差异。此外非效率投资的中位数 0.021059,小于均值 0.026286,两者存在一定偏差,呈现一定程度的左偏现象,说明部分样本公司的非效率投资程度较低。投资过度的标准差为 0.029044,比投资不足的标准差要大,且最大值与最小值的差要大,说明投资过度的样本虽然数量上少于投资不足的,但其离散程度要大于投资不足的样本。由于所选取的部分样本公司上市时间晚于本研究的起始年份,未上市时期该影视公司没有公布年度财务报表,因此存在部分数据缺失。

表 2　变量描述性统计

变量符号	均值	中位数	标准差	最小值	最大值	样本数
IP	0.018629	0.00653	0.036319	0	0.186538	112
UNIV	0.026286	0.021059	0.021992	0.000235	0.105586	96
OverInv	0.033204	0.02226	0.029044	0.000235	0.105586	38
UnderInv	−0.02175	−0.0203	0.013997	−0.08725	−0.00081	58
Growth	0.477683	0.008391	5.250819	−2.73349	53.96897	106
Lev	0.368688	0.343445	0.188298	0.055711	0.97458	112
Cash	0.209578	0.160179	0.156313	0.01357	0.580808	112
Ind	0.367895	0.333333	0.041645	0.333333	0.444444	112
Pay	15.67685	15.70069	0.681431	14.16419	17.72783	112
Adm	0.119216	0.088977	0.101743	0.021969	0.739347	111
M_SHDS	0.089181	0.006443	0.126428	0	0.549365	112
Orecta	0.02653	0.016203	0.033456	0.000376	0.240233	112

（二）Richardson 投资支出估计模型残差结果

表 3 是对影视上市公司 Richardson 投资支出估计模型的残差结果。如前所述,残差不等于 0 记为非效率投资,残差大

于 0 记为投资过度,残差小于 0 记为投资不足。根据表 3 的结果,实际投资支出偏离理想投资支出的情况是普遍存在的。具体来说,2015—2020 年间的 23 家影视上市公司共 97 组数据中,投资失效发生率为 100%,中国影视产业投资失效普遍存在;投资不足和投资过度的情况均有,其中投资不足(59 组,60.82%)的情况多于投资过度(38 组,39.18%)的情况。

表 3　Richardson 投资支出估计模型残差汇总

公司名称	2016	2017	2018	2019	2020
华数传媒	0.014011	0.01147	−0.00097	0.015438	0.004744
湖北广电	0.046363	0.078572	0.070481	0.04073	−0.02503
欢瑞世纪		0.105586	−0.01737	−0.03135	−0.02559
慈文传媒	0.019674	−0.00247	−0.00764	−0.00911	−0.01764
中南文化	−0.00746	0.041461	−0.03805	−0.02696	−0.03689
鼎龙文化	−0.03365	−0.01015	−0.02573	0.017244	0.021226
万达电影		0.033815	0.031203	−0.00465	−0.01245
金逸影视				0.072417	−0.02416
华谊兄弟	−0.00724	−0.01595	−0.01396	−0.01592	−0.01592
华策影视	−0.01839	−0.03126	−0.02863	−0.01592	−0.02851
捷成股份	0.101724	0.048524	0.050006	0.012496	0.032389
光线传媒	−0.03467	−0.03126	−0.03365	−0.03719	−0.02426
华录百纳	−0.01294	−0.0172	−0.02383	−0.02664	0.005634
唐德影视		−0.00707	−0.00876	0.002711	
幸福蓝海			0.016153	0.026625	0.016554
浙江广厦	−0.01895	−0.02544	−0.02723	−0.01762	−0.02089
中视传媒	−0.01636	−0.00081	0.001875	−0.00093	0.01215
当代文体	0.011759	−0.01971	0.084957	0.091195	−0.04562
文投控股	−0.08725	0.031795	−0.04163	0.010894	0.000235
中国电影			−0.02575	−0.02295	0.004868

（续表）

公司名称	2016	2017	2018	2019	2020
上海电影			0.023295	−0.00791	−0.00895
横店影视				0.041745	−0.03496
中广天择				0.009723	−0.03231
>0	5	7	7	11	8
<0	9	10	13	12	15

（三）假设检验

在通过 Richardson 模型求出了影视上市公司样本的投资效率情况后，本研究在实证部分构建了两个模型，模型 1 考察了影视上市公司 IP 持有量对非效率投资的影响，模型 2 考察了影视上市公司 IP 持有量会导致何种非效率投资，即投资不足还是投资过度。两个模型的回归结果如表 4 所示。

表 4 模型回归结果汇总

	(1) UNIV	(2) UnderInv/OverInv
IP	0.137** (1.975)	7.134*** (4.416)
Growth	0.018*** (4.234)	0.225** (2.164)
Lev	−0.020 (−1.580)	−0.023 (−0.078)
Cash	−0.062*** (−3.988)	−0.184 (−0.498)
Ind	0.115** (2.391)	0.843 (0.732)
Pay	−0.003 (−0.898)	−0.046 (−0.670)
Adm	0.024 (1.146)	0.060 (0.122)

	(1) UNIV	(2) UnderInv/OverInv
M_SHDS	−0.031* (−1.747)	−1.219*** (−2.877)
Orecta	−0.054 (−0.941)	1.402 (1.022)
n	95	95
R‐Square	0.365	0.265
Adj.R‐Square	0.297	0.187

注：* $P<0.1$，** $P<0.05$，*** $P<0.01$；括号内为 t 值。

从表 4 中数据可知，模型 1 与模型 2 的可决系数 R^2 分别为 0.365 和 0.265，说明两个模型的拟合优度均在合理范围内，回归方程对样本观测值具有充分的解释力度。

模型 1 中，IP 作为核心解释变量，其 P 值为 0.045（<0.05），回归系数为 0.137（>0），说明 IP 持有量对影视上市公司的非效率投资行为有显著的正面影响，即 IP 持有量越高越会导致非效率投资。综上，假设 1 成立。模型 2 中变量 IP 的 P 值等于 0.000（<0.05），回归系数值为 7.134（>0），说明影视上市公司的 IP 持有量会显著导致投资过度。综上，假设 2 成立。

（四）稳健性检验

在投资机会衡量指标的选择上，由于我国的资本市场具有弱有效性，上市公司股票市场的价格并不能有效反映出其市场价值，使用托宾 Q 值来度量企业的投资机会容易造成误差，本研究采用了营业收入增长率。但指标替换仍有一定风险，为验证 IP 持有量过多导致投资过度这一结论的可靠性，在此还原 Richardson 模型中投资机会的变量测度为托宾 Q 值，以检验模型的稳健性。

在选择托宾 Q 值时,本文选择了国泰安数据库中的"公司研究系列—财务指标分析—相对价值指标—托宾 Q 值 A"。其字段说明为"市值 A/资产总计",其中"市值 A",即"A 股×今收盘价 A 股当期值+境内上市的外资股 B 股×今收盘价 B 股当期值"。替换变量测度之后,Richardson 模型的变量显著性及回归系数结果如表 5 所示。

表 5 稳健性检验—投资机会更换为 Tobin Q

变量符号		回归系数		显著性	
		替换前	替换后	替换前	替换后
自变量	IP	7.134	6.276	0.000	0.000
	Lev	−0.023	−0.042	0.938	0.888
	Cash	−0.184	0.123	0.620	0.749
	Growth	0.225	−0.123	0.033	0.067
	Ind	0.843	0.638	0.466	0.584
控制变量	Pay	−0.046	−0.051	0.504	0.486
	M_SHDS	−1.219	−0.945	0.005	0.027
	Adm	0.060	−0.565	0.903	0.215
	Orecta	1.402	1.814	0.310	0.199

因变量:投资过度和投资不足(0,1)

将 Growth 的测度由营业收入增长率替换为托宾 Q 之后,从回归系数和显著性的先后对比可以发现,IP 持有量对投资过度依然有显著正面影响($P<0.05$,$B>0$)。稳健性检验的结果基本保持不变,进一步验证了本文的假说与结论。

四、讨论:IP 神话幻灭后,影视投资取向之变

(一)神话幻灭:从投资到收益,IP 开发链也是矛盾链

IP 持有量为何导致投资过度,本研究认为这源于 IP 开发

链上存在的主体矛盾。从投资端来看,IP 的吸金效应不可小
觑;从收益端来看,作品是否能够得到与投资相匹配的收益,由
IP 开发链的各个主体协同决定。

表 6　IP 开发链上的五个主要主体及其角色

主体	在 IP 生产链中的角色
创作者	IP 制造者
影视公司	IP 购买者、IP 改编者、IP 影视化制作者、IP 营销者
外部投资方	IP 投资者
播出平台(网播/上星/院线)	影视作品购买方、影视作品播出方、收视盈亏承担方
观众	影视作品消费者

　　IP 开发链上五个主体之间的矛盾限制了影视公司的投资
效益。创作者与影视公司之间存在改编矛盾和版权矛盾,IP
所有权和改编权之间的冲突对于影视作品的制作存在很大负
面影响,比如在南派三叔和欢瑞世纪关于《盗墓笔记》IP 的争
夺中,作品质量变成了次要诉求。

　　影视公司与播出平台之间存在周期矛盾和价格矛盾。从
收购 IP、改编、报备、影视化加工、审核到最后播出,影视作品
从生产加工到被消费存在滞后性。大量待播剧积压和影视作
品的长回报周期导致大量涌入的资本收益呈现非常大的不确
定性。影视公司与播出平台之间还存在价格矛盾,影视公司对
IP 的盲目追捧促使大量资金的流入,但所注资金却有很大一
部分流向了明星演员,挤占制作投入,导致作品质量下降。在
"两星时代"下,购买成本的提高使电视台的购买决定更加谨小
慎微,影视作品高价出售变得困难。例如,大 IP 改编的《海上
牧云记》和《将军在上》就分别被湖南卫视和江苏卫视退货。

　　影视公司和外部投资方之间存在估值矛盾,这是投资过度

的重要原因。IP作为一种无形资产,目前的价值评估体系存在缺陷。主要表现为投资方过分依赖明星IP对未来盈利作出过高预期,而影视公司不合理的业绩承诺导致估值溢价。对IP的估值缺陷和估值矛盾造成投资方很可能投入与IP公允价值不匹配的超高资本。

播出平台和观众之间存在收视矛盾。平台播出后的收视情况直接关系平台盈亏,IP改编影视作品遇冷会降低播出平台再次购买的心理价格,导致IP改编影视作品的市场价格不断被压低。但是,影视公司前期已经投入了大量资本,此时会出现投入成本高于出售价格的情况,即投资过度。

导致投资非效率的终极矛盾是投入—产出矛盾。IP在资本市场疯狂吸金的同时,影视公司却难以用高水准的制作作为回报。IP原本作为异军突起的网生力量,在"短平快"的诉求下,久而久之也陷入传统影视业的类型化、流水线化的疲软生产之困局。最终决定影视作品收益的观众,也终会被情节魔改、资本选角、题材雷同和"五毛特效"劝退。因此,影视公司生产一方面出现投入过剩,另一方面又出现收益不足,最终导致了投资过度。

(二)取向之变:降低IP持有量偏好

影视公司对IP的盲目追捧和粗放式开发无形中将IP推向危险境地,影视公司向投资方兜售IP,又将IP改编的影视作品兜售给观众,这使得影视公司不必对IP负责,只用讨好观众和投资方。于是批量生产并借助大众媒介进行包装的商业化、标准化文化产品源源不断地涌向市场,却在一次次消耗观众热情之后,终于失去了市场。IP本身没有错,但它不应该被当作引资机器;IP没有失灵,但用IP"画饼"的行为终会失灵。以文化工业思维主导投资行为,其结果可能与主观愿望大相径庭。

面对这一困局，影视公司应该主动降低 IP 持有量偏好。IP 作为影视公司的软实力，在影视公司之间愈发火热的 IP 竞赛中变成刚性需求，但这种单一的、盲目的追求是病态的。本研究的实证结论认为，IP 持有量的增加并没有提高投资效率，反而导致了更多的非效率投资。这意味着，IP 导致了更多的资本浪费，这种非效率行为不仅对影视公司自身效益不利，对整个影视行业的发展都是有害的。作为理性、明智的影视投资决策者，应该正确认识 IP 的局限；与之对应地，影视公司应该降低对 IP 持有量的偏好，把目光投向其他可持续的增长点。

注释

[1] 尹鸿、王旭东、陈洪伟等：《IP 转换兴起的原因、现状及未来发展趋势》，《当代电影》2015 年第 9 期。

[2] 尹鸿、王旭东、陈洪伟等：《IP 转换兴起的原因、现状及未来发展趋势》，《当代电影》2015 年第 9 期。

[3] 张贺：《"IP 热"为何如此流行》，《人民日报》2015 年 5 月 21 日（第 17 版）。

[4] 罗红霞、李红霞、刘璐：《公司高管个人特征对企业绩效的影响——引入中介变量：投资效率》，《经济问题》2014 年第 1 期。

[5] 张辉锋、王田：《传媒业 IPO 后高绩效的成因分析——基于 Richardson 投资模型》，《国际新闻界》2017 年第 9 期。

[6] Jensen M. C. (1986). Agency Cost of Free Cash Flow, Corporate Finance and Takeovers. *American Economic Review*. 76(2).

[7] Richardson S. (2006). Over-Investment of Free Cash Flow. *Review of Accounting Studies*. 11(2).

[8] 王忠、宋少婷：《文化传媒行业上市公司投资效率相关性分析》，《中国文化产业评论》2020 年第 1 期。

[9] 陆建国：《影视传媒企业无形资产价值评估研究》，首都经济贸易大学硕士学位论文，2017 年。

[10] 金韶:《影视 IP 的价值评估和开发运营体系探析》,《电视研究》2017 年第 3 期。

[11] 桑子文、金元浦:《网络文学 IP 的影视转化价值评估模型研究》,《清华大学学报(哲学社会科学版)》2019 年第 2 期。

[12] 金韶:《影视 IP 的价值评估和开发运营体系探析》,《电视研究》2017 年第 3 期。

[13] 杨新敏:《IP 影视:概念与诉求》,《中国电视》2016 年第 3 期。

[14] 向显湖、刘天:《论表外无形资产:基于财务与战略相融合的视角——兼析无形资源、无形资产与无形资本》,《会计研究》2014 年第 4 期。

[15] 王忠、宋少婷:《文化传媒行业上市公司投资效率相关性分析》,《中国文化产业评论》2020 年第 1 期。

[16] 刘慧龙、王成方、吴联生:《决策权配置、盈余管理与投资效率》,《经济研究》2014 年第 8 期。

[17] 谢获宝、谭郁、惠丽丽:《上市公司 IPO 超募与投资效率研究——基于创业板市场的经验证据》,《证券市场导报》2014 年第 1 期。

[18] 翟胜宝、易旱琴、郑洁等:《银企关系与企业投资效率——基于我国民营上市公司的经验证据》,《会计研究》2014 年第 4 期。

[19] Richardson S. (2006). Over-Investment of Free Cash Flow. *Review of Accounting Studies*. 11(2).

[20] 谢获宝、谭郁、惠丽丽:《上市公司 IPO 超募与投资效率研究——基于创业板市场的经验证据》,《证券市场导报》2014 年第 1 期。

[21] 王晓彦、戴奕萱:《互联网上市公司投资效率研究——基于 Richardson 投资期望模型》,《河南牧业经济学院学报》2018 年第 4 期。

[22] McCab G. M. (1979). The Empirical Relationship between Investment and Financing: A New Look. *The Journal of Financial and Quantitative Analysis*. 14(1).

[23] 马国臣、李鑫、孙静:《中国制造业上市公司投资——现金流高敏感性实证研究》,《中国工业经济》2008 年第 10 期。

[24] Berle A. A. & Means G. C. (1932). *The Modern*

Corporation and Private Property. New Brun Swick, NJ: Transaction Publishers, p. 119.

[25] Claessens S. S. & Djankov L. L. (2000). The Separation of Ownership and Control in East Asian Corporations. *Journal of Financial Economics*. 58.

[26] Akerlof G. A. (1970). The Market for "Lemons": Quality Uncertainty and The Market Mechanism. *The Quarterly Journal of Economics*. 84(3).

[27] Jensen M. C. (1986). Agency Cost of Free Cash Flow, Corporate Finance and Takeovers. *American Economic Review*. 76(2).

[28] 样本公司:华数传媒、湖北广电、欢瑞世纪、慈文传媒、中南文化、鼎龙文化、万达电影、金逸影视、华谊兄弟、华策影视、捷成股份、光线传媒、华录百纳、唐德影视、幸福蓝海、浙江广厦、中视传媒、当代问题、文投控股、中国电影、上海电影、横店影视及中广天择。

Breaking IP Myth: An Analysis of the Impact of IP on Film and TV InvestmentEfficiency

YAN Xinyue, DENG Xiangyang

Abstract: Since the development of China's film and television industry, the IP craze has not declined. Film and television companies regard IP as a panacea for attracting investment, but whether IP has played a positive role in the investment efficiency of film and television companies is still lacking of empirical test. This study builds two basic models based on Richardson's investment efficiency model. Taking the data of 23 film and television listed companies from 2015 to 2020 as samples, it uses linear regression and binary Logit

regression methods to empirically test the impact of IP hold-
ings on film and television investment efficiency. The
research results show that the higher the IP holdings of film
and television companies, the more likely they are to lead to
inefficient investment, that is, the investment in IP is exces-
sive. According to the research conclusion, film and
television companies need to be aware of the limitations of
IP, be alert to the phenomenon of the IP bubble, appropri-
ately reduce their preference for IP holdings, and focus on
other sustainable growth points.

Key words: IP; Film and TV Investment Efficiency;
Richardson Model; Overinvestment; Bubble

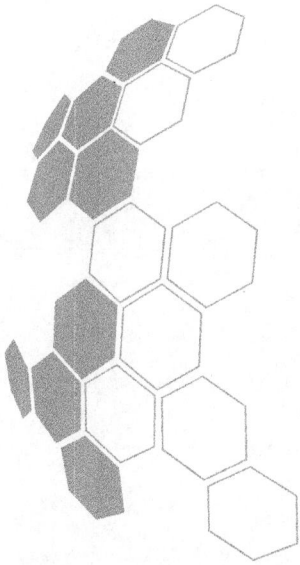

产业发展与治理研究

人工智能文化产业创新逻辑及其价值风险与治理路径

杨旦修　　王茜芮　　吕冠霖

摘　要　针对人工智能驱动文化产业创新问题,本文探讨了其创新的大数据逻辑与算法逻辑,具体分析了人工智能对美术行业、音乐行业以及短视频产业等的创新表现,解构了人工智能文化产业创新的伦理、人文以及意识形态风险,提出了内容监管、数据规制以及算法规制等风险治理路径。

关键词　人工智能　文化产业创新　价值风险　风险治理

近年来,随着人工智能技术在文化产业领域的发展与广泛应用,文化产业创新的场景化、智能化趋势不断加强,文化产业创新手段得以升级,促成了新兴的文化产业形态,同时文化产业创新的价值风险日益凸显。本文将从人工智能赋能文化产业的创新逻辑、内容分析、价值风险生成等方面,探析人工智能下文化产业创新的价值风险治理路径。

作者简介　杨旦修,男,云南财经大学传媒与设计艺术学院副教授,博士,博士后。研究方向:人工智能文化产业。电子邮箱:yangdanxiu99@163.com。王茜芮,女,云南财经大学传媒与设计艺术学院硕士研究生。吕冠霖,女,云南财经大学传媒与设计艺术学院硕士研究生。
基金项目　国家社会科学基金后期资助项目"人工智能传播伦理与治理研究"(21FXWB011)

一、基于人工智能的文化产业创新逻辑

人工智能技术介入文化产业领域,推动了文化产业的创新发展。人工智能技术向文化产业深度渗透、共创应用价值,同时提升文化科技附加值,提高文化产品智能化水平。人工智能技术赋能文化产业的创新逻辑主要体现在以下几个方面。

(一)文化产业创新中的人工智能影响因素

解学芳、雷文宣认为,"'智能+'技术颠覆重构着众多传统领域,成为新一轮科技革命和产业变革的重要驱动力"[1]。特别是"智能+"渗透在线文化产业,创新了文化产业的生产逻辑与分发逻辑,人工智能技术全方面赋能在线文化产业,驱动在线文化产业全面升级。

翟秀凤讨论了网络平台内容生产问题,认为,"被平台称作'内容创作阶层'的新媒体从业者不仅归属于'创意阶层'的范畴,并且属于社会舆论思想先锋和超级创意核心"[2]。在人工智能技术的加持下,内容创作阶层通过数据与算法的赋能,创意表达,实现人工智能与文化产业融合。可以看出,数据与算法即是人工智能赋能文化产业创新的两大因素,数据是内容创作阶层创意创新的物质基础,可以提升文化生产创新的内容效率与价值选择范围。同时,算法因素为在线文化产业的分发创新提供了定盘星。算法作为一套计算机程序,通过机器学习,在内容与用户之间实施精准适配,提升了在线文化产业的消费效率,也激活了在线文化产业平台的发展活力,增强了在线文化产业平台的流量分成与广告收益。

纵观人工智能与文化产业融合史,大致可以分为三个阶段:(1)萌芽期(1956—1980年)。受计算机算法算力限制,人工智能仅在机器人和经典棋盘游戏领域崭露头角,尚未进行更

多的尝试。（2）导入期（1981—2017 年）。得益于 RL 算法和神经网络算法的问世，人工智能技术迎来全新的突破，加深了人工智能在游戏、机器人以及内容等领域的渗透。内容作为文化产业的核心，人工智能技术赋能内容检索、内容识别以及内容生成等内容领域，促使文化产业内容升维。（3）重要期（2018 年至今）。人工智能向文化产业细分下的新闻信息服务、内容创作生产、创意设计服务、文化传播渠道、文化投资运营以及文化娱乐休闲服务等核心领域开始了纵深化进阶。因此，文化产业场域的人工智能创新从供给侧与需求侧发力，供给侧的生产个性化，需求侧的有效性与用户满意度，不断拓展文化产业维度与提升文化产业效率。

当前，人工智能技术正在逐步颠覆、重构文化产业，科技与文化的融合从"选择性个人"走向"整体融合"。人工智能＋文化产业在生产端、运营端、营销端、消费端以及数据端等实现全产业链创新。数据驱动、算法驱动、场景驱动成为人工智能技术群主导文化产业形态创新的内在机理。人工智能对文化产业领域的渗透，主要表现为大数据技术和算法技术在文化产业中的应用。大数据技术储存了海量的文化用户大数据和文化内容大数据，搭建起来的文化大数据在为算法提供学习原料、为智能化内容生成（Machine Generated Content）提供物质基础等方面发挥了重要作用。算法技术在推动文化消费转型升级中提升了消费体验。人工智能技术追踪、定制及满足人们日新月异的个性化需求，也实现了消费者移动智能终端的小众化的长尾需求，造就了现代文化消费的多样化、虚拟化、社交化、智能化的特点，使得文化消费的内涵与外延得以扩展。

（二）人工智能文化产业创新的大数据逻辑

大数据技术参与文化产业应用是文化产业智能化变革的重要一环。解学芳认为，"通过大数据动态了解文化消费者关注的内容热点、信息偏好,确定重点人群,由此制定或调整文化内容运营策略"[3]。大数据为精准化用户市场调查提供支持,是内容生成算法、个性化算法推荐的物质基础。

1. 作为算法基础的大数据

人工智能技术的应用离不开文化产业数据库的构建,文化产业数据库包含用户大数据和文化产品大数据。第一,用户大数据即消费端大数据,是智能化文化内容生成选题方向的重要参考依据。从群体角度看,集成的用户大数据作为一种"群体智慧"指导文化内容的生产,例如美国政治题材网络剧《纸牌屋》,依托大数据,选择演员、安排剧情走向。从用户个人角度看,智能化内容生成可以根据用户偏好形成千人千面的语言风格、呈现角度,实现人性化的"一对一"文化传播。其中"标签"作为用户节点数据呈现形式,在智能化内容生成中起着关键作用。人工智能内容生成算法的技术逻辑可以理解为对"标签"的语义描述。人工智能技术首先收集用户的文化信息消费行为,将其解码生成原始字节,通过智能程序进行结构化处理后生成用户数据,储存在用户信息数据库中。随后,剔除其中稀有、重复以及被污染的数据,进行二次编码,生成"用户标签"。个人维度的用户标签集合形成"用户画像",个性化内容生成算法的核心逻辑便是基于"用户画像"实施"个人定制"。海量的用户标签可以提取出被大众广泛消费的"标签",利用"群体智慧"挖掘文化产品的"流量密码"。第二,文化产品大数据即供给端大数据,配合用户大数据作为智能分发算法的物质基础。智能化内容分发技术通过文化产品特征数据库,借助用户画像精准地实现文化产品和用户意图之间的智能匹配。文化产品特征建构方式有两种:一种是基于文化产品自身特性的建构,另一种是基于用户对该文化产品反馈的建构。前者是基于内容属性相似性算法推荐的关键依据,后者是基于物品的协同过滤算法推荐的关键依据。

2. 作为文化生产资源的大数据

文化领域的大数据解决了内容生产、内容分发等算法适配问题,而作为国家文化策略的"文化大数据"主要攻克的是文化生产资源的问题。"文化大数据"是指依托于人工智能、大数据等技术,应用于文化产业创新发展的新型数据处理模式。文化大数据对含有文化价值的内容进行采集、存储、管理和分析,以构建海量、高增长率和多样化的文化资产库,从源头上为文化生产提供高质量的海量数据资源,助力文化企业的智能化升级。高书生认为,"文化大数据的体系架构主要是由'四端'——供给端、生产端、需求端以及云端构成"[4]。其中,"供给端"是指从文化遗产中"萃取"获得的中国文化素材库,包括中国文化遗产标本、中华民族文化基因等;"生产端"在已经形成的数据库基础上,承担着将碎片数据资源通过人工智能合成技术生成文化体验产品的工作;"需求端"又称消费端,承载海量个性化用户数据;"云端"即为链接文化生产与文化消费的运转枢纽。

供给侧与需求侧大数据作为文化产业的生产要素,是文化生产的源头,其萃取过程至关重要。人工智能加持下的数据采集、元素解构等文化大数据共性关键技术,攻克了文化大数据供给侧数据萃取难题。除此之外,文化大数据共性关键技术还包括关联、检索、重构与呈现四种技术。其中,关联技术利用"贴标签"的方法搭建知识图谱,设置关联标签、溯源标签等,构建以专家领标、大众打标、机器融标为基础的自动化文化资源智能协同标注体系。文化大数据以数据关联为核心,突破文化大数据共性关键技术,消除"数据孤岛",实现"四端"真正意义上的数据融合,形成"人工智能＋文化产业"数据文化生产线。

（三）人工智能文化产业创新的算法逻辑

算法作为人工智能技术系统的核心机制，驱动文化产业创新发展。解学芳认为，"人工智能具备的自主学习能力与基于算法的创作行为是其能够进入文化创意产业领域的条件，是文化创意产业向'智能化创新'范式转变的重要推力"[5]。算法技术作为文化生产的一种新的底层支持，驱动了文化生产、文化分发的全流程智能化变革。

1. 算法＋文化生产创新

智能算法赋能文化生产，主要有"利用结构化数据自动生成"和"基于用户画像自动化生成针对不同用户的个性化内容"两种运行方式。算法技术作为底层基础，渗透到文化生产的信息采集和处理、判定文化内容角度和选题以及自动化重构与呈现等环节，催生了智能化文化生产新范式。第一，信息采集和处理环节。算法技术已然实现了机器程序自动抓取目标数据、自动识别生产要素、信息初步的筛选与审核等关键功能。算法程序先就需要生成的文化内容收集数据，依据关键词、时间或数据指标等，在大数据库通过自动化数据挖掘技术，采集与目标领域有关的各类数据信息。完成数据采集工作后，该程序会对收集到的数据进行结构化处理和分析，通过预先设定的算法清洗、去除可能存在的误差或不具有参考价值的单一数据，从而进一步对结构化后的数据进行提取、计算、统计和分析。第二，判定文化内容角度和选题环节。一方面，算法程序自动将信息处理结果与设定的生产要素进行对比，以挖掘文化生产的角度和选题；另一方面，算法技术通过对用户消费行为的数据挖掘收集文化产品选题灵感，预测热点、爆点话题，使文化生产在初期阶段就可以站在数据的"肩膀"上，把握商业化的精准方向。第三，在自动化重构与呈现环节，计算机程序利用算法技术套用已有模板生成规范的文化内容产品，并进行加工和润色,呈现最终文化产品,并自动存入待分发库,等待人工把关审核后予以签发。

2. 算法＋内容分发创新

翟秀凤认为,在线文化生产的一种内在动因即内容货币化,"网络内容的货币化逻辑可以简单概括为'注意力经济'或曰'影响力经济'"[6]。平台内容分发算法提升了内容精准化流通,打通了文化内容从生产到文化消费的链接,极大地服务了"内容货币化"的目的。算法推荐对大量的用户数据的解构分析形成用户画像,随后通过计算单个内容与用户兴趣画像间的吻合程度,选取相关性较高的内容个性化推荐列表,以实现不同场景下的高效"用户—信息"匹配。人工智能算法分发机制精准把握用户"到达落点"、探索用户"心理落点"、打通文化消费的"关联落点",提升了文化内容匹配能力,促进了文化消费增长。

人工智能算法分发机制通过对用户个性、社交环境以及时空情景等用户文化消费外在特征的挖掘,形成全覆盖、实时用户画像,精准把握了用户的"到达落点"。结合文化内容分发的独特性,算法分发机制强调用户个人独特性,从心理、文化等坐标出发探索用户"心理落点",不断挖掘用户潜在需求。除此之外,在大数据的加持下,算法积极寻找与文化消费相关的因素,即"关联落点"。比如,文化消费与用户人口特征之间的关系、文化消费与不同终端之间的关联等。如,"今日头条"平台的数据显示了不同手机用户各自的内容消费行为特点,OPPO手机用户分享比最高、一加手机用户评论比最高、金立手机用户视频观看比最高等。其结果不仅能为内容精准分发提供依据,也可以帮助优化传播效果,促进文化内容向社交、服务等领域的扩张。

二、基于人工智能的文化产业创新内容分析

在移动互联网、大数据、云计算、传感器、物联网等技术驱动下,人工智能呈现深度学习、跨界融合、人机协同、群智开放的特点;大数据驱动的知识学习、跨媒体协同、智能穿戴与智能制造等人工智能诸发展要素已开始渗透至相关产业,正引起行业的动荡和业态重塑。人工智能应用于文化产业创新主要涉及人工智能对美术行业创新的影响、人工智能对音乐领域创新的影响、人工智能对短视频产业创新的影响等三个方面。

（一）人工智能对美术行业创新的影响

人工智能作为数字技术,会对美术的生产、传播以及消费产生全面影响,其中对美术生产领域的影响非常值得关注。人工智能对美术创作领域的创新驱动主要体现在人工智能对既有艺术作品的学习与改造和人工智能独立创作艺术作品。人类丰富的创造力和想象力一直以来是人工智能无法超越的,但随着算法的不断发展,人工智能的艺术潜力正在被开发,已经接近像人类一样进行创作。2016 年,谷歌在美国旧金山举办了"人工智能画展及拍卖会",拍卖会一共售出 29 幅作品,为美国灰湾艺术基金会(Gray Area Foundation for the Arts)筹集了近 10 万美元。谷歌工程师解释说,人工智能通过"人工神经网络"算法进行学习,在识别其他画作后可以独立完成艺术作品。除了谷歌的在线作画系统,目前已经有不少可以绘画的实体机器人。

随着人工智能对大数据和深度算法技术的学习,人工智能已经具有了越来越高的主体性。"对于通过人工智能创造出的'作品'……其仍属于商品属性而非艺术品属性。"[7] 尽管人工智能在一定程度上推动了经济增值,但人工智能创作出的艺术

作品缺乏情感价值。人工智能的艺术创作已经可以从理论走入实际生活之中，人工智能已经可以独立创作影视、文学、音乐以及美术等多个领域的作品。许多软件通过应用人工神经网络技术，对人类伟大的艺术作品进行学习，再创造出不同风格的艺术作品。人工智能与艺术领域创作的创新发展是相辅相成、相互促进的。

（二）人工智能对音乐领域创新的影响

"网易云音乐"作为一款音乐产品，在音乐品质上提高了用户黏性，而大数据技术和算法技术在其中起到了关键性作用。"算法作为数据与人工智能的节点，发挥着构造流量入口、捕捉用户黏性的关键作用。"[8]"网易云音乐"通过"猜你喜欢"功能，为用户提供"每日推荐"歌单。"网易云音乐"绘制用户画像，利用算法推荐技术建立用户标签，向用户推荐与其匹配度最高的歌曲。

此外，人工智能在音乐编写、音乐表演、音乐制作以及音乐欣赏等方面都进行了积极的尝试，并取得了突破性的进展。人工智能音乐软件可以通过深度学习独立创作音乐作品，而人工智能在音乐领域的创作往往比人类在音乐领域的创作更具备创新能力。人工智能可以"改变人们原有的灵感创作模式，并能解码人类在音乐上的创造力"[9]。在音乐创作领域，单纯旋律的写作存在与以往作曲家创作的旋律相似的可能性，而人工智能则可以打破音乐创作的规则与模式，创作出让人们从未听过的旋律。希蒙（Shimon）是一个拥有四肢、会演奏马林巴琴的机器人，由乔治数码音乐技术中心设计，能够真正做到即兴演奏。它通过对爵士音乐的学习，创作出能够让听众享受的音乐。由此可见，人工智能技术可以将人类的创造力与计算机的计算能力相结合，产生更好的音乐创意。

"推荐算法是推荐系统的关键环节，为用户模型和产品模型提供'桥梁'作用。"[10]人工智能技术使用户与音乐之间的适配度提高,为音乐产品带来了商业价值。同时,人工智能通过对音阶、和声、配器以及节奏等领域的充分学习,构建了精确的算法体系,其实质是将作曲转化为算法。当把音乐大师创作的音乐作品或流行多年的音乐作品导入音乐软件时,人工智能音乐软件即可创作出旋律、配器、和声以及效果兼备的音乐作品。

(三)人工智能对短视频产业创新的影响

算法推荐技术提高了视频和用户之间的匹配程度。在抖音的"推荐"板块中,用户通过刷新可以不断观看到自身感兴趣的视频内容。"基于用户信息的基本协同过滤是抖音整个算法体系中最基础和最简单的算法,也是在视频推广过程中普遍应用的算法。"[11]以抖音短视频为例,抖音通过获取用户的基本信息,构建用户模型,对兴趣并集相似的用户进行相同的短视频推荐。"抖音"通过内容维度和社交维度为用户筛选视频,在内容维度中,短视频平台通过用户的点赞、评论、收藏以及转发等信息,以数据驱动的方式挖掘用户的兴趣。在社交维度中,短视频平台基于"去中心化"的原则进行算法推荐。每个用户都能作为传播者进行内容创作,用户在观看短视频时,可以看到好友发布的内容,短视频平台在一定程度上强化了人群的分化。

算法技术作为人工智能技术的核心,形成了用户对内容满意度的公式,用户的基本信息即为变量,通过复杂的计算,让短视频的内容更加适配于每个用户,人工智能算法技术决定了短视频内容的分发。"算法擅长'猜你喜欢',满足个体对文艺作品娱乐消费、艺术欣赏的需要。"[12]短视频内容发布者通过增强作品的垂直度,创作出更优质的内容,再通过对内容数据和用户数据的了解,使用户的标签体系更加精细化,了解用户的兴趣变化,增强用户的黏性。短视频产业的发展依赖于人工智能技术,使各类用户的需求都能通过算法被满足。

三、人工智能驱动文化产业创新的价值风险生成

人工智能在驱动文化产业创新的同时也催生了诸多问题与风险,人工智能技术的风险在文化产业应用中可能会转换为价值风险。人工智能催生的文化产业创新的价值风险主要体现在伦理价值风险、人文价值风险以及意识形态风险等三个方面。

(一)伦理价值风险

人工智能技术可以营造一种拟态环境,用户对这种拟态环境产生了高度的信任,因为大数据技术和算法技术就是基于用户数据来向用户推荐信息,用户在网络上浏览的信息都是用户感兴趣和愿意相信的信息。不知不觉中,用户的隐私已经暴露,用户却不自知。人工智能驱动文化产业创新的伦理价值风险主要体现为偏见伦理风险与歧视伦理风险。当智能文化产业创新发展的同时掺杂了智能数据的偏见与歧视,则会创作出带有偏见和歧视色彩的文化产品。一旦带有歧视色彩的影视剧在受众中进行传播,则会对受众起到潜移默化的影响。这种现象会助长社会中的歧视行为,既没有尊重人权,也不利于社会的和谐发展。当人工智能把接收到的信息错误地与种族、地域以及性别等因素联系起来时,那么由人工智能创作出的文化产品则会带有种族歧视、地域歧视以及性别歧视等价值伦理风险。

人工智能创作出来的文字内容也可能是带有偏见的,一旦人工智能学习了带有偏见的数据,或者在算法设计时,工程师在有意或无意之中设计了带有偏见的算法程序,那么人工智能所创作出的文字内容同样会带有偏见。数据收集者在收集数据时会选择从网络上已有的资源,例如文章、言论和意见,进行

数据的整理和搜集,而这些数据的来源是经由不同的发布者进行发布,由于发布者本身的文化差异、经济水平、社会阶层以及价值观的不同,这些文章、言论和看法中难免会带有发布者本身固有的偏见。

(二) 人文价值风险

大数据技术和算法技术的飞速发展可能会使人类的独特性被取代,人工智能技术的出现已经成为可以独立运作的新权力,人类对于信息的掌控不再具有自主性,精准推送让人类的信息获取能力以及人类的交流能力减弱,消除了人类传播中的价值底蕴。同时,人工智能技术在文化产业中同样具有人文价值风险。"过分依赖智能化生产将导致'文化缺钙'问题……机器创作将不可避免地造成作品严重同质化的倾向。"[13] 人工智能对于艺术作品、音乐作品以及文学作品的创作主要依赖于对大数据的分析与学习,对以往作品的深度学习,进而进行模仿与创作。而基于大数据分析平台创作生产出来的文化产品,注定不能满足人们不断发展变化的精神文化需求,不能给予人应有的艺术营养。人类日益增长的精神需要,需要通过阅读或观看文化产品来满足。

人工智能创作一旦进入文化产业的生产链,则会对传统的文化产业造成巨大的影响,文化产品创作者将会失去创作文化产品的热忱。优秀的文化产品是能够给人的心灵带来抚慰或震撼的,而人工智能创作的文化产品千篇一律,缺乏让人类共情的能力。比如,国内人文社科研究者大多对人工智能如"微软小冰"创作的诗歌的艺术价值并不认可,指出人工智能存在意向性、思维、自由意志以及情感等难以突破的技术瓶颈。同时,文化产品也担负着传承国家优秀传统文化的责任,一旦人工智能创作成为常态,那么文化产品的人文特性也将会被忽视。人工智能通过对以往文化产品的模仿,创作出新的文化产品,然而,通过模仿创作出来的文化产品却"只得其形,未得其神"。比如,优秀文学作品中对于人物长相、人物性格以及自然景观等细节的描述,让人阅读起来就像身临其境一般,而人工智能创作出的文化产品,却只是将词句堆叠起来,没有文学作品中应该具备的神韵。文化产品一旦失去了神韵,则等同于失去了"灵魂",文化产品中应该展现出来的美好人文景象将不复存在,人类精神世界的"乌托邦"也将消逝而去。文化产品中的人文情怀也是引起受众共鸣的重要因素之一,家国情怀、民族精神是文化产品中最为打动人心的部分,而人工智能创作出的文化产品很难具有人文情怀。目前的人工智能很难创作出有人文情怀的作品,这即为人工智能创作不能成为主流创作模式的主要原因。

人工智能文化产业的生产越来越受到利润的驱动,文化产品的艺术性、历史性和文化性逐渐被淡化。"平台文化生产正在将自动化和娱乐结合成一部永动机,不断勾起继而不断建造人们的欲望,将消费主义置于一切之上。"[14]人工智能技术飞速发展,算法成为评估满意度的工具,浏览量、点赞量、评论量、收藏量以及转发量成为算法标记的主要内容。文化产品追求的不再是人文价值,"流量"成为文化产业中最受追捧的指标。

(三)意识形态风险

建立在数据与算法基础上的人工智能文化产业,其意识形态风险来源于价值取向各异的复杂数据。尽管我们可以通过数据清洗,但是难免还会保留一些问题数据,这些问题数据隐含了很多观点、意见等意识形态风险,以集成数据为资源的文化生产就有可能生成意识形态偏向的文化产品。同时,机器学习算法以具有意识形态风险的集成数据为原料,受其影响,在应用中就会将具有意识形态价值风险的内容分发于精准用户,这些精准用户通过点赞、评论和转发,助推意识形态价值风险放大。

大数据和算法所构建的环境是一种拟态环境,大数据挖掘、算法推荐等技术让用户所处的信息环境成为一个极具说服力的环境。在充斥着大数据技术和算法技术的网络空间里,用户会一直接触到自身感兴趣的信息,不断地强化自身的认知。大数据技术和算法技术为用户创造了一个封闭的信息环境,算法可以轻易地塑造用户的认知。同时,以政治宣传为目的的算法传播,会通过"仿真民意"来影响用户的感知和决策,多元化的信息在算法推荐下消失了,意识形态价值风险随之而来。

"人工智能虽然在文化产业各环节得到变革性应用,但在网络文学及其衍生品领域已经明显显示出意识形态问题。"[15]文化产品的功能之一是给受众带来思想境界和精神文明的提升,如果过度依赖人工智能,则会造成文化产品意识形态功能陷入价值偏向的风险。比如,某短视频平台,基于一些"扶贫攻坚"价值偏向的数据,智能生成一些攻击国家扶贫政策的短视频产品,其传播对国家意识形态导向造成严重危害。文化产品与物质产品的区别在于,文化产品不仅能带来经济收益,同时也能够给受众带来"情绪收益"。文化产品同样具有教育功能,欣赏优秀的文化产品可以提高受众的审美,受众也可以通过观看文化产品学习知识与文化,完善受众的世界观、人生观、价值观,进而提高受众的精神境界。人工智能对文化产业的介入是技术及其发展而产生的必然趋势,而人工智能对意识形态的操控则是需要人们密切关注的问题。

四、基于人工智能的文化产业创新价值风险的治理路径

人工智能推动文化产业转型升级的同时,也带来了伦理、

人文以及意识形态等价值风险。对此,可以从加强人工智能生成内容监管、大数据规制和算法规制等三个方面加以防范。

(一)加强对人工智能生成内容的监管

文化产品作为人类社会的精神产物,在传承人类文明、陶冶人类情操等方面发挥着重要作用。文化产品具有商品属性,更是具有社会效益的特殊商品。因此,虽允许人工智能介入文化生产,但对其生成的文化产品的监管仍然不能放松。最直接的方法之一就是建立健全"把关人"机制,加强对人工智能生成文化产品的规范和把关。如今日头条"Xiaomingbot"的生产流程最后一步,即为人工智能生成内容设定"签发"环节。

除此之外,对人工智能生成的文化产品进行立法规范也是防范人工智能介入文化产业价值风险的进路之一。立法需界定包括人工智能内容生成的主体、人工智能生成内容是否享有著作权、著作权归属问题等一系列问题。人工智能技术的应用经常会突破国界的限制,其生成内容的传播范围覆盖全球。修订人工智能创作物相关法律法规,不仅要考虑本土因素,也要参考其他国家的法律法规,避免中国标准与国际不接轨的问题。

(二)人工智能文化产业价值风险治理的大数据规制

在媒介日趋智能化的移动互联网时代,各大平台全时段、全覆盖地自动化采集被"商品化"的个性化用户的数据。属于自己的数据,其保存权、使用权都脱离了用户本身,这无疑是大数据技术对隐私权的巨大挑战。大数据技术作为算法技术的物质基础,为算法程序提供机器学习、深度学习、个性化推荐的数据依据,因此大数据技术中的偏见和歧视等问题同样为算法技术埋下伦理风险隐患。

对此,政府各部门要加强对数据自动化采集、数据应用以及披露范围的管控,严厉打击过度获取和非法泄露公众隐私数据的行为,在平衡数据获取和隐私安全的基础上,建立完善的法律机制和责任制度,以保护国家、企业以及个人的数据安全。必要的时候,应对数据进行"伦理审计",即"从智能认知与算法决策的结果和影响中的不公正入手,反向核查其机制与过程有无故意或不自觉的曲解或误导,揭示其中存在的不准确、不包容和不公正,并促使其修正和改进"[16]。

(三)人工智能文化产业价值风险治理的算法规制

将"内容召回"和"用户留存"作为运行目标的智能算法程序,显示出高度工具理性和商业化基因,一方面加大了对用户的消费主义剥削,另一方面对文化生产活动施加了隐蔽而日常的规训。"日益商业化、自动化、工业化的智能算法已经成为全球性、全局性的结构性力量。"[17]想要规避这一结构性力量带来的风险,必须规制算法技术对文化传播领域的无限介入以及其依托的商业化逻辑,为平台算法注入具有公共性、人文性的价值观,明确"算法的好"与"好的算法"的区别,引导平台走以"技术向善"为导向的人工智能与文化领域融合发展路径。

算法体现着平台的社会责任与伦理,平台算法"需要承担起社会环境监测、社会整合、文化传承等责任"[18],并且兼顾"推送效率与公共责任的平衡""公共热度与专业价值的平衡"以及"个性信息与公共信息的平衡"。除此之外,还应引入更多维度的人工评估进行决策权衡,防止算法垄断,专业人的经验与价值观仍然是决定算法的核心要素。

注释

[1] 解学芳、雷文宣:《"智能+"时代的现代文化产业体系:挑战与重塑》,《深圳大学学报(人文社会科学版)》2021年第4期。

[2] 翟秀凤:《创意劳动抑或算法规训?——探析智能化传播对网络内容生产者的影响》,《新闻记者》2019年第10期。

［3］解学芳:《人工智能时代的文化创意产业智能化创新:范式与边界》,《同济大学学报(社会科学版)》2019 年第 1 期。

［4］高书生:《国家文化大数据建设:加速文化界"新基建"促进文化产业转型升级》,《清华金融评论》2020 年第 10 期。

［5］解学芳:《人工智能时代的文化创意产业智能化创新:范式与边界》,《同济大学学报(社会科学版)》2019 年第 1 期。

［6］翟秀凤:《创意劳动抑或算法规训? ——探析智能化传播对网络内容生产者的影响》,《新闻记者》2019 年第 10 期。

［7］陈炯:《人工智能,让艺术变得廉价?》,《美术观察》2017 年第 10 期。

［8］喻国明、杨莹莹、闫巧妹:《算法即权力:算法范式在新闻传播中的权力革命》,《编辑之友》2018 年第 5 期。

［9］张力平:《人工智能让音乐更美妙》,《电信快报》2018 年第 12 期。

［10］李兰馨:《大数据智能算法范式下的用户黏性研究——以网易云音乐为例》,《新媒体研究》2019 年第 4 期。

［11］赵辰玮、刘韬、都海虹:《算法视域下抖音短视频平台视频推荐模式研究》,《出版广角》2019 年第 18 期。

［12］赵丽瑾:《网络文艺的创作与传播别陷入"算法"出不来》,《光明日报》2020 年 12 月 24 日(第 15 版)。

［13］宣晓晏:《人工智能时代文化生产与管理机制革新》,《艺术百家》2019 年第 1 期。

［14］全燕:《算法驱策下平台文化生产的资本逻辑与价值危机》,《现代传播(中国传媒大学学报)》2021 年第 3 期。

［15］李景平:《人工智能深度介入文化产业的问题及风险防范》,《深圳大学学报(人文社会科学版)》2019 年第 5 期。

［16］段伟文:《人工智能时代的价值审度与伦理调适》,《中国人民大学学报》2017 年第 6 期。

［17］翟秀凤:《创意劳动抑或算法规训? ——探析智能化传播对网络内容生产者的影响》,《新闻记者》2019 年第 10 期。

[18] 彭兰:《智能时代的新内容革命》,《国际新闻界》2018 年第 6 期。

Research on Value Risk and Governance of Cultural Industry Innovation Driven by Artificial Intelligence

YANG Danxiu, WANG Xirui, LV Guanlin

Abstract: For the innovation of the cultural industry driven by artificial intelligence, this paper discusses the big data logic and algorithm logic of innovation and specifically analyzes the innovation performance of artificial intelligence in the art industry, music industry, and short video industry, deconstructs the ethical, humanistic and ideological risks of artificial intelligence cultural industry innovation, and puts forward risk governance paths such as content supervision, data regulation, and algorithm regulation.

Key words: Artificial Intelligence; Cultural Industry Innovation; Value Risk; Risk Management

互联网平台未成年人保护的
规范路径探析
——基于 81 家网络平台保护政策的实证研究

方增泉 祁雪晶 元 英 秦 月 胡世明

摘 要 基于互联网平台未成年人安全事件频发的现状,通过检视互联网平台企业的用户协议及隐私条款等文本内容,以期进一步规范互联网平台的未成年人保护机制。本研究依据相关法律法规及政策要求,结合已有相关研究成果,构建评价指标体系,以 81 家互联网平台的用户协议及隐私条

作者简介 方增泉,男,北京师范大学新闻传播学院党委书记,研究员,博士生导师,北京师范大学新闻传播学院未成年人网络素养研究中心主任。研究方向:青少年网络素养、未成年人网络保护。电子邮箱:fangzq@bnu.edu.cn。祁雪晶,女,北京师范大学新闻传播学院党委副书记,助理研究员,北京师范大学新闻传播学院未成年人网络素养研究中心副主任。研究方向:教育新媒体、青少年网络素养。电子邮箱:qixuejing@bnu.edu.cn。元英,女,北京师范大学新闻传播学院讲师。研究方向:网络素养、新媒体与互联网治理。电子邮箱:bnuyuanying08@163.com。秦月,女,北京师范大学新闻传播学院硕士研究生。胡世明,男,北京师范大学新闻传播学院博士研究生。研究方向:新媒体与互联网治理研究。电子邮箱:2737052943@qq.com。
基金项目 2021 年度中央高校基本科研业务费专项资金资助课题"智媒时代大学生网络素养模型构建及提升路径研究"(310422120)、高校思想政治工作队伍培训研修中心(北京师范大学)大学生思想政治教育课题"融入虚拟现实技术的高校网络思想政治教育接受度影响因素研究——基于 UTAUT 模型的实证分析"(2021SZZX02)

款等为样本,通过文本分析法从"信息提示""技术保护""防沉迷(综合)管理""应急、投诉和举报机制""隐私和个人信息保护制度""科学普及和宣传教育"六个维度,对互联网平台的未成年人保护现状进行分析,以期为互联网平台制定下一步未成年人保护规范提供支持,为政府及有关机构进行有效管理提供决策参考。

关键词 未成年人保护 互联网平台 文本分析法 规范路径

互联网平台是未成年人重要的学习、社交与娱乐工具,在其身心成长过程中发挥着日益重要的作用。2022 年 8 月,第 50 次《中国互联网络发展状况统计报告》显示,我国未成年网民占比达 17.7%,"触网"低龄化趋势明显[1]。由于未成年人尚未形成独立的世界观、价值观,缺乏辨别复杂信息的能力,极易受网络内容片面化、单向化影响,涉网问题突出,引起社会忧虑。2022 年 6 月,北京互联网法院发布的《未成年人网络司法保护报告》指出,网络沉迷、网络欺凌、冲动消费、言行失范已成为未成年涉网易发、多发问题[2]。为了营造健康、文明、有序的网络环境,保护未成年人身心健康,保障未成年人在网络空间的合法权益,2022 年 3 月,国家互联网信息办公室发布关于《未成年人网络保护条例(征求意见稿)》再次公开征求意见的通知,提出未成年人的网络保护应坚持"最有利于未成年人"的原则,实行"社会共治"。在保障未成年人网络安全的多元主体中,仅依靠家庭保护、政府保护、司法保护的监督和监管愈发局限,监管和自律相结合的保护方式更加契合时代发展和技术进步。因此,如何保障未成年人网络安全与健康成长,落实互联网平台未成年人保护责任至关重要。

一、文献回顾

随着科学技术的日益发展和互联网的广泛普及，未成年人已成为网络新兴力量中的重要一极。2021 年 8 月，共青团中央维护青少年权益部、中国互联网络信息中心（CNNIC）发布的《2020 年全国未成年人互联网使用情况研究报告》显示，2020 年我国未成年网民规模达到 1.83 亿，未成年人的互联网普及率为 94.9％，高于全国互联网普及率 70.4％。然而，未成年人仍处于认知和行为的发展阶段，在互联网世界中缺乏辨别复杂信息的能力，面临信息焦虑、数字压力、网络成瘾、隐私安全、网络暴力等诸多风险，网络成瘾、网络诈骗受害、网络犯罪、网络失范等问题日益凸显[3]。当前，互联网平台在未成年人网络保护方面存在一些突出问题，主要集中在未成年人网络欺凌问题、隐私泄露问题、网络成瘾问题、屏幕使用时间过长问题、危害未成年人成长的网络信息问题等[4]。这些问题亟待在互联网平台内容治理以及未成年人保护和发展的工作中解决。

（一）互联网平台治理

研究表明，"他律"和"自律"已成为互联网平台治理的"两种并行的规约方式"[5]。"他律"是指互联网平台接受外界的检查与监督，是一种强制性的、外在的约束方式[6]。"自律"则是指互联网平台实施的自我约束，主要包括两种方式：一是与非政府组织等机构合作成立的保护联盟，二是平台根据自身经营方式制定相应的管理规范。国外互联网平台通常采用成立专职机构和组织的方式进行自律，例如成立儿童及青少年保护联盟，保护儿童和青少年免受有害内容和数字环境造成的负面影响。一些欧洲媒体公司成立了"保护在线未成年人联盟"（Alliance to Better Protect Minors Online）、"儿童在线信息和通信技术联盟"（ICT Coalition for Children Online）等多个自律组织,旨在通过改善未成年人的网络环境,实现对未成年人的有力保护[7]。国内互联网平台多采取制定相应的管理规范进行自律,相关规范大多以国家颁布的权威性法律法规(例如:《网络安全法》《个人信息保护法》)等作为蓝本。平台通过制定《社区公约》《商业行为规范》《投诉操作细则》等平台内部成员共同遵守的规定,以此实现自我规制并约束用户以及平台的各类言论[8]。国内外对于互联网自我规制的考察也多从互联网平台自身制定的自律规范出发,分析其内容的完备性和制度的有效性。有学者通过比较美国儿童广告规约与网上隐私权保护规约的效果,来透视自律原则对于我国网络传播的适用性[9]。有研究对我国 15 家大型网站管理规范的内容特点和价值取向进行探讨,以期发现这些规范是如何构建网络道德规范的[10]。

(二)互联网平台用户协议和隐私条款

用户协议和隐私条款是互联网最具代表性的管理规范之一,不少学者通过对多家网站的隐私声明、服务协议等进行分析,总结归纳当前各类网络平台在数据、隐私保护方面的侧重点和不足之处。用户协议和隐私政策普遍应用于互联网产品的各个场景,既是平台获取用户信息的第一道"许可",更是一道保障用户合法权益与个人信息安全的重要屏障,对于用户来说更是一份详细的"使用规范说明书"。申琦在对 49 家网站公布的隐私保护政策进行内容分析后,发现目前我国网站隐私保护相关规定的命名较为混乱,无法被用户准确识别,并且没有说明清楚搜集何种信息以及搜集信息的方式[11]。徐敬宏运用文本分析的方式考察了五家网站的隐私声明,发现网站的隐私声明并未对网站过度收集和使用个人信息的行为进行严格限制,未能起到保护隐私权的作用[12]。胡丽、何金海以 40 个互联网平台的用户协议为样本,发现部分互联网平台存在滥用条款而损害用户权益的情形,授权条款中的部分模式会导致用户数据脱离数据权利人的控制[13]。

（三）互联网平台未成年人保护

互联网平台未成年人保护相关研究主要通过理论思辨的方式，对网络治理逻辑、网络保护模式等进行分析。卢家银认为，近年来，我国对未成年人的网络保护呈现了较为突出的保护主义趋向、平台义务本位和主流价值观引领的特征，倡导未成年人利益最大化原则，强化平台责任和义务，强调对未成年人的价值引导，带有明显的秩序至上和管理趋向色彩，并指出现行相关法律法规和政策普遍强调落实互联网平台的主体责任，要求平台切实履行网络守门人的角色，以保障未成年人健康成长[14]。张国胜、方紫意提出，数字时代未成年人的网络治理逻辑应从"数字负能"（数字鸿沟、网络成瘾、网络伤害等）转变为"数字赋能"（提升学习效率、打破贫困代际传递、拓展最弱势未成年人的发展潜能等），并指出应强化互联网企业在未成年人保护中的积极作用，鼓励互联网企业开发针对未成年人需求的保护机制和网络产品，切实履行主体责任，建立健全一个以互联网平台责任为主的未成年人网上保护机制[15]。林维、吴贻森认为，互联网未成年人模式应从消极保障未成年人权利向积极服务未成年人转变，提升未成年人模式的可靠性和有效性，并指出互联网平台要将未成年人保护视为高度优先事项，强化未成年人的主动参与[16]。可以看出，互联网平台在未成年网络保护中的主体责任毋庸置疑，亟待进一步完善网络保护体制机制，提升网络保护水平。

当前，互联网平台多从内容（信息内容治理、个人信息保护等）和行为（网络沉迷防治、网络素养培育等）两方面对数字环境下的未成年人进行保护。信息内容治理方面，近年来我国网络内容治理正在依靠"以数据要素为抓手调整信息内容秩序，通过治理信息内容生态来整合社会组织与群体的双重中介模式"的方式进行转变[17]。个人信息保护方面，随着相关政策的密集出台,互联网平台加强制定个人信息保护相关政策,并通过用户授权同意协议条款等方式,将过去这一单方声明式的自律措施上升为平台与用户双方之间具有法律效应的合同条款[18]。研究认为,互联网平台需要进一步强化对于用户的信息提示,切实履行对于用户的告知义务,应以直接、准确、全面、明了的方式向用户告知其信息被收集和使用的规则,包括收集信息的范围、形式、目标、频率等基本内容,以及用户信息的脱敏、公开、共享、销毁等保护措施,保护用户在平台上的知情权和选择权[19]。网络沉迷防治方面,随着一系列防沉迷规定的颁布以及"清朗"网络专项活动的持续实施,各个互联网平台尤其是网络游戏平台不断收紧防沉迷举措,接入防沉迷系统,不断优化模式效能,实现对未成年人的有效监管,但仍有个别游戏平台目前不具备监督、监管、监控用户的能力[20]。网络素养培育方面,互联网平台应承担起必要的社会责任,努力营造良好的环境氛围,让作为网络社会生活"终极主体"的个人不断强化主体意识和责任意识,不断提升网络素养[21]。从实践来看,目前未成年人的网络素养培育主体主要是政府、家庭、学校等,互联网平台所发挥的作用相对比较薄弱。

以往学界对于互联网平台的考察主要从企业本身的能力出发,通过科学的指标评价其平台基础设施、平台数字化能力、平台所创造的价值等。李君等从平台基础保障、平台关键能力、平台价值效益3个维度、9个方面构建起对于工业互联网平台的评价指标体系,在每一维度分别有具体的数据采集项,为评价工业互联网平台提供了切实可靠的依据[22]。黄文妍运用文献分析法与逻辑分析法搭建起互联网平台企业价值的评价体系,将互联网平台价值影响因素主要分为宏观环境、财务因素、顾客价值、风险联盟与管理能力五大价值模块,以及73个变量指标[23]。王柯懿等则以互联网平台的数字能力作为研究着眼点,从基础支撑、数据汇聚、新模式应用、服务创新、可持续发展五个方面建立了评价的基本框架,梳理出可定量、定性分析互联网平台数字化能力的评价体系[24]。目前来看,从互联网平台治理和未成年人保护角度出发构建指标体系的研究相对较少。

　　未成年人保护应是互联网平台必须履行的重要责任之一。根据《未成年人网络保护条例(征求意见稿)》及《儿童个人信息网络保护规定》等相关政策的明确要求,网络运营者应当制定专门的儿童个人信息保护规则和用户协议。基于此,本研究依据国家相关法律法规构建互联网平台未成年人保护评价指标体系,综合考虑互联网平台相关排行榜及 APP 应用下载排行榜等因素,选取四类共 81 家国内代表性网络平台(其中,网络游戏平台 20 个、直播平台 21 个、社交平台 20 个、音视频平台 20 个)的用户协议和隐私条款等文本内容,对与未成年人有关的内容进行文本分析,考察当前互联网平台未成年人保护取向以及与我国相关政策的衔接,分析互联网平台未成年人保护存在的问题,以期为互联网平台制定下一步未成年人保护规范提供支持,为政府及有关机构进行有效管理提供决策参考。本研究拟解决的主要问题如下:

　　研究问题一:互联网平台是否全面落实未成年人保护的法规和政策要求?

　　研究问题二:不同类型的互联网平台在落实未成年人保护方面是否存在差异?

二、研究方法

　　本研究依据相关法律法规及政策要求,结合已有相关研究成果,构建评价指标体系,对 81 个互联网平台的用户协议及隐私条款等进行文本分析,并对照指标体系,逐一逐项进行调研验证。

（一）文本分析法

文本分析通常包括两大传统，第一类是语言学传统，将文本本身视为分析对象；第二类是社会学传统，将文字视为人类经验的窗口[25]。一些学者使用与人文主义传统相一致的方法，而另一些学者则使用与实证主义传统相一致的方法。前者涉及解释和寻找意义；后者涉及将文本缩减为代表主题或概念的代码，并应用定量方法来寻找代码之间关系的模式[26]。文本分析不光应用于分析如演讲、歌词、报纸社论等书面文本，也应用在分析照片、电影、录像等图片图像当中。文本分析法具有客观性、系统性的特点，依据文本的实际情况进行系统归类整理，有助于加深对于文本的理解，把握文本的深层意义。

本研究收集了 81 家互联网平台的用户协议及隐私条款作为文本资料进行文本分析，以阐释这些文本在保护未成年人网络安全方面的作用和意义。在进行文本分析过程中，遵循以下基本原则：(1) 可靠性：信息来源真实可信。(2) 实质性：信息能准确反映互联网平台在所有指标下的表现。(3) 时效性：信息符合当前研究的时间范围（2021 年 6 月 1 日至 2022 年 5 月 1 日）。

（二）评价指标选取

为了对搜集到的文本资料进行清晰有效的分析，本研究以《中华人民共和国未成年人保护法》等十余项法规政策为主要依据①，参考已有相关研究成果，构建初步评价指标体系。然

---

① 具体包括：《中华人民共和国未成年人保护法》《未成年人网络保护条例（征求意见稿）》《中华人民共和国网络安全法》《中华人民共和国数据安全法》《儿童个人信息网络保护规定》《信息安全技术个人信息安全规范》《未成年人节目管理规定》《网络信息内容生态治理规定》《常见类型移动互联网应用程序必要个人信息范围规定》《关于进一步严格管理切实防止未成年人沉迷网络游戏的通知》《国家广播电视总局关于加强网络秀场直播和电商直播管理的通知》。

后,邀请该领域具有丰富理论知识或实践经验的 6 位专家,对各指标在未成年人保护上的重要性进行排序。专家组将《中华人民共和国未成年人保护法》等十余项法规政策作为主要依据,并充分发挥在互联网治理与未成年人保护方面的经验,对每个指标进行独立打分,确定各指标的权重值,经过三次修改,达成对于指标体系 97% 的一致性,最终确定选取信息提示、技术保护、防沉迷(综合)管理、应急投诉和举报机制、隐私和个人信息保护制度、科学普及和宣传教育等 6 个维度共 19 个指标[27]。具体指标内容、指标说明及权重如表 1 所示。

表 1　互联网平台未成年人网络保护指标体系①

维度	指标	具体内容	分值
信息提示 (20 分)	内容提示	包含可能影响未成年人身心健康的网络色情、暴力等内容,应当以显著方式做出提示。	5
	私密信息提示	未成年人通过网络发布私密信息的,应当及时提示,并采取必要的保护措施。	5
	适龄提示	网络游戏服务提供者应当按照国家有关规定和标准,对游戏产品进行分类,做出适龄提示,并采取技术措施,不得让未成年人接触不适宜的游戏或者游戏功能。	5
	风险提示	对网络中可能存在的诈骗、欺凌、暴力、色情等不法行为进行提示。	5

①　参见:《中华人民共和国未成年人保护法》第五章,国家互联网信息办公室《未成年人网络保护条例(征求意见稿)》及国家新闻出版署《关于进一步严格管理切实防止未成年人沉迷网络游戏的通知》。

（续表）

维度	指标	具体内容	分值
技术保护（20分）	不良信息过滤	网络服务提供者发现用户发布、传播含有危害未成年人身心健康内容信息的，应当立即停止传输相关信息，采取删除、屏蔽、断开链接等处置措施。	5
	防止游戏链接或广告推送	网络服务提供者要求不得插入网络游戏链接，不得推送广告等无关的信息。	5
	网络安全等级保护	网络服务提供者应当按照网络安全等级保护制度要求，履行安全保护义务，保障网络免受干扰、破坏或未经授权的访问，防止网络数据泄露或被窃取、篡改。	5
	数据风险监测评估	网络服务提供者应当加强风险监测，定期开展风险评估，并向有关部门报送风险评估报告。	5
防沉迷（综合）管理（25分）	时间管理	网络游戏企业仅可在周五、周六、周日和法定节假日每日 20 时至 21 时向未成年人提供 1 小时网络游戏服务，其他时间均不得以任何形式向未成年人提供网络游戏服务。	5
	权限管理	根据系统设置的安全规则或者安全策略，用户可以访问而且只能访问自己被授权的资源。	5
	消费管理	不得向未成年人提供与其民事行为能力不符的网络付费服务。	5
	提供青少年模式或者未成年人专区	提供青少年模式或者未成年人专区等，便利未成年人获取有益身心健康的平台内产品或者服务。	10

（续表）

维度	指标	具体内容	分值
应急、投诉和举报机制（10分）	投诉和举报渠道	公开投诉、举报方式等信息，及时受理并处理涉及未成年人的投诉、举报。	5
	应急预案和机制	制定网络安全事件应急预案，及时处置系统漏洞、计算机病毒、网络攻击等安全风险；在发生危害网络安全的事件时，立即启动应急预案，采取相应补救措施。	5
隐私和个人信息保护制度（15分）	保护未成年人隐私权和个人信息	制定个人信息收集使用规则，明确如何保护个人信息、个人权利，如何处理儿童的个人信息、个人信息如何进行转移、本条款如何更新、如何联系等。要求不得泄露家长和学生个人信息。	5
	真实身份信息注册，征得监护人同意	要求未成年人以真实身份信息注册并登录网络，收集和处理年满14周岁的未成年人的个人信息前，应征得未成年人或其监护人的明示同意。	5
	加强保护敏感信息	明确不满14周岁未成年人的个人信息为个人敏感信息，除了获取父母或者其他监护人的同意外，还要求个人信息处理者对此制定专门的个人信息处理规则以加强保护。	5
科学普及和宣传教育（10分）	未成年人保护相关活动及开放日	设立未成年人开放日，为未成年人主题教育、社会实践、职业体验等提供支持。	5
	科学普及宣传	鼓励科研机构和科技类社会组织对未成年人开展科学普及活动。	5

三、研究发现

本研究对于四类共 81 个平台的用户协议及隐私政策等文本资料进行了整理,文本体量共计 220 余万字。每类平台均有两位研究员进行背对背分析,并采用 SPSS 软件中的 Spearman 等级相关系数计算研究员之间的评分信度,结果显示四类平台的评分均达到在 0.01 级别相关性显著,说明评分具有较高可信度。通过分析得出,81 个互联网平台的总平均得分为 63.98(见图 1),说明互联网平台未成年人保护工作整体基本合格,但仍有较大提升空间,且各平台在不同维度的不均衡特点较为突出(见图 2)。

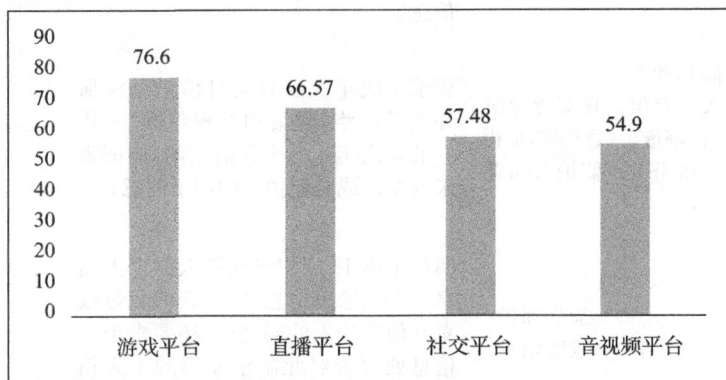

图 1　四类平台未成年人保护总体得分

（一）信息提示

研究发现,游戏平台得分最高,其次是直播平台、社交平台和音视频平台,音视频平台得分只有 2.50 分,亟待改进。在"内容提示"和"风险提示"指标上,游戏平台通常在用户协议中以用户行为规定的方式,在游戏开始前对暴力、色情等影响未成年人身心健康的内容进行提醒,但在游戏进行中并未有相关

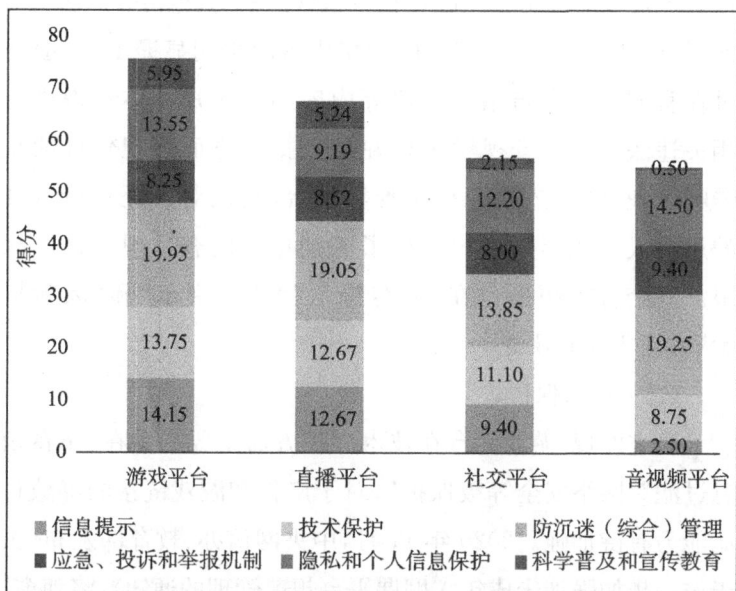

图 2　四类平台在不同维度的未成年人保护得分情况

提示和限制。在"适龄提示"方面,游戏平台都对游戏产品进行了适龄分类,并在显眼位置标出年龄限制图标,但深入分析发现,各平台并未采取有效的技术措施防止未成年人接触不适宜的游戏或者游戏功能。

　　直播平台则略有不同,在"适龄提示"方面,六间房、么么直播等平台在用户权限中提到,平台禁止未成年人注册,一旦发现,则有权注销账号。其他平台更为普遍的做法是,在用户协议中指出未成年人使用直播服务应该由家长主动开启青少年模式。在进入直播间时,直播平台会进行禁止发布低俗暴力内容的有关信息提示,并且鼓励用户举报直播间中可能存在的违法行为。CC直播等平台还定制了未成年人保护的专属审核规则和算法模型,除了智能安全技术外,还设置了"不利于未成年人健康"的内容举报入口,举报内容由专人优先处理。

　　社交平台和音视频平台在信息提示方面总体表现较差。

社交平台在对网络中可能存在或包含的暴力、色情等违法且可能影响未成年人身心健康的网络内容缺少明显提示,一般通过在官方网站发布用户协议等内容约束用户群体不得进行相关违法活动。音视频平台在信息提示方面表现较好的是哔哩哔哩、爱奇艺和喜马拉雅等平台,它们对未经身份认证的用户或未成年人用户进行了区别化的内容呈现和社区权限。其余音视频平台在"内容提示""适龄提示"和"风险提示"方面仍比较匮乏。

(二)技术保护

研究发现,游戏平台在技术保护方面主要集中在"不良信息过滤""网络安全等级保护",对于广告和游戏链接的屏蔽过滤能力有待加强。2020 年 11 月,中央网信办、教育部发布《关于进一步加强涉未成年人网课平台规范管理的通知》,将弹窗、边栏、悬浮框、信息流加载等广告环节纳入重点管理范畴,但游戏平台在广告服务和链接推送的规定上并未作出明确规范,仅在用户协议中提到广告服务内容,并进行免责声明。在"数据风险监测评估"方面,游戏平台缺乏相应举措,也无定期开展风险评估并向有关部门报送风险评估报告的行为。

直播平台除了建立青少年模式,对未成年人账号进行单独内容供应之外,并未对直播中的信息进行技术过滤。"防止游戏链接"和"广告推送"方面,直播平台尤其是秀场直播,经常会有弹窗推送平台链接,提示用户可以通过链接获取平台礼物。"网络安全等级保护"方面,虎牙、抖音、映客等直播平台明确注明其信息系统已经通过网络安全等级保护的三级以上测评和ISO27001 认证,其余平台也在用户协议里对网络安全保护做出了详细说明。"数据风险监测评估"方面,直播平台均在用户协议中指出,将会建立专门的安全部门、安全管理制度、数据安全流程等,并采取严格的数据使用和访问制度,确保只有授权人员才可访问用户个人信息,适时对数据和技术进行安全审计等方式,保障用户个人信息安全。

社交平台方面,各平台均按照相关法律法规设定了规章,针对未成年人进行了提醒,并需要用户以真实身份信息报名和登记,其中包括输入生日、年龄信息等可以辨别使用年龄的商品或服务,以确保对未成年人用户进行监控和保护,但缺乏具体、严格的审核机制。只有QQ、微信等要求实施实名认证后才可以正常使用,以此达到较为严格的筛选结果。针对"不良信息过滤",社交平台运营商在发现和识别出有用户发布、传播含有危害未成年人身心健康发展内容的信息时,会立即停止传输相关信息,采取删除、屏蔽、断开链接等必要保护处置措施。在"网络安全等级保护"以及"数据风险监测评估"方面,社交平台并未标注风险监测和评估措施。对于游戏链接或广告推送,社交平台均以免责形式提及,并未完全禁止相关推送,甚至会根据用户信息进行个性化广告推送服务,但可以在平台设置中将其关闭。

本研究中的20个音视频平台在技术保护上均达到相关网络安全等级保护要求,设置了应急处理预案,但"数据风险监测评估"方面还有待加强。在"不良信息过滤"上,音视频平台均建立了较为完善的审核机制,对可能危害未成年人身心健康内容信息有较高精度的识别。哔哩哔哩在"防止游戏链接"和"广告推送"方面较为完善,采取标签分类模式单独标明经营于平台内的游戏和广告,有效地减少了未成年人看见不符合自身需求的广告、点开不适宜游戏的可能性。

(三)防沉迷(综合)管理

游戏平台和直播平台是防沉迷(综合)管理的重点。2021年8月,国家新闻出版署印发《关于进一步严格管理切实防止未成年人沉迷网络游戏的通知》,对平台提供未成年人的网络游戏服务进行了严格限制①,各游戏平台均按照要求在游戏内进行了相关设置。在未成年人的"消费限制"方面,平台均对未成年人的消费行为进行了详细规定,随着家长监护平台或成长守护平台的建立,家长可以及时了解孩子的上网时长和消费情况,对未成年人不当消费行为进行监管。关于青少年模式和未成年专区的设定,平台根据国家对于未成年人规定的上网时长和消费等级进行划分,当达到一定程度会采取限制措施,关于网络游戏内容的分级设定以适龄等级进行提示划分。

直播平台主要通过无法使用直播平台部分功能来实施,如限制未成年人发布评论、限制其观看时长和观看种类、限制其直播打赏行为。尽管直播平台在青少年模式中限制了打赏功能,但是如果未开启青少年模式,未成年人仍可以直接打赏,并不会进行实名验证,这也是未成年人直播打赏新闻层出不穷的重要原因。

社交平台均对产品和服务进行了分类,提供面向未成年人的功能板块,或者提供青少年模式等,但防沉迷系统尚未进行广泛、明确的推广,缺乏细致、明确的时间管理和消费管理机制。在研究样本中,只有"小红书"平台在用户协议中就未成年人使用该款 APP 可能出现的超范围使用、沉迷网络,以及进一步购买相关服务、充值、打赏等负面问题,对未成年使用者以及未成年人的监护人做出了提示,但也并未形成一套严格的监控系统来针对未成年人的时间、权限、消费等进行管理。音视频平台在防沉迷(综合)管理维度的得分较高。研究发现,音视频平台在"时间管理""消费管理""提供青少年模式或未成年人专

---

① 《关于进一步严格管理切实防止未成年人沉迷网络游戏的通知》规定,所有游戏平台仅可在周五、周六、周日和法定节假日每日 20 时至 21 时向未成年人提供 1 小时服务,其他时间均不得以任何形式向未成年人提供网络游戏服务。

区"这三项指标表现较好。

（四）应急、投诉和举报机制

游戏平台均设立了专门的数据保护团队和负责人，并将联系方式置于平台官网以及隐私政策中，如果未成年人及监护人对未成年人保护相关事宜有任何疑问或投诉、建议时，可以通过公开的联系方式进行联系，但存在未及时更新隐私政策、其联系方式不知是否仍然有效等情况。此外，腾讯等游戏平台设立了具体的未成年人保护平台，并专门设立了未成年人成长守护热线，为未成年人及监护人提供了更明确的指引。"应急预案和机制"方面，各游戏平台在隐私政策、用户协议中提到了网络安全事件的应对和处理办法，但并未提出具体的、可执行力较强的解决措施。

直播平台的投诉和举报渠道更为明显。所有直播平台在用户协议中均说明了该平台有较完备的应急预案和机制，直播中遇到相关问题会在第一时间进行应急处理。社交平台在"应急、投诉和举办机制"方面相对完善，但仍需进一步聚焦保护目标。音视频平台均成立了专门的数据安全部门，设置公开投诉、举报的方式，并对网络安全事件制定了妥善的预警机制和应急预案。

（五）隐私和个人信息保护

游戏平台的隐私和个人信息保护制度比较完备，但敏感信息保护不足。三七互娱等游戏平台设置了单独的《儿童隐私保护指引》，帮助未成年人和监护人进一步了解收集、使用、存储、共享未成年人个人信息情况，以及未成年人和监护人所享有的相关权利。游戏平台仍存在漏洞，可以使未成年人违规登录，游戏下载之后无须实名认证便可畅玩。游戏平台所提供的《个人信息保护指引》中涉及对于未成年人信息的保护，但指明未成年人信息为需要加强保护的敏感信息的游戏平台数量相对较少。

直播平台均在隐私条款中解释了如何收集使用并保护未成年人隐私信息,但更多是要求家长开启青少年模式,并要求家长做好相关看护,指出相关隐私信息的上传造成的影响和损失由用户自行承担。在"加强敏感信息保护"指标上,直播平台仅将未成年人信息保护作为隐私保护条款的部分内容进行简单说明,并未单独进行相应保护。

社交平台在隐私和个人信息保护制度的基础上,专门增加了对于未成年人的信息和隐私保护的协议、条款,这在其他维度中是不多见的。音视频平台对于未成年人个人信息的收集、使用、存储保护、处理方式、转移政策等都有详细条款,对"保护未成年人隐私权和个人信息""真实身份信息注册、征得监护人同意"和"加强保护敏感信息"三个维度都有较为详细的陈述。

(六)科学普及和宣传教育

研究发现,游戏平台对未成年人的科学普及活动并未落实到位,仅有网易、腾讯等游戏平台面向未成年人开展了益智益趣的研学活动。直播平台在未成年人的科普和教育工作中具有较大优势,也相当重视。头部直播平台通过举办媒体开放日,向公众介绍平台的青少年保护工作现状并发布全新的青少年模式。同时,直播平台也在青少年专区内容建设时积极进行科普内容建设。尽管如此,目前直播平台尚未设立专门的未成年人开放日,更未涉及未成年人主题教育、社会实践、职业体验等方面,科普活动形式还比较单一。

网络社交平台主要面向成年人服务为主,尚未给予未成年人足够的关怀、保护及科学教育等人文相关的行为。音视频平台目前还缺乏进行科普教育宣传的主动性,没有明确制度、条款提到要积极开展针对未成年人的相关教育性质的活动。在未成年人网络普及率极高的既成现实下,如何利用好音视频平台为未成年人主题教育、社会实践、职业体验等提供支持,是平台需要探索和研究的。

四、研究结论与建议

（一）研究结论

本研究依据相关法律法规构建起互联网平台未成年人保护的指标体系,对 81 个互联网平台的用户协议、隐私条款等进行文本分析,将指标体系应用于文本分析的过程中,对每一平台的未成年人保护工作进行了评分,得出结论如下:

互联网平台未成年人保护工作基本合格。游戏、直播、社交、音视频四类共 81 个平台的总平均得分为 63.98（满分为 100 分）,仍有较大提升空间。在未成年人保护法规和政策落实方面,网络游戏平台未成年人保护政策落地工作有效推进,但科学普及和宣传教育得分较低,亟待加强。直播平台的应急、投诉、举报机制和防沉迷（综合）管理表现尚好,但在科学普及和宣传教育方面相对欠缺。社交平台在技术保护、隐私信息保护、防沉迷管理以及检举投诉制度方面表现尚佳,科普宣教和信息提示仍需进一步提高。音视频平台在防沉迷（综合）管理、应急投诉和举报机制、隐私和个人信息保护制度方面表现较好,在信息提示、科学普及和宣传教育方面非常薄弱。

四类平台未成年人保护的平均得分差异大,平台之间及内部六个维度的不均衡特点较为突出。其中,游戏平台的未成年人保护得分最高（76.6）,其次是直播平台（66.57）,超过平均值63.98,社交平台和音视频平台得分相对较低,分别为 57.84 分和 54.9 分,均未超过及格标准。音视频平台与游戏平台相差近 20 分,差异较大。

各维度得分情况上,在信息提示方面,游戏平台得分最高,其次是直播平台、社交平台和音视频平台,音视频平台亟待改进。在技术保护方面,游戏平台得分最高,其次是直播平台、社交平台,音视频平台亟待完善。在防沉迷(综合)管理方面,游戏平台、直播平台和音视频平台总体表现较好,社交平台得分亟待提升。在应急、投诉和举报机制管理方面,四类平台均高度重视,音视频平台得分最高,其他三类平台相对比较平均,总体表现较好。在隐私和个人信息保护制度方面,音视频平台得分最高(14.5 分),其他三类平台相对比较平均。在科学普及和宣传教育方面,游戏平台虽得分最高,但仅为 5.95 分;得分最低的是音视频平台,该维度总体得分低,还未引起各类平台的高度重视,改进和提升的空间较大。

未成年人保护是互联网平台治理的重要环节,是互联网平台所必须承担起的法定职责和责任。当下,学界对于互联网平台的未成年人保护工作还未有系统性、科学性的评价体系,本研究创新性地提出了互联网平台未成年人保护工作的指标体系,对于互联网平台的未成年人保护现状进行了系统梳理和科学评估,为今后互联网平台的未成年人保护工作提供了可借鉴和可依靠的重要依据,帮助互联网平台建立一套完整可行的规范与标准,使其对于未成年人的保护更具有效性,从而能够为未成年人提供更好的平台使用环境。

(二)政策建议

未成年人是家庭的未来和希望,更是国家的未来和希望,为未成年人筑起全链条、全方位网络保护屏障,是全社会共同的责任。互联网平台作为网络信息的载体和内容生产的管理者,在推进未成年人网络保护方面扮演重要角色,应当积极履行网络保护的主体责任,把未成年人保护确定为重要发展战略,从认识上高度重视未成年人网络保护工作,从行动上主动嵌入未成年人保护思维,不断完善治理机制、完善监管规则、提高技术水平，以应对日益出现的新问题、新挑战，构建更为完善的未成年人网络保护体系。研究发现，技术保护、信息提示、科学普及和宣传教育是互联网平台未成年人保护的薄弱环节，而各平台的青少年模式也有较大提升空间。因此，互联网平台可以从以下几方面进一步加强未成年人网络保护。

1. 加强技术安全保护，实现平台规范管理

随着云计算、大数据、人工智能等技术的发展与运用，网络安全事件的表现形式愈发多样，复杂程度不断加深，数据泄露事件、网络攻击事件频发，网络安全风险持续增加。网络安全事件一旦发生，便会对未成年人造成不可挽回的伤害。对此，互联网平台应推出符合法律规定和国家标准的产品，加强技术保护，将数据风险监测常态化，当发现网络产品或服务存在安全缺陷、漏洞等风险时，立即采取补救措施，按照规定及时告知用户并向有关主管部门报告；应当为网络产品和服务持续提供安全维护，及时受理用户反馈的网络安全风险。针对网络安全事件，亡羊补牢不如防患于未然，互联网平台应建立统一的网络安全部门或团队，专人专项应对各类安全问题，开展网络安全认证、检测、风险评估等活动，建立迅速、有效的网络安全应急措施，遵循国家规定，向社会发布系统漏洞、计算机病毒、网络攻击、网络侵入等网络安全信息，及时抵御各类未知风险。

从平台隐私条款及用户协议来看，目前并非所有的互联网平台都通过了国家信息安全等级保护三级认证。未来，相关政府部门应进一步加强信息安全等级保护认证工作的推进，鼓励平台提高自身信息安全等级，为未成年人保驾护航。同时，互联网平台应严格按照国家要求，切实做到合法合规，从技术保护角度做好不良信息过滤，避免未成年人在网络中受到不良信息的冲击和伤害。目前，未成年人保护尚未形成一套体系完善

的互联网平台规范,各平台在未成年人保护工作领域表现参差不齐,建立一套完整可行的规范与标准势在必行。

2. 构建全方位信息提示矩阵,优化未成年人使用环境

互联网平台用户基数庞大,信息质量良莠不齐,导致互联网并不是全方位安全的空间。因此,互联网平台一是应构建全方位的信息提示矩阵,对有可能威胁到未成年人成长的内容进行重点管制和提示举措,完善相应的处理措施,进一步优化未成年人的网络使用环境;二是严格加强内容分级制度管理,不仅仅是将适龄限制停留在提示层面,在注册、登录等阶段应验明用户年龄和身份,将未成年人用户隔绝在年龄限制的产品之外;三是应将未成年人私密信息保护纳入重点建设工程,采取平台与监护人共同守护的方式,及时向监护人推送提示信息;四是应进一步明确隐私保护条例中未成年人的年龄划分,按照"最小收集"与"最高保护"原则,制定切实可行的隐私保护条款,严格界定个人信息保护范围,尤其是在收集一些关键、敏感的个人信息时,应取得未成年监护人的知情同意,按照"正当必要、知情同意、依法利用"的信息收集原则保障未成年人关键信息加密处理,加强未成年人网络隐私保护,努力构建和谐、安全、健康的网络使用环境。

3. 践行多元知识普惠理念,做好科普和宣传教育

互联网的多元性打破了知识传播的壁垒,有望成为实现知识"普及"和"惠及"的助推器,推动全民科普时代的到来。互联网平台可以与专业科普机构、青少年教育机构开展合作,利用平台产品与社区优势赋能科普教育,让更多的未成年用户能够通过互联网平台点燃科学热情。同时,平台可以通过协助科学家及优质科普号入驻,发起线上科普音视频活动及线下科学教育活动,助力科普事业。此外,互联网平台在注重娱乐性的同时,应兼顾对未成年人的教育性和引导性,做好宣传教育工作。

首先，互联网平台应充分挖掘内容本身的教育价值和文化价值，让未成年人在网络环境中积累文化知识、形塑思想价值。其次，应提升内容本身的文化属性，将未成年人日常生活中的德育知识、文化知识与平台内容相结合，并打通线下渠道，积极开展未成年人开放日等活动。最后，可以设立专门负责未成年人宣传教育活动的机构或部门，在平台设立未成年人价值引导专区，积极开展社会实践活动，做到"平台与社会联动、企业与学校合作"的未成年人教育新机制，切实承担起未成年人的思想丰富任务，肩负起社会教育的企业责任。

4. 完善青少年模式，丰富面向未成年人的内容池

随着我国未成年人网络保护进入新阶段，互联网平台的青少年模式也面临新的更高要求。互联网平台应将完善"青少年模式"作为今后重点努力方向，让"青少年模式"不应只是管住、守住青少年，而是服务好青少年这一特殊群体。为此，互联网平台一是应将青少年模式与其他内容区别开，加强对青少年模式下的内容审查与功能优化，从源头杜绝有害内容侵入，为未成年人打造绿色、健康的网络空间；二是应充分考虑未成年人在不同年龄阶段的身心特点和发展需求，进一步丰富和细化平台供给的内容池，开发建构有梯度的、螺旋上升的平台内容体系，设置匹配度更高的内容或专门为未成年人定制内容，激发未成年人自主开启保护模式的动力，使"青少年模式"真正有益于青少年；三是应进一步提高技术水平，增强身份识别的准确性，使"青少年模式"对未成年人的保护更具针对性；四是可以适当引入用户参与内容审核工作，在潜移默化中提高用户对内容安全的责任意识，使用户和平台共同维护绿色网络，为未成年人提供更好的网络环境，形成全民参与未成年人网络保护工作的大格局。

注释

[1] 中国互联网络信息中心:《第 50 次中国互联网络发展状况统计报告》,2022 年 8 月 31 日,来源:https://kjj. sxjz. gov. cn/Upload/kjj/ContentManage/Article/File/2022/09/19/P020220916626882289134. pdf,2022 年 9 月 30 日。

[2] 北京互联网法院:《未成年人网络司法保护报告》,2022 年 5 月 26 日,来源:https://www. bjinternetcourt. gov. cn/cac/zw/1655086519290. html,2022 年 6 月 30 日。

[3] 方增泉、祁雪晶:《中国青少年网络素养绿皮书 2020》,北京:人民日报出版社,2021 年。

[4] 联合国儿童基金会:《2017 年世界儿童状况:数字时代的儿童》,2017 年 12 月 11 日,来源:https://www. unicef. cn/reports/state-worlds-children-2017,2022 年 12 月 11 日。

[5] 罗以澄、夏倩芳、刘建明:《从儿童广告规约与网上隐私权保护规约的效果比较看自律原则对网络传播的适用性》,《新闻与传播研究》2002 年第 1 期。

[6] 陈力丹:《我国传媒的自律和他律》,《湖南大众传媒职业技术学院学报》2005 年第 5 期。

[7] de Castro C. A., Carthy A. & O'Reilly I. (2022). An Ethical Discussion about the Responsibility for Protection of Minors in the Digital Environment: A State-of-the-art Review. *Advances in Social Sciences Research Journal*. 9(5).

[8] 徐敬宏、胡世明:《5G 时代互联网平台治理的现状、热点与体系构建》,《西南民族大学学报(人文社会科学版)》2022 年第 3 期。

[9] 罗以澄、夏倩芳、刘建明:《从儿童广告规约与网上隐私权保护规约的效果比较看自律原则对网络传播的适用性》,《新闻与传播研究》2002 年第 1 期。

[10] 钟瑛、刘海贵:《网站管理规范的内容特征及其价值指向》,《新闻大学》2004 年第 2 期。

[11] 申琦:《我国网站隐私保护政策研究:基于 49 家网站的内容分

析》,《新闻大学》2015 年第 4 期。

[12] 徐敬宏:《网站隐私声明的真实功能考察——对五家网站隐私声明的文本分析》,《当代传播》2008 年第 6 期。

[13] 胡丽、何金海:《互联网用户协议中用户数据授权模式实证研究——以 40 个互联网平台用户协议为样本》,《河北法学》2022 年第 10 期。

[14] 卢家银:《数字时代未成年人网络保护的挑战、应对与逻辑》,《青年记者》2022 年第 15 期。

[15] 张国胜、方紫意:《从负能到赋能:数字时代未成年人的网络治理逻辑》,《学术探索》2022 年第 7 期。

[16] 林维、吴贻森:《网络保护未成年人模式:立法跃升、理念优化与困境突破》,《吉林大学社会科学学报》2022 年第 5 期。

[17] 方师师、万旋傲、卢垚:《要素治理与关系协调:2021 年网络内容治理报告》,《新闻记者》2022 年第 1 期。

[18] 谈咏梅、钱小平:《我国网站隐私保护政策完善之建议》,《现代情报》2006 年第 1 期。

[19] 刘裕、周毅、农颜清:《网络信息服务平台用户个人信息安全风险及其治理——基于 117 个 APP 隐私政策文本的内容分析》,《图书情报工作》2022 年第 5 期。

[20] 年度网络内容治理研究课题组、方师师、万旋傲等:《要素治理与关系协调:2021 年网络内容治理报告》,《新闻记者》2022 年第 1 期。

[21] 李一:《网络社会治理的"功能整合":内涵、类型与实践指向》,《浙江社会科学》2021 年第 8 期。

[22] 李君、邱君降、柳杨等:《工业互联网平台评价指标体系构建与应用研究》,《中国科技论坛》2018 年第 12 期。

[23] 黄文妍:《互联网平台企业价值驱动因素及评估指标的实证研究》,浙江师范大学硕士学位论文,2016 年。

[24] 王柯懿、王佳音、盛坤:《工业互联网平台赋能制造业数字化转型能力评价体系研究》,《制造业自动化》2021 年第 12 期。

[25] 曾赟:《犯罪学中的定性与定量研究》,《山东警察学院学报》

2015 年第 3 期。

[26] Bernard H. R. & Clarence C. G. (2014). *Handbook of Methods in Cultural Anthropology*. Lanham:Rowman & Littlefield.

[27] 中国互联网协会:《2021 中国互联网大会加快未成年人网络保障机制建设,未成年人保护论坛成功召开》,2021 年 7 月 15 日,来源:https://www.isc.org.cn/article/40297.html, 2022 年 10 月 25 日。

Analysis on the Normative Path of Minors' Protection on Internet Platform
—An Empirical Study Based on 81 Internet Platform Protection Policies

FANG Zengquan, QI Xuejing, YUAN Ying,
QIN Yue, HU Shiming

Abstract: As minor security incidents occur frequently on the Internet, it is vital that the user agreements, privacy provisions, and other text contents of the Internet platform be reviewed to further standardize the protection of minors on the Internet platform. An evaluation index system is developed in this study using the user agreements and privacy clauses of 81 Internet platforms as samples, followed by text analysis to analyze the status of minor protection on Internet platforms from the six dimensions of "information prompt", "technical protection", "anti-addiction (comprehensive) management", "emergency, complaint, and reporting mechanisms", "privacy and personal information protection system", and "scientific popularization and publicity and education". Hopefully, the results of this research will facilitate the development of the next phase of minors' protection standards and provide a decision-making reference for the government and relevant institutions to efficiently administer these standards.

Key words: Protection of Minors; Internet Platform; Text Analysis; Normative Path

电视剧播后分项价值及综合价值评价模型构建研究

宋培义　张晶晶　孙江华

摘　要　电视剧的播后价值是指电视剧首轮播出后的价值评价。本文在电视剧属性研究的基础上,结合受众对电视剧主观性认知的市场反馈数据,对电视剧的播后价值进行了解构,认为播后价值可分为人气价值、口碑价值、商业价值和收视价值四个分项。为了分析和评价电视剧播后价值,本文结合文献研究及两轮行业专家问卷调研,制定了播后价值评价指标体系。基于 2016 年 1 月至 2022 年 8 月的 465 个电视剧样本数据,运用因子分析和回归分析等统计方法构建了电视剧播后分项价值及综合价值的评价模型。不同的评价主体可根据需求,选择性使用分项价值评价模型对其关注的价值分项进行评价,也可基于分项价值对电视剧播后价值进行综合性评价,能够为不同利益主体提供决策依据。

关键词　电视剧　播后价值　评价模型　分项价值

作者简介　宋培义,男,中国传媒大学教授、博士生导师。研究方向:媒体管理。电子邮箱:pysong@cuc.edu.cn。张晶晶,女,中国传媒大学博士研究生。研究方向:传媒经营与管理。电子邮箱:15620514609@163.com。孙江华,女,中国传媒大学副教授,博士。研究方向:应用统计。电子邮箱:sunjianghua@cuc.edu.cn。

基金项目　国家广电总局社科项目"电视剧行业治理体系与治理能力建设研究"(GDT2009),中国传媒大学校级高精尖项目"大数据背景下的影视评价研究"(CUC18A015 - 2)

中国电视剧经过半个多世纪的发展，在内容策划、拍摄技术、制播流程、商业运作等方面都取得了长足进展。随着电视剧市场的变革，电视剧的生产正在向着"工业化"的方向迈进，剧作质量已经成为市场和受众对电视剧作品的核心要求。2017 年，国家新闻出版广电总局、国家发改委、财政部等五部委联合下发的《关于支持电视剧繁荣发展若干政策的通知》，对加强电视剧创作规划、建立和完善科学合理的电视剧投入分配机制等方面提出了指导性意见[1]。2020 年，国家广播电视总局举办电视剧高质量发展座谈会，会议提出要健全电视剧质量管理机制，建立有效的管理体系。电视剧的播后价值评价是电视剧质量管理的重要一环。从全局视角看，电视剧播后价值评价是国家相关部门对电视剧这一文化产品在市场进一步流通过程中进行管控的参考依据；从局部视角看，电视剧播后价值评价能够为投资风险评估、版权交易、资产定价等提供实践意义上的参考。

一、文献综述

我国现有电视剧评价体系较为多元，不同评价主体所关注的侧重点也不同，评价过程多是基于经验，这就导致评价结果缺乏科学性。有研究认为，我国电视剧评价体系重点从拍摄资源、内容表现等固有因素与收视表现、营收效果等不确定因素两方面进行评价[2]。电视剧播后评价主要侧重于对电视剧传播价值与营收状况的总结分析，传播价值反映行业专家及影视受众对传播效果、内容价值、社会影响等效果的评价，营收状况评价主要由播出平台、广告合作、数据公司等有关机构执行，对电视剧形成相应的核准、排名、奖惩与制播结算[3]。电视剧版权成本的弱对应性、收益的不确定性和交易数据的难以获得性使得电视剧版权价值评价十分困难，成为制约电视剧发展的瓶颈之一。

电视剧市场价值评价相关研究中,王宪以电视剧本质为出发点,提出电视剧市场价值由社会性、立意性、专业性、商业性等维度共同构成[4]。此外,学者们尝试以多种方法探索电视剧市场价值评价。李方丽、范宏达采用灰色关联度分析法,对电视剧版权价值的因素进行实证研究,并在此基础上探讨了收益法在电视剧版权价值评估中的适用性[5]。吴玉玲、高铭采用层次分析法构建了电视剧版权交易评价指标体系,探讨了电视剧版权交易中采购决策的科学性和有效性,评价指标分为艺术创作、市场因素和版权因素三个层面[6]。约克(York Yan Qi)等运用回归分析方法,对古装剧类电视剧价值进行评估,研究了中国观众从观看古装剧中获得的体验价值,找到了影响古装剧价值的影响因素主要为视听效果、情节和启发性等[7]。喻国明、李彪构建的电视剧全效评估指数是一个连接电视与网络、体现传统媒体与新媒体融合趋势、线上和线下结合的全新的评价指标,是对以收视率为主要指标的电视评价体系的补充和完善[8]。

其他影视作品价值评价的相关研究中,Okuyama & Bohlin利用观众主观幸福感来量化、货币化观看公共广播价值,发现观看公共广播具有可观的货币价值以及内生属性[9]。在电影商业价值评价的研究中,司若、洪宜在评价指标上考虑到了品牌测量、风险评估和发行路径三方面[10];弗兰克(Frank M. Schneider)使用探索性和验证性因素分析在线调查的用户数据,提出并验证了电影价值评估的8个维度:故事真实性、故事原创性、电影摄影、特效技术、推荐度、无害性、娱乐性、认知刺激[11]。在电视综艺节目的评价研究中,游洁、彭宇灏确立的节目评价考评维度包括价值引导力、专业品质、制作成本、传播力和创新性等方面[12]。

通过文献梳理和实践分析,本文认为当下电视剧播后价值评价相关研究成果多集中于综合性评价,且实践性较弱,还未出现对电视剧播后分项价值进行研究的案例,现有成果尚不能满足不同利益主体在电视剧立项筹划、后续投资及多轮版权售卖等阶段的决策需求。鉴于电视剧价值评价相关研究现状,本文提出以下研究问题。

研究问题:影响电视剧播后价值的因素有哪些? 电视剧播后价值的内涵能否进一步细化?

综上,本研究基于文献研究及关于电视剧播后价值的影响因素调研结果,采用 465 个电视剧的样本数据,实证分析电视剧播后综合价值的模型构成,并探索电视剧播后价值的不同价值内涵。

二、电视剧播后价值评价模型构建

(一)评价模型构建思路

本文认为,电视剧价值体现在不同层面上,研究不同层面电视剧价值的影响因素及评价模型,不仅能够为电视剧版权的多轮交易提供参考,还能为不同利益相关方的后续决策提供依据。从文献综述及市场应用现状来看,电视剧价值评价多以播出效果数据为导向。因此,本研究首先选取了 7 个电视剧播出效果指标,基本覆盖了所有的播出效果数据。对这 7 个指标进行探索性因子分析,所聚合成的因子便代表电视剧播后价值的各个方面(见表 1)。然后,根据每个因子中包含的指标特征对播后分项价值进行描述,并计算所有样本的播后分项价值得分。接着,以电视剧播后价值影响因素为自变量,以播后各分项价值得分为因变量,探索影响电视剧播后各分项价值的指标构成,构建电视剧播后分项价值评价模型。最后,通过计算各分项价值在综合评价中所占权重,构建电视剧播后综合价值评价模型。

(二)电视剧播后分项价值的确定——因变量的选取

电视剧播出效果和电视剧价值是紧密关联的,电视剧播出

表 1　因子载荷

指标	因子 1 (人气价值)	因子 2 (口碑价值)	因子 3 (商业价值)	因子 4 (收视价值)
社交平台讨论热度	0.814			
百度指数	0.793			
平台播放热度	0.771			
播出平台用户评分		0.824		
豆瓣评分		0.812		
交易次数			0.937	
收视份额				0.925

提取方法:主成分分析法。
旋转方法:凯撒正态化最大方差法。

效果可以用电视剧播出后的数据表现来衡量。电视剧播出效果是电视剧评价机制的重点,不仅包括收视率及收视排名,还包括网络播放平台的播放热度和评分、专家学者的专业意见和普通观众的客观评价[13]。对于电视剧评价,除了较为客观且应用广泛的收视率指标外,还有观众口碑(即欣赏指数)、网络点击率和网络评分、豆瓣评分等[14]。本研究从过往的研究中提炼出了"平台播放热度""豆瓣评分""播出平台用户评分""收视份额"这 4 个指标作为部分播出效果指标,同时增加了 3 个指标,分别是表示网络搜索热度的"百度指数"、表示电视剧播出范围广度的"交易次数"以及表示观众在社交媒体中的参与度的"社交平台讨论热度",用以上 7 个指标共同表示电视剧的播出效果。然后,对 465 部电视剧样本进行这 7 个指标的数据采集,并进行因子分析。结果发现,7 个指标分别聚集在 4 个因子上,因子总方差解释度为 77.843%,具体结果如表 1 所示。

由表 1 可知 4 个因子的含义:因子 1 代表电视剧播出后人气,表示这部剧总体关注度和讨论热度;因子 2 代表电视剧口碑,是受众对电视剧的喜好程度和认可程度的表现;因子 3 代表市场情况,是电视剧首轮版权的售卖情况,表现电视剧购买方对电视剧作品的青睐程度,也体现了电视剧首轮播出的范围广度;因子4代表收视情况,是客观数据反映的电视剧在电视台端播放情况。因此,可以认为,上述4个因子恰好对应电视剧价值的4个不同维度,根据特征将其分别描述为人气价值、口碑价值、商业价值和收视价值。

下文分别以人气价值、口碑价值、商业价值和收视价值为因变量,以影响电视剧播后价值的各项指标为自变量进行逐步回归分析,从而甄别出电视剧播出后与这4个因子联系最紧密的指标。

(三)电视剧播后价值评价指标的确定——自变量的选取

评估模型自变量基于文献研究以及问卷调查得出。基于对过往学者相关研究的归纳总结,并根据现实情况,本研究总结归纳出电视剧播后价值的影响因素,包括作品价值、市场价值和传播效果三个方面,如表2所示。

表2　电视剧播后价值影响因素主要文献归纳

播后价值的影响因素	廖仿红等[15] (2013)	吴玉玲、高铭[6] (2014)	张国涛[16] (2006)	吕静[13] (2016)	魏佳[14] (2017)
作品价值	专家评价	剧本;主创人员	故事情节;编剧;导演;演员阵容;投入成本;政治和社会环境	专家评价;演员;导演;剧本;审美艺术;主流价值观;政治导向	
市场价值	播出成本;广告收入	播出平台;播出方式;市场环境;资金运作	广告收入额;播出时间;播出方式;电视台等相关竞争因子;市场变化影响		项目所有者的运营能力

（续表）

播后价值的影响因素	廖仿红等[15]（2013）	吴玉玲、高铭[6]（2014）	张国涛[16]（2006）	吕静[13]（2016）	魏佳[14]（2017）
传播效果	收视情况；观众满意度		收视率；满意度；观众认知因子；观众生活行为因子	收视率；网络播放平台点击量；普通观众的客观评价；新媒体专业评价网站的综合评分	受众自身分析

此外，在文献梳理得出的初步指标基础上，开展两轮问卷调查。调查人数共计 225 人，调查对象为影视公司负责人、出品人、制片人、导演、行业协会专家等，均是电视剧行业多年的从业人员，对调研问题熟悉度高、评判视角专业，对研究问题细化和完善起到了很大作用。问卷内容围绕电视剧播后价值的各类影响因素展开，每个因素由多个指标描述，通过问卷调查来对指标进行完善、合并和删除，以保证所建指标体系的合理性和科学性。第一版调查指标共 31 个，包括作品价值、市场价值和传播效果三个方面。调研采取线下的形式，问卷对每个指标进行了解释，请受访者就各个指标对电视剧播后价值的影响程度进行评判。第一轮问卷调查共发放纸质问卷 105 份，有效问卷共计 80 份。收回的问卷筛除异常样本后，对指标进行了识别、筛选与合并，由此形成第二版调查指标并在此基础上进行第二轮调研。第二轮问卷共发放 120 份，有效问卷共计 94 份。对指标进行进一步筛选和结构调整后，最终得到包含 21 个三级指标的电视剧播后价值评价指标体系，如表 3 所示，由此，研究的自变量得以确定。

表3 电视剧播后价值评价指标体系

一级指标	二级指标	指标序号	三级指标	指标解释
作品价值	剧本	a_1	衍生价值	续集开发性、周边或手游等衍生品的可开发性
	主创	a_2	主演影响力	主演知名度、主要作品影响力、业界评价
		a_3	导演影响力	导演主要作品影响力、业界评价
	作品质量	a_4	社会热点度	当下社会关注的热点题材、能引发社会关注或者集体思考
		a_5	艺术性	电视剧反映社会生活和表达思想感情所体现的美好程度
		a_6	思想性	选题积极向上、传递正能量、符合主流价值观
		a_7	娱乐性	电视剧让观众感受愉悦、快乐的功能
		a_8	故事性	故事的叙事手法、展开方式、节奏、情节、戏剧冲突等展现形式
		a_9	专业性	演员表演水平,画面质量、服化道、灯光音效、包装、拍摄手法、剪辑技巧
市场价值	版权交易情况	a_{10}	交易次数	首轮版权交易的次数
	播出策略	a_{11}	首播档期	暑期档、春节档等
		a_{12}	播出时段	电视剧在电视台播出的时间或在视频网站更新的时间,如黄金时间或非黄金时间
	播出渠道	a_{13}	电视台影响力	覆盖范围、影响力,同时段播出电视剧收视排名
		a_{14}	网络平台跟播个数	主流视频网站(如爱奇艺、腾讯、优酷等)播放个数
	其他	a_{15}	演员增值价值	播后演员的签约作品提升情况、广告价值

（续表）

一级指标	二级指标	指标序号	三级指标	指标解释
传播效果	电视台传播效果	a_{16}	收视份额	首轮播放期间以央视索福瑞的收视数据为依据
	网络平台传播效果	a_{17}	平台播放热度	各播放平台公开的电视剧播放热度
		a_{18}	播出平台用户评分	各平台用户对该剧的综合评分
	其他平台传播效果	a_{19}	百度指数	电视剧播出期间的百度指数
		a_{20}	社交平台讨论热度（微指数）	微指数通过电视剧关键词的热议度，以及行业的平均影响力，反映出微博舆情的发展走势
		a_{21}	豆瓣评分	豆瓣网对该剧的评分

（四）播后价值评价实证研究的样本选取及数据采集

本研究选取的研究样本为 2016 年 1 月至 2022 年 8 月在电视台进行首轮播出的 465 部电视剧（包括网台同步播出的电视剧）。在课题组充分讨论、调研的基础上，对得到的自变量和因变量指标制定了详细可行的赋值标准。本研究所涉及的指标赋值包括两个部分：其一是客观指标赋值，是通过网络视频平台、社交媒体、搜索引擎、央视索福瑞等公开可获取的相关数据对评价指标进行赋值；其二是主观指标赋值，对一些难以用客观数据衡量的指标，通过分级赋值的方法对其进行赋值，本研究中主观指标赋值均为 3 级赋值。为便于计算，所有指标在赋值之后需将赋值结果进行归一化处理，归一化后，数据取值范围在 1—3 之间。

（五）基于回归分析方法的价值评价模型建立

选取表 3 所示的 21 个三级指标的样本数据作为回归分析的自变量，分别以人气价值、口碑价值、商业价值和收视价值为因变量进行 4 组回归分析，研究影响这 4 个因子的影响因素及其关系,得到的主要系数结果如表4所示。根据标准化回归系数和因子载荷的大小,使用变异系数法,确定分项评价中各指标的权重(见表5),构建电视剧播后分项价值评价模型。根据播后效果指标的因子分析结果中各因子的方差解释比,可以计算4个分项价值在综合评价中的权重(见表5),构建电视剧播后综合价值评价模型。

表4　电视剧各因子的回归分析结果

回归因变量	回归自变量	回归系数	标准误差	标准化回归系数	T 值	显著性水平
人气价值 $R^2=0.448$	(常量)	−1.990	0.109		−18.301	0.000 ***
	a_1 衍生价值	0.414	0.059	0.259	6.969	0.000 ***
	a_2 主演影响力	0.421	0.050	0.336	8.370	0.000 ***
	a_{15} 演员增值价值	0.363	0.051	0.282	7.081	0.000 ***
口碑价值 $R^2=0.300$	(常量)	−1.579	0.201		−7.864	0.000 ***
	a_1 衍生价值	0.191	0.068	0.119	2.804	0.005 **
	a_3 导演影响力	0.673	0.052	0.510	13.056	0.000 ***
	a_6 思想性	0.226	0.062	0.145	3.671	0.000 ***
	a_7 娱乐性	−0.167	0.066	−0.108	−2.529	0.012 *
商业价值 $R^2=0.212$	(常量)	−1.507	0.191		−7.892	0.000 ***
	a_{11} 首播档期	0.147	0.049	0.125	2.996	0.003 **
	a_{13} 电视台影响力	0.100	0.059	0.071	1.698	0.000 ***
	a_{14} 网络平台跟播个数	0.575	0.052	0.465	11.024	0.000 ***
收视价值 $R^2=0.148$	(常量)	−1.775	0.290		−6.130	0.000 ***
	a_{12} 播出时段	0.297	0.123	0.105	2.410	0.016 *
	a_{13} 电视台影响力	0.463	0.061	0.330	7.591	0.000 ***
	a_{15} 演员增值价值	0.148	0.057	0.115	2.616	0.009 **

注:*** $P<0.001$,** $P<0.01$,* $P<0.05$。

表 5 权重计算

价值分项	因子分析的方差解释比	分项价值权重		指标	权重计算依据	权重	变异系数	权重
人气价值	32.998	0.416	播出效果人气等级	a20 社交平台讨论热度	0.814	0.342	0.41	0.47
				a19 百度指数	0.793	0.334		
				a17 平台播放热度	0.771	0.324		
			密切指标人气等级	a1 衍生价值	0.259	0.295	0.47	0.53
				a2 主演影响力	0.336	0.383		
				a15 演员增值价值	0.282	0.322		
口碑价值	19.864	0.250	播出效果口碑等级	a18 播出平台用户评分	0.824	0.504	0.41	0.51
				a21 豆瓣评分	0.812	0.496		
				a1 衍生价值	0.119	0.135		
			密切指标口碑等级	a3 导演影响力	0.510	0.578	0.39	0.49
				a6 思想性	0.145	0.165		
				a7 娱乐性	−0.108	0.122		

（续表）

价值分项	因子分析的方差解释比	分项价值权重		指标	权重计算依据	权重	变异系数	权重
商业价值	15.100	0.190	交易情况市场等级	a_{10} 交易次数	—	1	0.38	0.47
			密切指标市场等级	a_{11} 首播档期	0.125	0.189	0.43	0.53
				a_{13} 电视台影响力	0.071	0.107		
				a_{14} 网络平台跟播个数	0.465	0.704		
收视价值	9.881	0.124	播出效果收视等级	a_{16} 收视份额	—	1	0.44	0.56
			密切指标收视等级	a_{12} 播出时段	0.105	0.191	0.34	0.44
				a_{13} 电视台影响力	0.330	0.600		
				a_{15} 演员增值价值	0.115	0.209		

将人气价值、口碑价值、商业价值和收视价值的评价换算为百分制,转换方式为 $60 \times$(分项价值评分值 $\div 3$)$+40$,得到表达式如下:

电视剧播后人气价值 $=60 \times [(a_{20} \times 0.342 + a_{19} \times 0.334 + a_{17} \times 0.324) \times 0.47 + (a_1 \times 0.295 + a_2 \times 0.383 + a_{15} \times 0.322) \times 0.53)] \div 3 + 40$

电视剧播后口碑价值 $=60 \times [(a_{18} \times 0.504 + a_{21} \times 0.496) \times 0.51 + (a_1 \times 0.135 + a_3 \times 0.578 + a_6 \times 0.165 - a_7 \times 0.122) \times 0.49] \div 3 + 40$

电视剧播后商业价值 $=60 \times [a_{10} \times 1 \times 0.47 + (a_{11} \times 0.189 + a_{13} \times 0.107 + a_{14} \times 0.704) \times 0.53] \div 3 + 40$

电视剧播后收视价值 $=60 \times [a_{16} \times 1 \times 0.56 + (a_{12} \times 0.191 + a_{13} \times 0.6 + a_{15} \times 0.209) \times 0.44] \div 3 + 40$

电视剧播后综合价值由四个分项价值构成,评价公式为:

电视剧播后综合价值 $=$ 播后人气价值 $\times 0.416 +$ 播后口碑价值 $\times 0.25 +$ 播后商业价值 $\times 0.19 +$ 播后收视价值 $\times 0.124$

(六) 评价模型的应用示例

以电视剧《幸福到万家》为例进行播后价值评估,经过变量赋值和回归分析等过程,得到该剧的人气价值、口碑价值、商业价值和收视价值等分项价值得分分别为 83.78、91.38、83.94 和 78.16,综合价值得分为 83.34,如表 6 所示,评价结果与实际收视效果一致。

表 6 《幸福到万家》播后价值评价示例

价值分项	人气价值						口碑价值						商业价值				收视价值				综合价值评分值
评价变量	a_{20}	a_{19}	a_{17}	a_2	a_1	a_{15}	a_{18}	a_{21}	a_1	a_3	a_6	a_7	a_{10}	a_{11}	a_{13}	a_{14}	a_{16}	a_{12}	a_{13}	a_{15}	
评价变量赋值（归一后）	3	2	3	3	1	1	3	3	1	3	3	2	3	3	2	1	2	2	2	1	
分项价值	2.666			1.766			3			2.12			3		1.485		2		1.791		
评分值	83.78						91.38						83.94				78.16				83.34

三、总结

新时代背景下,经济发展与社会进步促使受众对文化产品有了更高品质的追求,体现出人民日益增长的美好生活需要。近几年,供给侧改革卓有成效,电视剧作品的剧作质量与艺术水准有明显的提升,同时,电视剧市场环境也呈现出新格局。电视剧的价值衡量在电视剧立项融资、筹划投拍、宣传发行、多轮版权交易等各环节均有所涉及,电视剧等文化产品的综合价值评价一直被学者所关注[15][17]。由于电视剧兼具文化价值与商业价值[18],因而电视剧的价值评价也面临着复杂性、动态性、难精确化的困境[19]。

本研究首先从电视剧价值影响因素入手,考虑到首轮播出后可获得丰富的数据以作支撑,故选取电视剧的播后价值作为研究对象。秉承科学全面、实事求是的原则,电视剧播后价值的影响因素研究是基于文献的梳理归纳并通过向专业人士调研完成的,最终得到的电视剧播后价值评价指标体系(见表3)涵盖了作品价值、市场价值和传播效果三个评价方向,共计21个评价指标,是前人已有研究成果与当下行业现状的集中体现。在此基础上,选取电视剧样本并完成各样本的21个指标赋值后,得到研究数据,通过实证研究深入分析电视剧播后价值评价问题。

考虑到电视剧行业不同利益主体对电视剧价值期望值的侧重点不同,本研究将电视剧播后价值分化为四个分项,各自进行讨论,构建了电视剧播后分项价值评价模型,为电视剧播后评价提供了多样化的价值尺度。对于人气价值,主要受到播出期间社交平台等渠道流量热度的影响,主演影响力体现较为明显;口碑价值主要受导演影响力和各平台评分的影响,导演能力对电视剧口碑的影响幅度较大;商业价值受首轮交易次数与网络平台跟播个数影响较大,与首播档期以及电视台影响力也有关联;收视价值主要取决于电视台收视份额与影响力,一定程度上也受到播出时段和演员增值价值的影响。

研究结果不仅可为电视剧播后价值的判断提供参考,引导优质电视剧的创作生产,服务于多轮版权交易、评奖评优等方面,也可反向应用于电视剧制作前的投资决策。例如,一些电视剧主要目标是将新人演员推向市场,使新人演员在受众群体中产生良好的口碑和知名度,此类电视剧更倾向于重视人气和口碑价值。因此,根据分项价值评价模型,在剧本选择时需要在剧本的衍生价值、思想性和娱乐性方面着重把关,同时,影响力大的导演更有助于实现预期目标。在电视剧筹划初期,如果制片方期望电视剧具有多轮版权售卖的潜质,就应更加关注电视剧的商业价值和收视价值。因此,根据分项价值评价模型,需要在首轮交易时,选择与尽可能多的网络平台合作,并选取具有潜在增值价值的演员作为主演,尽量选择影响力较大的电视台作为首轮上星播出的渠道,并安排占优势的档期和播出时段。

注释

[1] 国家新闻出版广电总局、国家发展和改革委员会、财政部等:《五部门关于支持电视剧繁荣发展若干政策的通知》,2017 年 6 月 26 日,来源:http://www.gov.cn/xinwen/2017 - 09/09/content_5223939.htm,2022 年 10 月 27 日。

[2] 季静:《电视剧影响力评价标准刍议——从中国电视剧奖项说起》,《南京艺术学院学报》2017 年第 3 期。

[3] 黄雯、严琦:《浅论收视率在我国电视剧评价体系中的作用》,《中国电视》2018 年第 12 期。

[4] 王宪:《电视剧市场价值评估维度构建》,《西部广播电视》2016

年第 3 期。

　　[5] 李方丽、范宏达:《收益法在电视剧版权价值评估中的应用》,《中国广播电视学刊》2019 年第 3 期。

　　[6] 吴玉玲、高铭:《电视剧版权交易评估指标体系的建构》,《当代传播》2014 年第 2 期。

　　[7] York Y. Q., Ben Y. H., Fan F. F., et al. (2020). Why is Contemporary China Still Courting Concubines? Exploring the Reasons for Chinese Audiences' Fascination with Concubines' Infighting in Television Dramas. *Leisure Studies*. 39(3).

　　[8] 喻国明、李彪:《电视收视全效指标评估体系研究——以电视剧为例》,《电视研究》2010 年第 7 期。

　　[9] Okuyama N. & Bohlin E. (2019). A Valuation of Viewing Public Broadcasting with Endogeneity: The Life Satisfaction Approach. *Telecommunications Policy*. 43(9).

　　[10] 司若、洪宜:《电影版权价值评估的方法与路径》,《现代出版》2019 年第 1 期。

　　[11] Frank M. S. (2017). Measuring Subjective Movie Evaluation Criteria: Conceptual Foundation, Construction, and Validation of the SMEC Scales. *Communication Methods and Measures*. 11(1).

　　[12] 游洁、彭宇灏:《新时代电视综艺节目评价体系探究》,《现代传播(中国传媒大学学报)》2020 年第 7 期。

　　[13] 吕静:《浅析新媒体语境下我国电视剧评价机制》,《当代电视》2016 年第 10 期。

　　[14] 魏佳:《互联网＋语境下电视剧现行评价机制探究》,《南京艺术学院学报》2017 年第 2 期。

　　[15] 廖仿红、李冰、韦晶:《电视剧播后质量评价指标体系》,《中国广播电视学刊》2013 年第 12 期。

　　[16] 张国涛:《电视剧播前评价与播后评价差异研究》,《北京电影学院学报》2006 年第 3 期。

　　[17] 赵莹:《文化价值主导型电视剧综合评价体系构建研究》,《现代

传播(中国传媒大学学报)》2019 年第 3 期。

[18] 郭修远:《电视剧传播效果影响因素研究》,《中国电视》2018 年第 11 期。

[19] 刘云波、李挺伟:《探索大数据在文化产业版权资产价值评估中的应用》,《中国资产评估》2015 年第 4 期。

Study on the Construction of the Evaluation Model of Subentry Value and Comprehensive Value of the Post-broadcast TV Series

SONG Peiyi, ZHANG Jingjing, SUN Jianghua

Abstract: Post-broadcast value refers to the evaluation of TV series after their first broadcast. In this paper, the post-broadcast value of TV series is deconstructed by analyzing TV series characteristics and market feedback data regarding audience subjective perceptions. It is believed that the post-broadcast value can be divided into four subentry values: popularity value, word-of-mouth value, commercial value, and ratings value. To analyze and assess the post-broadcast value of TV series, this paper combines literature research with two rounds of questionnaire survey of experts in the industry to develop an evaluation index system for post-broadcast value. An evaluation model of subentry value and the comprehensive value of the post-broadcast TV series was constructed using statistical methods such as factor analysis and regression analysis based a sample of 465 TV series from

January 2016 to August 2022. This model allows different e-valuation subjects to selectively use the subentry value evaluation model to evaluate a certain value according to their needs, or to comprehensively evaluate the post-broadcast value of TV series based on the subentry value, which can provide decision making in different interest fields.

Key words: TV Series; Post-Broadcast Value; Evaluation Model; Subentry Value

图书在版编目(CIP)数据

传媒经济与管理研究. 游戏作为一种未来传播主流范
式的研究专辑 / 丁和根, 喻国明, 崔保国主编. —南京:
南京大学出版社, 2022.12
　　ISBN 978-7-305-26417-7

　　Ⅰ. ①传… Ⅱ. ①丁… ②喻… ③崔… Ⅲ. ①传播媒
介—经济学—研究②传播媒介—经营管理—研究 Ⅳ.
①G206.2-05

中国版本图书馆 CIP 数据核字(2022)第 245621 号

出版发行　南京大学出版社
社　　址　南京市汉口路 22 号　　　　邮　编 210093
出 版 人　金鑫荣

书　　名　**传媒经济与管理研究——游戏作为一种未来传播主流**
　　　　　范式的研究专辑
主　　编　丁和根　喻国明　崔保国
责任编辑　荣卫红　　　　　　　　编辑热线　025-83685720

照　　排　南京紫藤制版印务中心
印　　刷　苏州市古得堡数码印刷有限公司
开　　本　635 mm×965 mm　1/16　印张 17.75　字数 214 千
版　　次　2022 年 12 月第 1 版　2022 年 12 月第 1 次印刷
ISBN 978-7-305-26417-7
定　　价　45.00 元

网　　址:http://www.njupco.com
官方微博:http://e.weibo.com/njupco
官方微信:njupress
销售咨询热线:(025)83594756

ISBN 978-7-305-26417-7

中国版本图书馆 CIP 数据核字（2022）第 216 号